民主主義のファイブ・フォース分析

政治産業にイノベーションを!

The POLITICS INDUSTRY

How Political Innovation Can Break Partisan Gridlock And Save Our Democracy

キャサリン・M・ゲール
Katherine M. Gehl

マイケル・E・ポーター
Michael E. Porter

大野 一 訳
Hajime Ohno

日経BP

民主主義のファイブ・フォース分析

政治産業にイノベーションを！

はじめに

私の名前はマイケル・E・ポーター。経営学者で、執筆活動や助言活動を行う傍ら、教鞭も取っている。私が1979年にハーバード・ビジネス・レビュー誌に発表した産業の競争要因を理解するフレームワーク「ファイブ・フォース（5つの競争要因）分析」は、競争戦略の分野に革命を起こすきっかけとなり、いまなお、世界中でビジネスの進め方や学界の考え方に少なからぬ影響を及ぼしている。

私はこれまでに19冊の本を執筆した。テーマは、経済理論・政策、競争・競争優位、国の競争力・経済発展、医療の提供、ビジネス戦略など様々だが、まさかアメリカの政治に取り組むことになるとは夢にも思っていなかった。それが一変したのは、キャサリン・ゲール氏のおかげだ。

私はこれまでの大半の期間、政治にはほとんど関心を寄せていなかった。政策と戦略の問題に没頭し、世界中の企業や政府のトップと実践に移す取り組みを進めてきた。私にとって、政治の「駆け引き《ゲーム》」は、どちらかと言えばノイズのようなものだった。最適な公共政策を編み出すことが最大の課題であり、もしそれが実現できれば、効果に応じて、よい政策が導入されていくと思い込んでいたのである。読者の多くもそうだと思うが、私は基本的に、選挙で投票し、投票した大統領候補や知事候補が社会を正しい軌道に戻してくれることに期待をかけるという形で政治に関わってきた。いま振り返ると、私は政治制度がもたらす有害きわまりない膠着状態や、「どうせ駄目だ」という無力感[1]をごくふつうのこととして受け入れていた。

それが変わり始めたのは、アメリカの経済政策に改めて関心を寄せたときだった。2010年、私はジャン・W・リブキン教授と共同で「アメリカ競争力プロジェクト」の共同議長に就任した。これはハーバード・ビジネス・スクールが打ち出した複数年にわたるプロジェクトで、アメリカ経済の不調の根本原因を探ることが目的だった。経済の不調は、リーマン・ショックのはるか以前に始まっていたのだ。アメリカは強大な力を維持しているが、競争力は確実に低下している。読者もご存じだと思うが、アメリカには憂慮すべきたくさんの弱点がある。教育、労働者のスキル、複雑な規制、インフラの老朽化といった課題だ。

ただ、こうした経済面の課題は、政府の仕事の半分でしかない。残り半分は社会面の課題だ。2013年、私はスコット・スターン氏らとともに「社会的進歩の指標」を開発した。これは各国の社会、環境、生活の質に関する重要指標を客観的に測定・比較する新しいフレームワーク、新しい方法論である。これで明らかになったのは、大半のアメリカ人が気づいていないことだった。つまり、アメリカの経済競争力が低下しているのとまったく同じように、アメリカは社会の完成度という点でも多くの面で後れを取っているのだ。私たちが大切にしている分野、往々にして私たちが切り開いてきた分野も含めてである。社会の完成度が低下したことを受けて、格差といった経済面の課題も生じた。

「アメリカ競争力プロジェクト」を分析から実践の段階に進めるなかで、私はハーバード・ビジネス・スクールの同僚と共同で「8項目のプラン」を提唱した。アメリカの経済競争力をてこ入れするために必要な喫緊の政策課題をまとめたものだ。私はワシントンDCに何度も赴き、連邦議会の議員と話をした。議員たちは口をそろえて対策の必要性を認めてくれた。

だが、何も起きなかった。結果がまったく出なかったのである。経済ファンダメンタルズは何十年にもわたって悪化し、一般市民のチャンスや生活水準に連鎖的な悪影響が及んでいる。そうした流れを変えるための画期的な政策の処方箋が、なぜ改革に結びつかないのか。非公式には超党派の支持を得た私たちのプランが、なぜ公の場でまったく法制化されないのか。

私は狐につままれた思いがした。

ところが、キャサリンは違った。政治の上層部や政治改革への取り組みに精通し、「すでに政治への嘆きを5段階ほど」通過してきたキャサリンは、理想的な相談相手として、私に政治の仕組みを教えてくれた。キャサリンは、すでに党派政治から足を洗い、政治の刷新《イノベーション》に深く関わっていた。ただ、私たちが政治の分野で協力するきっかけとなったのは、ビジネス上の課題だ。

2013年、キャサリンは自分が経営する会社の戦略について私に助言を求めてきた。当時、キャサリンはウィスコンシン州のハイテク食品メーカー、ゲール・フーズの社長兼最高経営責任者（ＣＥＯ）を務めていた。企業価値は２億５０００万ドル。一世紀以上にわたってイノベーションを重ねてきたが、業績が急激に悪化していた。同社の再建を指揮していたキャサリンは、父親の残した遺産を守り、会社の競争力をあと百年間維持するには、何をするのか一番よいのか、暗中模索していた。私たちがファイブ・フォース分析など競争分析のツールを使ってゲール・フーズの戦略を分析・立案している間、キャサリンが並行して、後に「政治産業」と名づけるものを分析していたことは、当時の私には知る由もなかった。

本書の土台にあるのは、キャサリンのひらめきだ。業種を問わず競争のあり方を分析できる「競争要因のフレームワーク」といったツールで、アメリカ政治の微妙な陰影を捉えることができる――。その後、私はキャサリンの説得で、政治とは厳格な分析を拒む、手出しができない部内者の駆け引きではないと考えるようになった。政治の化けの皮をはがし、政治を産業とみなせば、政治を変えることができる――キャサリンはそんな独創的なアイデアを持っていた。

キャサリンは、政治のイノベーションに充てる時間を増やしたいとの思いもあり、２０１５年に会社を売却したが、その直後、一緒に本を書かないかと私に連絡をくれた。まったくの畑違いだったが、私はやってみたいと感じた。２人のリポート「政治産業の競争力はなぜアメリカの期待に届かないのか」は２０１７年にハーバード・ビジネス・スクールから出版され、本書の基になった。説得力とインスピレーションに富んだリポートで、私は無我夢中だった。

こうした共同作業が、実現するとは夢にも思っていなかった。それが運命だったかどうかは別にして、アイデアが文章になり、文章が本になり、本が（望むらくは）大変革の土台になれば、発端となったストーリーは面白い形でどんどん膨らんでいく。

こうしたアイデアの生みの親は私だと思われることがすくなくないが、それは違う。本書で提唱する「政治産業論」も、政治のイノベーションに向けた戦略も、キャサリンが編み出したものだ。そして、こうしたアイデアを全米に広げ、実行に移す原動力になっているのもキャサリンだ。私はこの活動に関われたことを誇りに思う。

最後に、本書は私の20冊目の著作となった。これを最後の著作にする計画はないが、何十年にもわたって、企業や国家の成功を左右する戦略的思考・洞察を仕事の中心に据え、何世代もの学生を教え、企業や政府のトップに助言をしてきた自分のキャリアを振り返ると、本書はまさに、私の最重要の著作になるかもしれない。なぜか。それは、これ以上ないほどリスクが高まっているいまのアメリカで、問題を解決し、行動し、結果を出すことについて書いた書物だからだ。本書は党派対立による膠着を打破し、民主主義を救うための手引きとなる。お読み頂ければわかるが、アメリカ人は過去にそれを成し遂げていたのである。

それをどのように再現するか、本書ではその点を説明していく。

マイケル・ポーター

目次
Contents

第5章 新しい試合のルール

序章 Introduction

　２００５年、ケニオン大学の卒業式に登壇した著名作家デヴィッド・フォスター・ウォレスは、魚の話から講演を始めた。「二匹の若い魚が一緒に泳いでいると、一匹の年配の魚とすれ違いました。年配の魚は二匹に会釈して『やあ、おはよう。水の具合はどうだい』と言いました。二匹の若い魚はそのまま少し泳ぎ続け、そのうち互いに顔を見合わせ『水っていったい何だい？』と首をかしげました」[1]

　ウォレスは、新たに巣立っていく卒業生を前に、何も自分を年配の賢い魚になぞらえているわけではないと説明し、話のポイントをこう要約した。「明白きわまりない、どこにでもある肝心な現実を、見失わずに語るのは至難の業だ」

　たいていの人にとって、政治制度は、魚を取り巻く水のような存在だ。自分の周囲にある、言わずもがなな、ふつうの光景である。私たちは、政治が悪いと不満をこぼしても、政治の本性を突き止めようとはしない。変わるわけはないと思い込んでいるからだ。空転、膠着、動かない政府。たとえ国難に遭遇していても、それがふつうの状態だと受け入れている。そして、投票日に投票所に赴いても、投票用紙にはまたしても民主党と共和党の二つの選択肢しかない。本音を言えば、どちらもそれほど好きではないのだが、やはり、これがふつうの姿だと受け入れている。あまりにも多くのアメリカ人にとって、この50年間でふつうになったものは、ほかにもある。生活の質の悪化だ。急激に悪化したため、他の36の先進民主国と比べると、アメリカはさまざまな分野――かつては他国に先んじていた分野――で最下位付近に甘んじている。質の高い教育を受けられる機会は33位。子供の死亡率も33位。マイノリティーに対する差別や暴力は26位、きれいな飲料水は31位。これは、ほんの数例にすぎない。[2]

いま、アメリカの水質は、現実に悪化している。

こうした悲惨な社会崩壊に加えて、アメリカの国際経済競争力が大幅に低下していること、歴史的に見て膠着感が強まっていること、また政府への信頼感が歴史的に見て低いことを踏まえると、アメリカの偉大な実験は、破綻の危機にあると言っても過言ではない。

ただ、私たちは「政治なんてそんなものさ」という考え方に四方を囲まれている。無関心やあきらめで、個人の力――変化を引き起こせる私たちの力――が鈍っており、一瞬憤りを感じてもすぐに忘れてしまう。「どうせ駄目だ」という無力感に屈していない有権者は、何とかしようと頑張っているが、往々にして自分が支持する政党に異常なまでに肩入れし、もう一方の政党が悪いと思い込んでいる。また、オバマ大統領の「希望とチェンジ」であれ、トランプ大統領の「どぶさらい」であれ、すべてを一変させるカリスマ的な候補者が、今度こそ問題を解決してくれると期待を寄せている有権者もいるし、公的債務や移民の問題など、重要な政策課題に取り組んでいる有権者もいる。だが、この問題は、有権者や政党や政策の次元をはるかに超えている。アメリカの政治が空転している根本原因は根が深く、誰も目を向けようとはしないが、「競争要因」という一つの統一テーマを中心に物事が動いている。おそらく読者が考えているようには機能しない制度のなかで、そうした競争要因が働いているのである。

たいていの人々は、アメリカの政治制度が公的な制度であり、一連の崇高な原理と、合衆国憲法ゆかりの中立的な仕組みと活動に支えられていると考えている。だが、それがけっしてすべてではない。いまの制度の多くは、私腹を肥やし、居座り続けることを目的とする民間産業そのものであり、利益を追い求める関係者が自分で自分のルールをつくっている。かならずしも公共の利益を目指しているわけではなく、自分の資源を増やし、自分の資源を蓄積するために競争し、みずからの覇権を脅かす新たな競争を防ぐため、人為的に障壁を築いている。本来なら問題を解決し、実績本位で選挙が行われ、法律の制定で指導力を発揮すべきものが、どこまでも堕落しており、不健全な競争がはびこり、アメリカ民主主義ならではのイノベーションと進歩が妨げられている。問題を解決するために政治があるのに、政治そのものが高い障壁となっているのだ。

こうした堕落の温床になっているのが、世間には知られていないが強大な力を発揮しているルール、仕組み、規範、しきたり――本書で「政治の機構」と呼ぶものだ。候補者がどのように出馬し、有権者がどのように投票し、法案がどのように成立するのか。こうした諸々のことを水面下で決定しているのが、この機構といえる。原因は保守、リベラル双方にある。共和・民主両党は、こうしたルールやしきたりを野放しで次々と編み出し、選挙・立法機構をみずからに都合のよいように最適化してきた。狙いは結果を出すことではなく、政治産業そのものを守り抜き、その力を強化することにある。こうした制度の暴走に歯止めをかけるはずの新たな競争は、意図的かつ組織的に妨害されている。現状がますます固定化し、そうした制度に特有の膠着と無為無策から逃れられない。

ワシントンDCは壊れてしまった、ということだろうか。

私たちは、しょっちゅう、そんなことを口にし、なすすべがないとあきらめながら、政治の中枢が悪いと絶えず批判している。そうした言い分は、たしかに間違ってはいない。というのも、選挙に出る候補者は、見たところ、政党を問わず、誰もがその点を繰り返しスローガンにしているからだ。ただ、ミッキー・エドワーズ元下院議員（共和党、オクラホマ州選出）が鋭く指摘しているように、この使い古されたスローガンは、政治の本質が根本的に誤解されていること、さらにひどい場合は、本質から目をそらさせようとする不誠実な意図が働いていることを浮き彫りにしている。本当のことを言えば、ワシントンは寸分の狂いもなく意図されたとおりに機能しており、寸分の狂いもなく意図されたとおりの結果を出している。というのも、ワシントンは、私たちのために、有権者のために、公共の利益のために――動くようには設計されていないのだ。[3]市民のためにではなく、政治産業のために絶えず作動しているのであり、自浄機能は働かない。私たちには壊れたように見えても、政治のイノベーションというアメリカの伝統を復活させる必要がある。是正を強要するには、「試合《ゲーム》のルール」を変えなければならない。この点が本書の持つ唯一の力であり、本書のただ一つの目的だ。大切にしたい遺産は、このイノベーションという伝統だけである。

物事をはっきり見極めることで、力と目標が得られる。まずは、二匹の若い魚のように、私たちが泳いでいる水に目を向ける必要がある。結局のところ、政治産業では選挙と立法が腐敗の循環に陥る。いまの制度は読者が考えているようには機能しないし、私たちの利益には一切つながらない。

いまの選挙・立法の実態

自分が下院議員になったと想像してみよう。あなたは重大きわまりない国内問題に対処する法案を審議しており、党派を超えた対応が必要だ。選挙で選ばれた代表として、あなたは傍目にはごく当然のいくつかの質問に答えなければならない。「これはよいアイデアだろうか」「これは国にとって正しい政策なのか」「これは選挙区の大多数の有権者が望んでいることなのか」。だが、いまの政治制度に参加している立場から言えば、答えなければならない質問は一つしかない。「この法案に賛成すれば、所属政党の次の予備選を通過できるだろうか」。もしこの質問に対する答えがノーで、日ごろから予備選に頭を悩ませているのであれば、ほかの質問は関係がなくなる。再選を目指す、つまり自分の職を守るという、もっともな動機が働くため、あなたは法案に反対するしかない。

だが、もしかすると、今回は党よりも国の利益を優先しようと考えるかもしれない。あなたはリスクを冒して、法案に盛り込まれたガラス細工のような歩み寄りに公の場で支持を表明する。党指導部の要請を無視し、特別利益団体からの脅しや誘惑にも屈せず、法案に賛成票を投じる。

そうすると、あなたは困ったことになる。

次の選挙で再選されるという目的からすれば、法案が通過しようがしまいが関係はない。評論家や、優れた統治を目指す改革派、また地元の有権者から、党派を超えた指導力を称賛されても、そんなことはどうでもいい。本音を言えば、法案がよい結果を生み出すかどうかなど、大した問題ではないのだ。もしあなたが再選を目指しているなら、重要なのは、たったいま抵抗したばかりの党派制度があなたにどんな反応をもたらすか、なのである。[4]

ここで登場するのが、アメリカの政治でもっとも強烈な動詞の一つだ。あなたは「予備選されてしまう」（get primaried 予備選に刺客が現れる）、[5]つまり対抗馬が現職を追い落とすために予備選に向けた選挙運動を始めるのである。党の予備選（党派的な予備選）とは党の候補指名を争う選挙であり、特別利益団体やイデオロギー的に偏向した有権者が投票者の圧倒的多数を占める。次の予備選では、民主党なら極左の対抗馬が、共和党なら極右の対抗馬が現れることが予想できる。[6]

あなたは多分、負けるだろう。政界で不健全な競争がはびこっているので、政治家が公共の利益のために行動しても、再選にはまず結びつかない。現行の選挙・立法制度では、有権者が必要とする行動をとれば、職を失う可能性が高い。党の予備選が狭き門となり、問題を解決できる政治家がこの門を通過できないのである。これは馬鹿げている。

この問題を別の視点から眺めてみよう。

あなたが政治家ではないと仮定しよう。あなたはビジネスで成功を収め、大多数のアメリカ人同様、議会に強い不満を感じている。ビジネスで成功を収められたのは、市場にチャンスを見出せたからだ。政治に目を転じると、よりよい選択肢を求める声が高まっているのは火を見るよりも明らかで、特に地元の選挙区ではそれが顕著だ。近く、二つの悪のうち害のすくない方を選ぶ選挙がまたしても行われるため、起業家一筋だったあなたは、選挙に立候補する。おそらく無所属だろう。もしかすると、大胆不敵に「起業」し、新党を立ち上げるかもしれない。

出だしは好調だ。あなたの選挙公約と、問題を解決しようという姿勢が、有権者の心に響き、新人にもかかわらず、急速に支持が広がっていく。有権者はあなたの出馬に注目し、すくなくとも討論会であなたの意見を聞きたいと思うようになる。支持者の大半は、膠着よりも歩み寄りを望んでいるので、「議会では党派を超えて活動する」と公約する。ことによると、なんとも大胆に、ネガティブキャンペーンではなくポジティブキャンペーンを展開すると表明するかもしれない。対立候補を悪者扱いするのではなく、争点について持論を訴えるのだ。世論調査では支持率が上がり、当選の可能性が視野に入ったように思える。

ところが、ここで待ったがかかる。追い風が強まると、地元のご意見番や、政治関係者、それに親友さえも、あなたのところへやってきて、こう訴える。「撤退してほしい。勝ち目はない。あなたが獲得する票は、すべて、大政党の候補——あなたが出馬していなければ、あなた自身が渋々投票していた候補——から流れる票だ。いま撤退しなければ、その大政党の候補の当選に必要な票をあなたが奪い、選挙戦を妨害することになりかねない」。あなたは、そんな不公平な話はあるかと思う。新たな選択肢を望んでいる有権者にとって、選択肢が減ったほうが——つまり新しいアイデアが減ったほうが——よいなどということはありえない。ここでアメリカの選挙の現実が明らかになる。このまま選挙活動を続ければ、二つの悪のうち害の多い候補が当選することが十分考えられるのだ。あなたは、そもそも、その候補を打ち負かすために必死の思いで選挙戦を展開しているのである。

立候補したのは「公共の利益のために行動するチャンスがある」「いまの政治家の眼中にない解決策を実現できるチャンスがある」と判断したからだ。あなたの「起業」活動には、市場の隙間を埋める狙いがあった。だが、アメリカの選挙は、過半数の票を獲得しなくても当選できる「相対多数投票」――現在主流である単純小選挙区制、勝者総取り方式の投票制度――を採用しており、似通った候補が票を食い合うスポイラー効果（票割れ）が起こる。このため、あなたのような候補者には、選挙戦からの完全離脱を求める圧力がかかる。

　こうした、じつにアメリカらしからぬ自由市場の悪用に驚きあきれたあなたは、公共心のある善良な市民であれば、誰もがすることを実行に移す。訴訟を起こすのだ。独占禁止法で訴えれば勝算があると踏んだのである。だが、ここでも直ちに面食らうことになる。これほど都合のよい話もないが、大半の産業とは違い、政治には独占禁止法が適用されない。救いの手を差し伸べてくれる独立した規制機関が存在しないのだ。[7]

　ようこそ、政治産業へ。ここでは党の予備選と相対多数投票の組み合わせを通じて、公共の利益が踏みにじられる。問題を解決しようという動機はまず働かないし、結果に対して説明責任が求められることもまずない。そして、健全な競争を取り戻そうという対抗勢力は存在しない……いまのところは。

政治産業論の基礎

政治産業の中心にあるのが、二つの対抗勢力――民主党と共和党だ。これは教科書通りの「複占」（大手2社による寡占）としか言いようがない。この複占を取り巻く形で、特別利益団体、ロビイスト、大口献金者、スーパーPAC（特別政治活動委員会）、シンクタンク、世論調査機関、コンサルタント、またワシントンDCと有権者の橋渡しをするメディアといった関係者・組織から成る巨大な装置が形成されている。この複占と複占を取り巻く支援組織――本書では「政産複合体」と呼ぶ――は、ほぼあらゆる手を尽くして繁栄を謳歌しており、金回りがよい。最近の実績を示せば、その点がはっきりするだろう。2016年の選挙期間（2015～16年）で連邦選挙に投じられた資金は160億ドル以上。これはすくなくとも12州の年間予算を上回る。

なぜこれほどの成功を収めている産業が、顧客であるアメリカ市民をこれほどまで激しく失望させているのか。ほかのどんな産業でも、これほど巨大で繁栄を謳歌し、顧客満足度が著しく低い企業があれば、一部の起業家が絶好のチャンスとみて、顧客のニーズに応える新たなライバル会社を設立するはずだ。だが、政治の世界ではそれが起きない。なぜか。答えは、選挙と立法の競争の性格を理解することにある。

ここで利用する重要な方法論が「ファイブ・フォース（5つの競争要因）分析」というフレーム

ワークだ。もともとは、産業構造と、それが営利産業の競争のあり方にどのような影響を及ぼすかを理解するために、40年前に編み出された手法だ。[8] 登場以来、ほかに並ぶもののない標準的な分析手法となっている。このフレームワークでは、産業を複雑系と考える。そこでは数々の関係者が競争するが、協力もするのである。

本書で見ていくように、政治産業も、ほかの産業と同じ5つの競争要因で動いている。対抗勢力（ライバル）、買い手、サプライヤー（納入業者）、新規参入者の脅威、代替品の脅威の5つだ。各競争要因を検証し、それが互いにどう関係しているかを把握すれば、不健全な競争の重大な含意――歪んだ動機《インセンティブ》構造、乏しい成果と説明責任の欠如、競争を生み出す対抗勢力の不在――が明確になり、ほかの本質的な問題への対処の仕方も見えてくる。

- なぜアメリカは、多くの分野でイノベーションを生み出しているのに、政治ではイノベーションが起きないのか。
- 投票所で選択肢が限られていることが――そして往々にして満足の行く選択肢がないことが――なぜふつうになっているのか。
- なぜ政治は結果を出せないのか。
- なぜ無所属候補の当選がまれなのか。
- 最適に機能する政治制度では、どのような結果を期待すべきなのか。

・そして、もっとも重要な点だが、そうした素晴らしい結果を出し始めるには、私たちはいったい何をすればよいのか。

この競争というレンズを通じて政治を眺めると、なぜ政党や政治家を変えても、政治的な課題が解決しないかが見えてくる。新しい政策を打ち出しても、善意の政治改革をいくら進めても、そうした問題はこれまで解決しなかった。また、このレンズは「政治のイノベーションを通じて党利党略がもたらす膠着状態を打破し、私たちの民主主義を救う」という本書の約束を果たす上で強力な武器になる。制度がどう機能しているのかを理解すれば、イノベーションを望む私たちのエネルギーをどこに振り向けるのがベストなのかを、これまでよりも客観的に判断できる。

現在、政治産業を変革しようという取り組みの大半は、無数のアイデアを盛り込んだ改革の長いリストを中心に展開されている。ゲリマンダー（特定候補に有利になるような恣意的な選挙区割り）の廃止、政治資金の削減、任期制限の導入、投票日を休日にするといった案だ。こうした頻繁に提言される改革プランの構成要素を筆者は支持するが、多くの提案は、制度上の欠陥の根本原因にメスを入れていないか、最初から実現不可能だ。もしくはその双方である。実行でき、て、なおかつ実行する価値があるものは何か。効果的で、実現可能なものは何か。それが政治のイノベーションだ（図参照）。

政治のイノベーションをこの二つの要素に分解してみよう。効果的なイノベーションとは、機能不全の（症状だけでなく）根本原因にメスを入れるものであり、公共の利益という点で政治制度が結果を出せる体制を整えることを目指す。実現可能なイノベーションとは、完全に超党派で党利党略とは無縁なものであり、理論的には、数十年単位ではなく、数年単位で実現可能なものである（たとえば、憲法修正はこの基準を満たせない）。

政治のイノベーションというこのフレームワークを活用する上で重要になってくるのが「政治産業論」だ。政治の本性を暴き、作用している複雑な要因を図式化することで、イノベーションのための処方箋が明確になる。政治の機構——選挙と立法を動かしているルール——を変えるのである。人生でもつねにそうだが、試合のルールは、試合の仕方と試合の結果

図

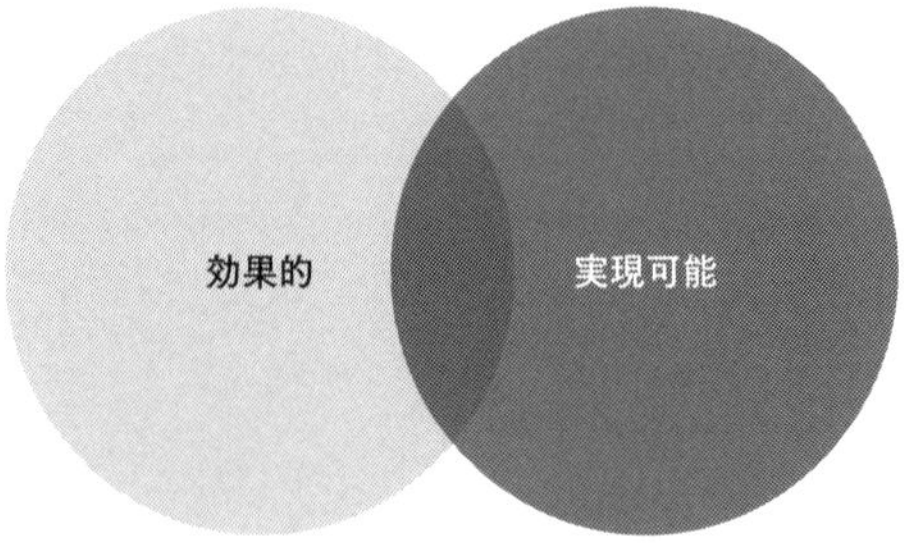

政治のイノベーションとは、目に見える結果を出すために、
制度上の欠陥の根本原因にメスを入れる超党派のフレームワークだ。

に影響を及ぼす。政治産業の試合のルールは、差し引きで不健全な競争を生み出す。そして、不健全な競争は、どの産業でも、顧客がないがしろにされるという結果に結びつく。だから、ルールを変えよう。本書で提唱するのは、以下のとおりだ。

選挙の機構については、「ファイナル・ファイブ投票」(上位5人による決選投票)を提唱する。これは(1)閉鎖的な党の予備選から、政党の垣根を超えた公開された予備選に移行し、上位5人が本選挙に進めるようにする、(2)その上で、本選挙の相対多数投票を「優先順位つき投票」に変更する——という総合的なプランだ(ご心配なく、これは第5章で解説する。このプランがどう機能するか、どれほど変革を引き起こす力があるのかが、曖昧な点なく明らかになるはずだ)。

立法の機構については、肥大化した時代遅れの立法ルール・しきたり・規範を廃止して、模範的でしがらみのないアプローチをゼロから設計し、党派を超えた問題解決を促すことを提唱する。

こうしたイノベーションの組み合わせで、政治の競争のあり方そのものが変わり、結果を出せるはずだ。

本書の目的と手順、政治的な立場について

政治に健全な競争要因を働かせ、人々が実生活で直面する現実の問題を解決できる制度を取り戻す。これが本書で力を入れる取り組みだ。有権者の選択肢を広げ、発言権を高め、よりよい結果を出す。こうした取り組みで肝要になるのが、従来とは異なるいくつかの重要な視点である。それにより、本書のリサーチの意義が明らかになり、結論が見えてくるはずだ。

第一に、本書のそもそもの目的は、単なる分析ではなく、行動にある。どれほど洞察に富んだ分析であっても、それだけでは不十分だ。政治産業を必死になって理解しようとしているのは、どうすれば政治産業を是正できるかを知りたいからにほかならない。政治の分析では、論評、嘆き、説明が長々と続けられることがあまりにも多く、現実的で本当の解決に向けた処方箋が往々にして不足している。すでに述べたように、本書で大切にしたいのは、アメリカが残したイノベーションという遺産である。

第二に、本書では、ビジネスの世界から引き出した「競争」というレンズを活用していくが、政府はビジネスのように運営されるべきだとは言っていない。それは違うと考えている。政府の使命と構造は、ビジネスのそれとは根本的に異なる。本書で関心があるのは政治制度であって、政府そのもの（省庁や公務員など）ではない。ビジネスの競争を理解するためのツールは、政

治制度の課題と解決策を解明する上で役に立つ。

第三に、本書で重視するのは、政府が市民のために生み出す結果である。理論上考えられる、よりよい民主主義、より公正な民主主義（もしくは代議制度）を突き詰めること自体をおもな目的とはしない。筆者は、民主主義と民主主義が約束する自由、平等を守りたいし、民主主義に匹敵する制度はないと考えている。ただ、本書では実践面も重視する。自由、平等、代議制度だけでは、アメリカの民主主義を支えきれない。本書で提唱するイノベーションが実現すれば、民主主義的な価値観、代議制度、民主主義全体を支えることができるが、決定的に重要なのは、イノベーションを起こせば、公共の利益という点で政府が結果を出せる可能性が高まることだ。政府が結果を出せなければ、有権者は怒りを覚える。歴史を振り返ればわかるように、そうした有権者は、世界中で代議政治の自由を捨て、非情な独裁体制を招くことになる。[10]

最後に、本書は政治に関する本だが、政治的、党派的な本ではない。著者2人の政治的な見解に偏りはない。キャサリンは民主党員だったが、いまは「政治的には寄る辺のない中道無所属」を自認している。マイケルは、一貫してマサチューセッツ州の共和党員だ。また、どちらか一方の政党に責任を転嫁するのは正しくないし、有益でもない。根本原因でもっとも重要なのは政党や政治家ではないということだけからもそう言える。繰り返しになるが、どんな選挙期間・政権にも共通して見られる根本原因は、制度、つまり政治産業であって、特定の有権者、政党、政策ではない。

本書では、政治をこれまでとは異なる視点で語り、異なる視点で考えるため、いくつかの新しい用語（おそらく読者には奇妙に感じられるだろう）を採用している。たとえば、すでに言及した「複占」だ。アメリカの政治産業で圧倒的な存在感を示す民主、共和の二大政党のことである。本書では、この用語を中立的な立場で用いる。政治産業の原動力をこれまでよりも正確に記述することが目的だ。

複占は「政産複合体」の内部で起きている。この政産複合体という用語を使えば、政治の内外で機能しているエコシステム全体と、いまの政党と交流し、その他大勢を犠牲にして利益を得ている関係者の結合体を網羅できるため、政治産業の構造がさらに明らかになる。この用語はとても中立的な立場では使えない。いまある形の政産複合体は、公共の利益に有害な意味合いを持つ。

複占競争は、おもに二つの領域で展開されている。選挙と立法だ。すでに述べたように、この二つの領域は、誰の力も及ばない不変な構造と考えられがちである。だが、本書で明らかにしていくように、実際にはそうではない。この構造を記述するため、本書では「選挙・立法機構」という用語を用いる。機械は、ある製品を仕様書に基づいて確実に生産するために人間が設計したものだ。いまの選挙・立法機構は、二大政党が選挙・立法の行方をこれまで以上にコントロールするために最適化したルール・規範・手続きから成る。この機構は、政治が生み出す結果に深く確実な影響を及ぼす。

最後に、本書で選挙と立法を取り上げる際は、おもに連邦議会を念頭に置く。理由はいくつかある。第一に、連邦議会の改革は、効果的で実現可能という点で最高の成果を見込める。第二に、合衆国憲法第1条に明記されているように、憲法の起草者は、連邦議会を連邦政府の第一の府とすることを意図した。行政府は目を見張るほど拡大し、中央集権化を進めたが、議会は代議制民主主義の中核に位置づけられている。第三に、不健全競争の結果がはびこり、壊滅的な影響を及ぼしていることをとくにはっきり見て取れるのが、連邦議会だ。どの時点を取っても、国民の約半数はホワイトハウスの仕事ぶりを支持し、残りの約半数は支持していないが、連邦議会の仕事ぶりについては、圧倒的大多数の国民が、何と言えばよいのか、不十分だと感じている。第四に、本書の分析とそれに続く提言の多くは、州（場合によっては地方自治体）の選挙と統治に適用できるが、国内の分断を深めているのは国政だ。

連邦議会が、政産複合体のいまのインセンティブにとらわれ続ける限り、問題は深まるばかりだ。本書では、第1部と第2部でこうした課題を検証し、新しい時代の政治のイノベーションについて論じていく。

第1部（1〜3章）では、政治産業の競争の5W1H（だれが、なにを、いつ、どこで、なぜ、どのように）を検証する。第2部（4〜6章）では、政治のイノベーションに照準を合わせ、アメリカの歴史を振り返るとともに、本書のリサーチと理論を応用して、行動計画——党利党略がもたらす膠着状態を打破し、私たちの民主主義を救うための効果的で実現可能な行動計画——をまとめる。具体的には「ファイナル・ファイブ投票」と「模範的でしがらみのない立法機構」だ。結論部では、今後の道のりと行動の起こし方を説明する。

第

I

部

政治の競争

Political Competition

第1章 民間産業

A Private Industry

アメリカの政治制度は、世界史でも異色の存在で、かつては世界のあこがれの的だった。公共の利益を促進し、経済と社会の進歩を後押しした偉大な統治の歴史を生み出したのである。建国以来、そうした進歩の成果がすべての国民に公平に分配されたことは、どう考えてもないが、アメリカ政府がいつの時代も公共の利益を害する行為にうつつを抜かしていたわけではない。政治家と政党は、絶えず権力闘争を繰り広げてきたが、歩み寄りを通じて解決策を編み出し、今日と明日のために行動し、市民から幅広い支持を集めていた時代もあった。これこそ政治に期待すべき模範的な結果だ。これについては、第3章で取り上げる。

本書で検証していくように、近代的な代議制民主主義というアメリカ史上最高のイノベーションと、自由な市場という民間競争のもっとも優れた側面を尊んだ政治の競争という伝統があったから、こうした遺産を生まれながらにして得られたのである。いま、この遺産は崩壊しかかっている。

政治制度は、アメリカの衰退の主因となっており、問題を解決するために政治制度があるのに、政治制度そのものが高い障壁となっている。アメリカ人は、政治の膠着と空転にあきらめを感じており、さらに悪いケースでは、政治を変えることに関心を失っている。政治制度は、何十年もかけて、熟議と問題解決から遠ざかり、今日の私利私欲と異常きわまりない党利党略に向けて進んできたが、国民はそれをふつうのこととして受け入れている。私たちは無力感に慣れ切っていることもあり、この新常態（ニューノーマル）を受け入れている。いまの政治制度を長所も短所も含め、公的な制度――合衆国憲法ゆかりの偏りのない法律で運営されている公的な制度――と思い込んでいるのだ。

だが、それはまちがいだろう。いまの政治制度を構成する多く要素は、憲法にはまったく基づいていない。合衆国憲法には、連邦議会の運営方法について、短い6つの段落があるだけで、議員の選出方法については、数行の規定しかない。政治制度の日々の行動と結果を生み出すルールの大半は、政治家や政治家を取り巻く政産複合体の協力者自身のために、そして政治家や協力者自身によって、歪んだ形で最適化されたものであり、場合によっては、あからさまな操作が行われている。現在、平均的な市民が恩恵を受けることはまれにしかない。対抗勢力同士（民主党と共和党）が、事実上、野放しで、みずからルールをつくっているアメリカの主要産業は政治しかない。

建国の父は政党を警戒していた。初代のジョージ・ワシントン大統領は、１７９６年の「告別の辞」[1]の大部分を割いて、建国間もないこの新しい国に党派政治のリスクがあると警告していた。第二代のジョン・アダムズ大統領は「この共和国が二大政党に分裂し、それぞれの指導者の下で編成され、互いに反目する政策を編み出すことほど、私が恐れているものはない」と語った。第三代のトマス・ジェファソン大統領は「天国に行けるが、政党と一緒に行くという条件つきなら、私は絶対に天国にはいかない」[2]と皮肉り、建国の父三代にわたる偉業を締めくくった。

ジェファソン、アダムズ、ワシントンは、それぞれ建国初期の政治的な駆け引きで満身創痍となった。反対勢力、金目当ての政治家、そして場合によっては互いの政治工作で傷だらけになったのである。建国初期の政治家の間で、党利党略への情熱が失われたことはなかった。政党が野放しで力を蓄えていくリスクを訴えた３人の警告が無視されたことを踏まえると、不健全な政治の競争が民主主義そのものを乗っ取った現状に、３人や３人が信頼を寄せた側近たちが衝撃を受けることはないだろう。

ただ、問題なのは、政治家や政党それ自体ではない。大半の政治家は、心から積極的に貢献したいと考えているが、自力では変えることのできない制度の罠にはまっている。民主国の政党は、共通のニーズと野心の下に市民をまとめ、有権者が情報を把握した上で決断を下せるよう、政策綱領やアイデアを示すという重要きわまりない役割を担っている。[3] 二大政党は、長い政党史のさまざまな地点で、国を前進させてきた。私たちは、所属議員が公共の利益のために法案を起草し、法制化できるという意味で強い力を発揮する政党を支持する。だが、いまの政党は、これとはまったく対照的に、選挙に勝ち続け、新たな競争を妨害するという点で力を発揮している。国の現状に満足している有権者がほとんどいない状況でさえ、そうなのだ。

いま問題になっているのは、政党同士、政治家同士、また政治産業を取り巻く関係者・組織同士の競争のあり方だ。[4] アメリカの政治制度は、政産複合体の私的な利益に資するよう完璧に設計されている。力とカネを蓄え、脅威から身を守るように設計されているのであり、市民に貢献するように設計されているとは言いがたい。本来であれば、市民は政治産業のもっとも大切な顧客であるはずだ。

政治というビジネスは、公的な制度ではない。公的な制度の内部に存在する正真正銘の巨大民間産業だ。こうした新しい視点で政治制度を眺めれば、従来の考え方から解放される。紛れもなく公的なものである選挙・立法のルールを、利益をむさぼる民間人の影響力と支配力から取り戻すことが、いかに重要かが見えてくる。課題は、政治産業を公共の利益にかなう進歩の牽引役に変えることだ。放置すれば、民主主義の足を引っ張ることは目に見えている。

序章で概略を示したとおり、政治産業論は机上論ではなく、行動を前提にしている。政治のイノベーションを起こし、最終的には、よい方向に結果を変えることを目指している。アメリカの政治制度の本性を暴いた後は、すみやかに次のステップ——当事者、権力構造、そこで働いている動機の図式化——に移る必要がある。図式化に際しては、「ファイブ・フォース（5つの競争要因）分析」という産業の競争を研究するための重要なフレームワークを利用する。本書では、ファイブ・フォース分析を高いレベルで要約していく。包括的な分析については、著者2人がハーバード・ビジネス・スクールから2017年に出版した「政治産業の競争力はなぜアメリカの期待に届かないのか」を参照してほしい。[5]

ファイブ・フォース分析をアメリカの政治に応用する

ファイブ・フォース分析というフレームワークは、もともとは、営利産業の競争の性格を形作る要因を総合的に検証するために編み出された。ここで分析するのは、⑴対抗勢力（ライバル）同士の争いの性格、⑵買い手（流通ルートと顧客）の力、⑶サプライヤー（納入業者）の力、⑷代替品の脅威、⑸新規参入者の脅威だ。産業構造とは、この5つの競争要因の全体の構成にほかならない。動的な関係が絡み合って、業界の競争のあり方や、業界が手に入れられる価値、その価値を手にする力を誰が握るのかが決まる。産業構造を見れば、顧客が不満を抱いているのに、対抗勢力やほかの関係者がなぜ繁栄を謳歌できるのかもわかる。政治産業の競争は不健全きわまりない。

健全な競争では、敗者が出ないウィン・ウィンの関係が成り立つ。「対抗勢力（ライバル）」は、顧客のニーズによりよく応えるため、激しく競争する。「顧客」は、取引先を変えることによって、劣った製品やサービスを提供する対抗勢力を罰することができる。顧客に接近する「流通ルート」は、顧客を教育し、対抗勢力によりよい製品・サービスを提供する圧力をかけることで、健全な競争を育む。「サプライヤー」は、対抗勢力が製品・サービスを改善できるよう、原材料の改良で競争する。「新規参入者」と「代替品」が高い障壁に阻まれ、新たな形の競争で顧客に価値を提供することができないという状況には陥らない。健全な競争では、顧客が満足すれば、対抗勢力にも追い風が吹く。

ファイブ・フォース分析を初めて政治に応用した際は、目が覚める思いがした。アメリカの政治で、国を揺るがす途轍もなく歪んだ競争が行われていることがはっきりしたのである。対抗勢力は、顧客である私たちには驚くほど目を向けず、何世代にもわたって複占を守り抜き、強化してきた。複占でみずからのルールをつくり、他のルールについても、みずからの都合のよいように最適化する一方、結果に対して説明責任を求める健全な競争要因を絶えず抑え込んできたのだ（**図1・1**）。

不健全な政治の競争

政治産業では、二つの重要な次元で競争が行われている。選挙に勝つための競争と、法案を可決（もしくは否決）するための競争だ。アメリカの選挙と立法は、不健全で敗者が出るウィン・ルーズの競争におぼれている。複占が勝ち、有権者が負ける。悲惨な結果が出るのは、政治産業の構造が原因だが、この構造を掘り下げて検証する前に、政治産業に独特の性格を理解する必要がある。

政治の二重通貨

政治産業には二つの通貨がある。一部の顧客は票で支払いをし、一部の顧客はカネで支払いをする。[6] 本書では、これを政治の二重通貨と呼

図1・1

5つの競争要因――政治産業の構造

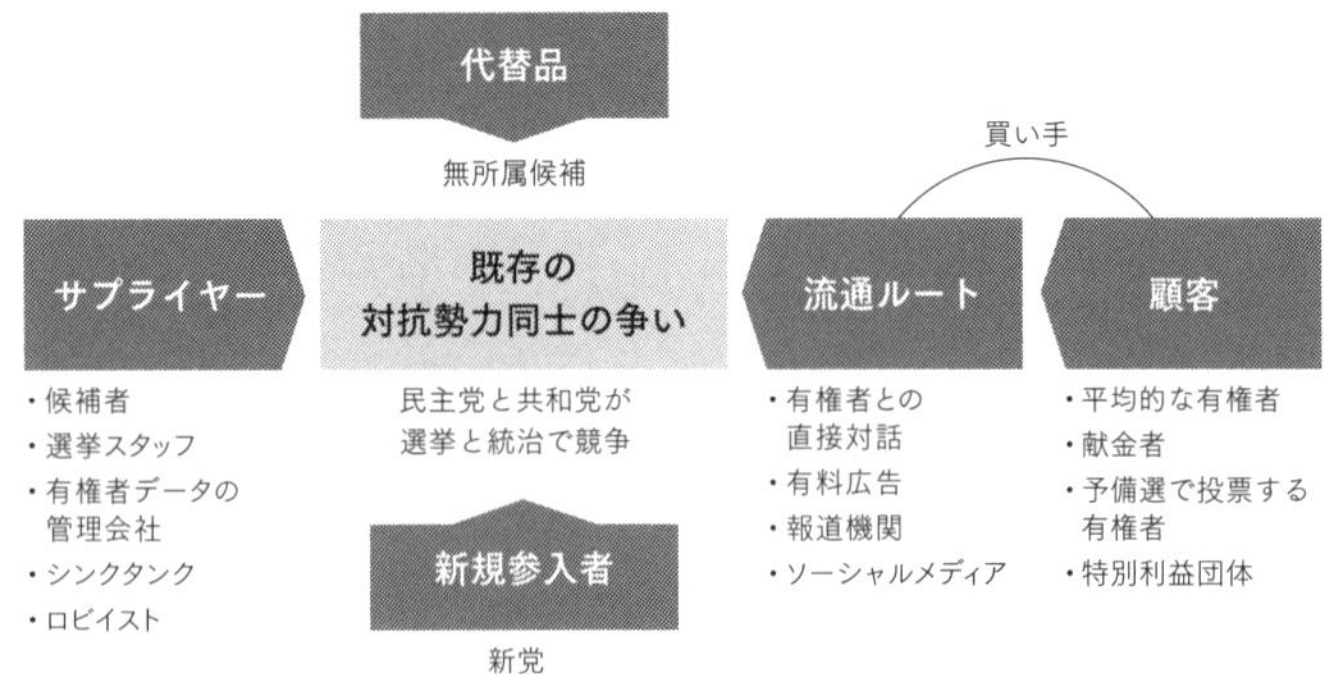

ぶ。政治産業の顧客――ほとんど力のない平均的な有権者と、強大な力を持つ特別利益団体、献金者、党の予備選の投票者――の間には、凄まじい力の差がある。これは、票とカネの力関係がかなり大きな原因だ。説明しよう。

票という通貨は、カネという通貨よりも、一貫して相対価値が低い。票の価値には限界がある（つまり、選挙で勝つために必要になるのは、相手の得票を上回る一票だけで、それ以上の票はいらない）。一方、カネの価値には上限がない（つまり、どんな場合もカネは多ければ多いほどいい。政産複合体にはつねに買うものがある）。連邦議会選挙の本選挙では、だいたいにおいて票は軽視される。これは、80％以上の選挙区が無風区だからだ。当選者は予備選の段階ですでに決まっているのである。カネを献上し、票をかき集める特別利益団体など、二つの通貨を活用する顧客は、とくに強大な力を持つ。

別の言い方をすると、政治のカネは投資収益率（ROI）が高い。票は、それほどではない。どうすれば政治産業でカネの並外れた影響力を低下させることができるのか。票という政治の通貨の価値をカネという政治の通貨の価値よりも高めればいい。つまり、頼りにされているカネのROIを引き下げ、票のROIを高めればいい。本書で明らかにしていくように、票の価値を人為的に引き下げているのが、政治産業の構造と競争のルールだ。健全でエネルギーに満ち溢れた競争を取り戻せば（そのための処方箋は第5章で説明する）、カネに対する票の価値を相対的に高める大きな助けになる。そうなれば、投票に行く有権者が政治産業の重要な顧客となり（それがあるべき姿だ）、政治産業のいまの二つの対抗勢力が持つ並外れた支配力を揺るがすことができる。

対抗勢力――複占による支配

どんな産業でも、競争の核をなすのが対抗勢力（ライバル）だ。対抗勢力は、自動車大手のゼネラル・モーターズとフォードかもしれないし、食品大手のクラフト、ゼネラル・ミルズ、ユニリーバかもしれない。政治産業では、複占者の間で競争が行われている。二大政党、共和党と民主党だ。

複占そのものは、良くも悪くもない。だが、現在の政治構造では、どれほど公共の利益に貢献しなくても、共和党と民主党という同じ二つの対抗勢力が権力を維持することが、事実上、保証されている。これはどんな産業でも、顧客にとって問題になるだろう。民主主義にとっては悪夢だ。

両党は、同じ有権者（よくアメリカの中道派と呼ばれる有権者）をめぐって、直接、競争するのではなく、有権者を互いに排他的な党派に分断し、いずれも意識の高い有権者（往々にして一つの争点やイデオロギーにこだわる有権者）を優先している。こうした有権者は、集票や資金集めで、とくに頼りになる存在だ。また、複占では「競争はあるが、双方が『うまみのある』産業から利益を得られる」という点を対抗勢力が認識している。二大政党から見て、うまみのある産業とは、自分たち独自の競争方法を強化・補強でき、サプライヤー・流通ルート・顧客の力を抑えられる産業、高い参入障壁で守られている産業である。

複占では、対抗勢力が産業のうまみを高め、うまみが薄れないよう互いに措置を講じる。こうした結託と反競争的な行為はとくに有害だ。というのも、対抗勢力に説明を求める独立した規制機関は存在せず、好都合にも独占禁止法は適用されないのである。対抗勢力と政産複合体全体が、みずからの利益を高めるために自由に結託している。

有権者を分断し、極端な有権者に照準を合わせるという暗黙の了解は、政治の二極化（分極化）を生む。非合理的で、イデオロギー色の濃い、感情に任せた主張を前面に押し出し、有権者が切実に必要としている問題解決型の対話――かつては政治に期待できた対話――を疎かにしているのだ。

顧客――歪んだ力関係

政治制度は公共の利益に資することになっている。このため、すべての市民が顧客であるはずだ。ところが、実際には、政治産業はすべての顧客に平等にサービスを提供するわけではない。抜け目ない企業がもっとも利益の上がる顧客を優先するように、複占（二大政党）も、もっとも効率よく自分の利益に貢献してくれる顧客を優先する。政治産業でもっとも利益の上がる最重要顧客は、党の予備選で投票する有権者、特別利益団体、献金者だ。こうした顧客は、確実に二つの通貨——票とカネ——をもたらしてくれる（図１・２）。

［党の予備選で投票する有権者］　この顧客は門番のような存在だ。党の候補者が本選に進むためには、かならず党予備選の投票者の審判を受けなければならない。通常、党予備選で投票する有権者は、相対的に政治意識が高く、党派的で、民主なら左傾化、共和なら右傾化している。また、本選挙でも投票所に足を運んでくれる。[7] 意図的なゲリマンダー（恣意的な選挙区割り）や地

図１・２

政治産業の顧客の力

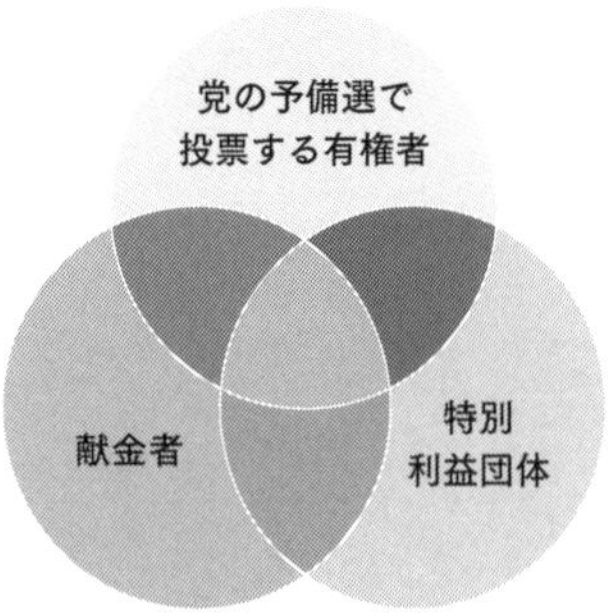

二大政党は、確実にカネと票をもたらしてくれる、
3つの一部重複するグループを優先する。

理的な自然な区割りで、民主・共和いずれかの地盤になっている選挙区では、本当に重要なのは党の予備選だけである。2016年の本選挙で接戦となった選挙区は、連邦議会の下院選で10％未満、上院選でもわずか28％だ。[8] 残りの選挙区は無風区で、当選者は予備選で決まる。

結果として、党の予備選で投票する有権者は、数こそすくないものの、絶大な影響力を振るうことになる。議会選挙の予備選に参加するのは、たいていのケースで有権者の20％未満。[9] 無党派層が参加できない閉鎖型・半閉鎖型の予備選を採用している全米の約半数の州では、イデオロギー的に偏向した予備選の投票者がさらに大きな影響力を発揮する。こうした州では、政党への登録を断った市民は、勝敗の行方を決める選挙で投票できない。[10] そうなると、党予備選で投票する有権者という相対的に少数のグループが、候補者の選出で不釣り合いに大きな影響力を持つことになり、候補者の左傾化・右傾化が進む。党予備選で投票する有権者と予備選制度の性格については、第2章で詳述する。

［特別利益団体と献金者］　このグループは、カネ、票、もしくはその双方をもたらしてくれるため、顧客として非常に大きな力を持つ。特別利益団体は、個々の争点、個々の産業など、特定の問題についてみずからに有利な政策を形成するため、影響力を遺憾なく発揮する。「選挙に影響を及ぼすため金を使う」「立法に影響を及ぼすためロビー活動を行う」という形で資金を拠出している。具体例を挙げれば、製薬業界のロビー団体、保険業界のロビー団体、銃規制反

対団体、中小企業のロビー団体、労働組合などだ。たとえば、全米ライフル協会は2016年に4億1200万ドルを政治活動に投じた上、会員550万人に投票先の決め方を指南している。ヘルスケア業界は2015〜16年の選挙期間で、選挙に影響を及ぼすため、2億6800万ドルを拠出し、ロビー活動に10億2000万ドルを投じた。[11]

献金者も力を持っている。二大政党（と政産複合体の他の組織）が、できる限り多くの資金を集めたいと考えるからだ。大口献金者には、資金力のある個人・組織・企業が含まれ、特別利益団体と重なり合っていることが多い。直接献金と「独立支出」という形で資金を拠出する。前者は上限が設定されており、監視の対象となる。後者は上限が設定されておらず、候補者や政党に直接献金するのではなく、（建前上は候補から独立しているとされる広告などを通じて）候補者や政党を支援する。後者の多くは、情報開示や監視を逃れているため、「ダークマネー」と呼ばれている。[12]

比較的最近では、小口献金者も、政党が関与するオンラインの資金集めで集団としての影響力を増しており、献金と投票を通じて、政策と選挙に影響を及ぼしている。ただ、集団としての影響力はあるが、特定の政治家・候補者に接近するという点で大口献金者ほどの力はない。

一部の特別利益団体は、政界引退後に実入りのよいポストを提供するという形でも、選挙で選ばれた公職者に影響力を及ぼす。こうしたキャリアを歩む公職者は現在、驚くほど多い。2009〜15年に引退した連邦議会議員のうち、約42％はロビイスト事務所に入り、約25％はロビー活動を展開する企業に再就職している。[13] 目を疑うような数字だが、これは氷山の一角にすぎない。登録ロビイストの約半分は元政府関係者だ。ルールの立案・施行に影響力を及ぼせる規制機関の出身者や、業界に有利な法整備で手腕を発揮できる元議会スタッフが多い[14]。

［平均的な有権者］ 予備選で投票せず、定期的な献金も行わず、事実上、本選挙でしか投票しない有権者の大部分が、この顧客グループに該当する。イデオロギー的に極端な人はすくなく、いまの政治制度では、ほとんど力がなく、影響力もない。

政党が自党の支持基盤の投票率を上げたり、相手の支持基盤の投票率を下げたり、浮動票を獲得するという視点で、平均的な有権者にある程度注意を払うことはある。ただ、平均的な有権者は、大半の本選挙で選択肢が二つしかなく、こうした有権者に対する政党のアピールは限られる。両党は、平均的な有権者のために結果を出すという形ではなく、相手の党より少し嫌われない――もしくは少し好かれる――ことを目指すという形で、平均的な有権者を奪い合う。政党は問題を解決する必要はなく、「自分たちのほうが二つの悪のうち害がすくない」と平均的な有権者に納得させればいいだけだ。

ふつうの産業で、これほど大きな顧客グループを無視する企業は、新たな競争を仕掛けられやすい。だが、本書でみていくように、政治産業では新たな競争は脅威にはならず、二大政党は自由に、有力顧客である党予備選の投票者、献金者、特別利益団体への便宜供与に専念できる。

［投票しない有権者］　これがもっとも力のない顧客だ。アメリカの有権者の40％近くは、2016年の本選挙で投票しなかった。投票しない有権者は、顧客としての力を複占（二大政党）とその協力者に明け渡したといえる。おそらく意外なことではないが、こうした個人は、相対的に穏健派で、無党派であることが多い。そして、残念なことに、無視されるのである。

…

顧客の力に関するこうした結論は、最近のリサーチで裏づけられている。たとえば、プリンストン大学の研究者マーティン・ヒレンスとノースウエスタン大学の研究者ベンジャミン・ペイジは2014年、政策上の争点1779件に対する議会の行動を調べた。結果は以下のとおりだ。「経済エリートの意見と利益団体の態度が考慮された場合、平均的なアメリカ人の意見は、公共政策に、ごくわずかな、無きに等しい、統計的には無意味な影響しか及ぼしていないようだ[15]」

威信が低下した流通ルート

対抗勢力と最終顧客の間に位置するのが、流通ルートだ。たとえば、倉庫やスーパーは、食品メーカーと食品を購入する消費者の間に位置する流通ルートである。政治では、二大政党が主要な流通ルートを通じて、有権者に情報を伝え、有権者を説得する。流通ルートの具体例は、有権者との直接対話（「地上戦」）、有料広告、伝統的な独立報道機関、ここ数十年でコミュニケーション市場のあり方を変えた一連の新興メディアなどだ。従来の流通ルートは、二大政党から直接・間接に情報を仕入れ、分別・分析して、偏りのないニュースとして、情報を再配信するという形で政治を仲立ちし、国のためになる信頼できる情報源としてお墨付きを得ていた。だが、報道機関の凋落という市場の混乱に加え、政産複合体がみずからの利益のために流通ルートを開発したり、ターゲットを絞って自陣営に囲い込んでいるため、健全な競争が激減している。

［有権者との直接対話］　こうした対話は、一対一の会合、集会、資金集めイベント、街頭活動、電話といった形のほか、現在、急拡大しているデジタル空間でテキストメッセージなどを通じて行われている。この直接対話という流通ルートを一貫して圧倒的な存在感で掌握しているの

が二大政党だ。このルートは急成長こそしていないものの、二大政党は、従来よりも洗練された有権者データを活用して、以前より大幅に的を絞った対話を行っており、囲い込める有権者を識別し、そのほかの有権者を無視したり抑圧したりしている。[16]

【有料広告】この流通ルートも、二大政党とその献金者が掌握している。有料広告はテレビ・ラジオで行われているほか、デジタルメディア上でも増えている。広告の圧倒的多数は、相手を批判するネガティブ広告で、二大政党が展開する「分断」戦術を反映し強化する形となっている。もっとも、伝統的なメディアや新興メディアにとって、選挙の年は政治広告が重要な収入源となる。このため、現在の党利党略に基づく競争は、メディアに有利に働いている、といえる。[17]

【伝統的な独立報道機関】従来の伝統的な独立報道機関は、おもに情報の提供と説得工作を仲立ちする存在だった。主流報道機関は現在、収入と視聴者の減少に苦しんでおり、二大政党が積極的に特定メディアを囲い込んでいる。さらに、新興メディアプラットフォームの登場で、二大政党が主流報道機関を迂回して、顧客に直接接近することも可能になった。こうした変化に伴い、かつては無党派で影響力があり、広く視聴されていた報道番組の多くは、政治的なイデオロギーに毒されており、党派色を鮮明にしていることもすくなくない。いまでは多くの人が、伝統的な報道機関を無視するか、不信感を抱いており、場合によっては嫌悪感を示している。[18]

［破壊的な新興メディア］ この新しい流通ルートに該当するのは、ソーシャルメディアのエコーチェンバー（閉鎖的な空間で自分と同じ意見があらゆる方向から返ってくる「反響室」）、まとめサイト、オンラインフォーラム、拡大する一方のニッチなブログ圏などだ。強大な力を持ち、中毒性があるとともに、選挙の行方を左右する倫理面や影響力の問題が絶えない。こうした新興メディア（フェイスブック、ユーチューブ、ツイッターなど）の多くは、主流のプラットフォームとは比べ物にならないほど歴史が浅く、規制もされていないが、情報発信と影響力という点で驚くほど強力な手段となっている。私たちが「仲介役の消滅と混乱」という危険な時代に暮らしていることは明らかだ。病んだ主流報道機関が、21世紀に生き残れる視聴者・収入モデルを慌てて模索していることが、そうした時代の到来の一因となっている。

…

いまの流通ルートは、網目の目のように交差しており、かつて神聖視されていた区別が、ないがしろにされているようだ。特にオンラインでは、ニュースと広告（さらに悪い場合はプロパガンダ）の見分けがつかないことがある。以前は、雑誌や新聞の記事、テレビ・ラジオの番組という明確な形を取っていた報道が、いまでは、15秒間の動画や280文字のツイートなど、無数の形で行われている。かつては偏りのない視点で報じられていたローカルニュースは、カネで買収されたインフルエンサーに姿を変えているのかもしれない。昔はすくなくとも適度に議論されバランスの取れていた報道が、いまではキャッチコピーや反動主義の騒音に堕している。古き良き時代の編集者や特ダネ記者を雇う余裕のある（もしくはそうした予算を組む）報道機関は、現在、ほとんど残っていない。

トマス・ジェファソンは、信頼できる報道機関が民主主義にとってどれほど大切かをこう説いている。「新聞がない政府と政府がない新聞（のどちらか選ばなければならないとしたら）私は何の躊躇もなく後者を選ぶ[19]」

かつて多くの読者・視聴者は、自分が問題を理解しており、公開情報は正しいという自信を持っていた。神聖なジャーナリズムを信じる私たちにとって、そうした自信が巻き添えになって失われたことは痛恨の極みだ。現在、政産複合体の内部にいる当事者は、報道機関を迂回して、市民の考え方に狙いを定め、市民に接近し、市民のものの考え方を形成できる。私たちはこの過程をまだ理解も制御もできていない。ジャーナリズムを支えていた社会の信頼を取り戻すには、どうすればよいのだろうか。

『セールスマンの死』を書いた有名な劇作家アーサー・ミラーは、かつて「思うに、よい新聞は国がみずからに語りかけている」と述べた[20]。本書の狙いは、政治の表と裏に切り込むことだが、議論を整理する仲介役のいる国の対話を取り戻そうという試みは、並行して投資するに値する歓迎すべき取り組みといえる。

囲い込まれたサプライヤー

サプライヤー（納入業者）は、対抗勢力（ライバル）が製品やサービスを生み出せるよう、価値あるリソースを納入している。たとえば、食品メーカーに納入される砂糖や油といった原材料や、そうしたメーカーなどの企業をサポートする法律事務所や会計事務所を思い浮かべてほしい。政治産業では、二大政党が幅を利かせ、業界にリソースを納入する主要サプライヤーを囲い込んでいるため、党派的な競争が強化され、増幅されている。サプライヤーには、おもに５つのグループがある。⑴候補者、⑵選挙・政治の専門人材、⑶有権者データ管理会社、⑷シンクタンクなどアイデアのサプライヤー、⑸法規制の制定・施行で手腕を発揮する学者やロビイストだ。

【候補者】このグループは、正統性、資金集め、インフラ、フィールド活動、有権者のリストやデータ分析、討論会、そのほか、現代的な選挙運動に必要となるものを所属政党に強く依存している。無所属の候補は、そうした政党のサポートが期待できないため、当選するどころか、立候補するのもままならない。政党は、どの候補を精力的に支援するか、もしくは場合によってはまったく支援しないかも、決めることになる。こうした権限があるため、二大政党の力は強まり、当選後の行動はもとより、各候補者の選挙公約も、党の方針に沿わせることができる。

［専門人材］政治の専門人材には、選挙対策委員長、政治コンサルタント、世論調査員、広報スタッフ、データアナリスト、ソーシャルメディア担当責任者、現地スタッフ、一部の立法スタッフなどが含まれる。ただ、こうした専門人材の大半は、民主・共和のいずれかにしかサービスを提供しない。[21] 世論調査員であれば、民主党専属か共和党専属かのいずれかであり、スタッフなども民主党専属か共和党専属かのいずれかである。党の承認を受けずに現職に対抗して出馬する候補や、二大政党に対抗する無所属候補と仕事をする専門人材は、追放の憂き目を見ることになる。[22] たとえば、全米共和党上院委員会は2013年、現職の共和党上院議員に対抗して出馬した共和党候補と契約を結んだ広告代理店のブラックリストを公表している。[23] 2019年には民主党議会選挙委員会も、現職に対抗する候補をサポートしたことが判明した企業をブラックリストに掲載すると通告した。[24] 2014年のカンザス州上院選に無所属で出馬したグレッグ・オーマンは、選挙運動が高く評価されたが、一部のコンサルタントは秘密裡にオーマンをサポートするしかなかった（オーマンは惜しくも敗退した）。

［有権者データの管理会社］現代的な選挙運動には欠かせない組織だ。ほかの産業でもデータとデータ分析の役割は、爆発的に高まっているが、有権者について新たに入手できる情報を蓄積・分析するには、多額の投資を継続的に行う必要がある。候補者や政治家は膨大な有権者データに強く依存しながら、効率よく支持者を開拓し、資金を集め、選挙戦の争点を決めている。票を集めるにも、政策上の優先課題を決めるにも有権者データが不可欠だ。ただ、どんな候補者でもそうしたデータを入手できるわけではない。民主党のＮＧＰ・ＶＡＮ、共和党のｉ３６０など、二大政党系の有権者データ管理会社は、きわめて広範な有権者のデータベースを独自に構築・分析し、投票に行く可能性が高い有権者を洗い出す一方、集めたデータが流出しないよう契約を通じて厳格な管理をしている。そうした有権者データを誰にいくらで渡すかは、政党が決める。党の支持を受けた候補は格段に有利になる。

［アイデアのサプライヤー］新しい考え方を率先して編み出す存在であり、党の政策綱領、候補者の政策、また法律に組み込まれる政策のアイデアを考案して提唱する。おもなアイデアのサプライヤーには、学者のほか、推定１８３５社にのぼるシンクタンクが含まれ、予算総額は数十億ドルに達する。[25] アイデアのサプライヤーは、かつては無党派で、アメリカの政治制度の大きな強みとなっていた。さまざまな声を基にアイデアを生み出し、活発な競争を繰り広げて

いたのだ。現在は、二大政党のいずれかと緊密に連携するアイデアのサプライヤーが増えている。[26] 公共政策専門のアメリカの大手シンクタンク35社の約7割は党派的、もしくは党派的な偏りがある。[27] 多くのシンクタンクはリサーチ専業から脱し、政治活動部門を設置している。

一方、議会でアイデアの考案・検討・微調整を担当するスタッフや議会のリサーチサポートは縮小されている。1985年から2015年にかけて、議会委員会のスタッフは35％減少した。[28] 専門のスタッフが不足しているため、議会は、ロビイストなど、日和見的なサプライヤーにますます強く依存せざるをえない。

【ロビイスト】政界で影響力を発揮するこのインフルエンサーは、特別利益団体の主張を代弁し、立法や規制に影響を及ぼすことを目指す。多額の献金に物を言わせることがすくなくない。二大政党の中核顧客である特別利益団体に雇われ、その団体の一部となって、立法の最前線で特別利益団体の利益増進を図る。争点、政策のアイデア、政府スタッフ向けの立法サポートについて取り上げたリサーチを売り込む重要な媒体になっている。急激に仕事量が増え、リソースも減っている議会スタッフにアイデアを売り込み、場合によっては、法案を起草したり、セールスポイントをまとめる、金で雇われた交渉代理人だ。[29] ロビー活動は、それ自体が巨大なビジネスに成長しており、連邦レベルの活動費は、報告ベースで（実際の支出はこれをはるかに上回る）、2016年に31億5000万ドルに達した。[30] ロビー団体の活動費が近年のピークを付けた

２０１４年には、企業が公共政策に影響を及ぼすために投じた資金は、議会の活動費を上回った[31]。

多数の研究で明らかになっているが、資金を出す側にとって、ロビー活動の投資収益率は高いことが多い。立法に影響を及ぼし、規制の修正や免除を勝ち取っているからだ[32]。公共の利益ではなく、クライアントの利益を追求するロビイストの力は、立法を歪め、ロビー活動と腐敗の境界線が曖昧になることもある。

新規参入者と代替品を阻む壁
――巨大な参入障壁と著しい制約

顧客満足度が低い産業に攻勢をかけるのが、カスタマーバリューを高め、市場を揺るがす新規参入者だ。新規参入の難易度は参入障壁で決まる。政治産業では、新党の結成が新規参入に相当するだろう。代替品と新規参入は、従来とは異なる競争を生み出す。タクシー会社にとってのウーバーや、従来型の商店にとってのアマゾンを思い浮かべればいい。政治産業の代替品は、無党派の無所属候補に相当するかもしれない[33]。

政治産業の新規参入障壁は巨大だ。代替品も著しい制約を受ける。参入障壁が高い動かしがたい証拠を挙げれば、1854年以降、新たな大政党は誕生していない。この年には、ホイッグ党の奴隷制反対派が離党し、共和党を設立した。進歩党（1912年結成）と改革党（1995年結成）は、真剣な試みだったが、ごくわずかな候補者しか選出できず、結党から10年以内に解党している。今日、もっとも重要な第三の政党は、リバタリアン党と緑の党で、選挙のたびに多数の候補者を擁立しているが、議会の議席は一つも獲得できず、大統領選はもとより、知事選でも敗退している。[34]既成政党に対する不満が広がり、高まっているにもかかわらず、いまの第三政党の実績はさえない状況が続いている。同じことは無所属候補にも言える。無党派を自認する有権者の比率が高いにもかかわらずだ。[35]

新たな競争には無数の障壁がある。スケールメリット、知名度、人脈、専門知識、インフラで有利な現職。重要なサプライヤーや流通ルートへのアクセス。予備選の敗退者が無所属で出馬できないといった一部の選挙のルールやしきたり。そして、資金調達。たとえば、二大政党が編み出した資金集めのルールでは、全国政党（民主、共和、もしくはその双方）への献金は、1人当たり年間85万5000ドルが認められているが、無所属候補の政治資金管理団体への献金は、各選挙期間（2年間）で5600ドルしか認められていない。[36]

興味深いことに、最大の参入障壁は、私たちにはごくふつうに見える――すくなくとも極悪非道とは思えない――三つの構造で成り立っている。すでに指摘したが(1)予備選、(2)相対多数投票（以上は選挙機構）、(3)きわめて党派的な立法機構――の三つである。本書では、この巨大な障壁の詳細と、障壁を撤廃するプランについて論じていく。

最後に、政治産業には、事実上、ほかのどんな産業とも異なり、独立した規制機関がない。自分にどんな責任があるかを自分で決めているのである。唯一の連邦規制機関は、ウォーターゲート事件後の１９７４年に設立された連邦選挙委員会（ＦＥＣ）で、選挙関連法を管理・執行している。独立機関とされているが、実態は独立機関とは程遠い。ＦＥＣは６人の委員で構成するが、二大政党が牛耳っており、通常は、民主党の委員が３人、共和党の委員が３人と、両党で委員を分け合う。

しかも、２０１９年８月以降は、事実上、機能を停止している。共和党の委員１人が辞め、委員の数が３人に減り、委員会が行動を起こせる法律上の規定を下回ったのだ。トランプ大統領は欠員を補充していない。政治は、規制機関が規制される側に支配される「規制の虜」の古典的な例といえる。証券取引委員会（ＳＥＣ）が、金融大手のＪＰモルガン・チェースとバンク・オブ・アメリカの取締役会で共同運営されているようなものだ。[37]

こうした諸々の実態は、明らかに独占禁止法違反に見える。ではなぜ、連邦取引委員会（ＦＴＣ）や司法省が動かないのか。ここでも、これほど好都合な話はないが、独占禁止法は政治産業には適用されないのである。

トランプ効果で制度は変わったのか？

ドナルド・トランプの当選で、政治制度の構造は変わったのだろうか。本書の分析・結論・処方箋が変わってくるのだろうか。いや、それはまったく違う。トランプの勝利は政治制度を変えていないし、本書の正しさを裏づけている。

2016年の大統領選は、現状に対する有権者の不満を鮮明に印象づけた。有権者が「制度の外」にいる人物を選出することで、二大政党を拒否しようとしたことは明らかだ。だが、有権者の試みは結局は失敗に終わった。

トランプは、既存の二大政党の内部から名乗りを上げた。まったくの無所属で立候補すれば、無所属や第三政党の候補に立ちはだかる高い参入障壁のため、勝ち目がないことを認識していたからだ。改革党から出馬することを検討していた2000年に、この結論に達したと報じられている。2016年に無所属での出馬を検討していたマイケル・ブルームバーグが、まったく同じ結論に至ったのも、偶然ではない。この結論は揺るがなかった。ブルームバーグは、2000年の大統領選に民主党候補として名乗りを上げた。

トランプの勝利は、対抗勢力（ライバル）同士の争いの性格が変わり、政党の影響力が消滅したことを意味するのだろうか。それは違う。政党間の争いと分断は、増しただけだ。流通ルートとサプライヤーを囲い込んで威信を低下させる動きも強まった。

トランプ大統領は、従来の二大政党に対する混合型《ハイブリッド》の代替品だが、本当の意味で新しい競争を体現してはいないと解釈できる。トランプは共和党から出馬し（当初、共和党内には賛否両論があったが）、従来の政党制度とそのメリットを活用して選挙活動を行い、予備選と本選に立候補するという形で当選したのである。トランプは、非常に特殊な個人的・政治的背景をバックに勝利を収めることができた。知名度が高く、二つの大きなメリットを得られたのだ。(1)選挙戦のスタイルが多くの視聴者を惹きつけたため、前例がないほどメディアを自由に活用できた、(2)ツイッターを通じて有権者に直接、語り掛けることができた[38]。この二つの恩恵を個人的に受けられたため、選挙活動の費用が下がり、資金調達能力があったことも幸いして、参入障壁を下げることができた。

「アウトサイダー」を自認して政党内から立候補するという戦略は、ほかの候補も真似をする可能性がある。ただ、トランプの勝利は、どちらかと言えば、特殊な事例であり、特異な個人的事情に負っている。たしかに、トランプが当選し、大統領になったことで、共和・民主両党の内部に、かなりの調整が起き、混乱が生じた。だが、政治産業の構造も、動機づけも、根本的には変わっていない。それどころか、政治の競争の軋轢が増し、議会の空転は増える一方だ。これは、トランプ政権の意に沿わない発言をする共和党議員や、トランプ政権の妨害で少しでも譲歩したと思われる民主党議員が、「予備選される」（予備選で刺客を送られる）ことを恐れているためだ。ここで、例の動詞が再び登場した。

政治産業の正体は不健全な薬物であり、アメリカの民主主義は無理やりこの薬を呑まされている。これが本書の主張であり、トランプの大統領就任がそれを裏づけている。国の最重要課題に対処できないという政治の根本的な欠陥は、トランプ政権でも相変わらず続く。その上、二大政党とそれを取り巻く政産複合体も無傷で残っている。政治制度を改革し、より健全な競争とよりよい結果を生み出す必要があることに変わりはない。

繁栄を謳歌する政産複合体

ドワイト・D・アイゼンハワー大統領（共和党）は、1961年1月の退任演説で、「軍産複合体」が国の脅威となり、不当な影響力を及ぼすと警鐘を鳴らした。「こうした巨大な軍事組織と大規模な軍需産業の結びつきというのは、アメリカにとって新たな経験だ。その全面的な影響――経済的、政治的、場合によっては精神的な影響――は、あらゆる都市、あらゆる州議会、連邦政府のあらゆる省庁で感じられる。こうした動きにはやむにやまれぬ事情があるが、その重大な意味合いも理解しなければならない。わが国の国土、資源、生活がすべて巻き込まれるのである。社会の構造そのものもだ。私たちは、それが意図されたものであろうとなかろうと、軍産複合体が不当な影響力を行使しないよう、政府の委員会を通じて警戒しなければならない。不当な権力が台頭して悲惨な状況に陥るおそれがあり、そのリスクは今後も続くだろう[39]」

アイゼンハワー大統領が予見したのは、アメリカの軍と防衛産業の強力な連携だった。この連携が野放しに放置されれば、軍備増強、物資調達、国防支出の膨張という流れが無限に続いて実際のニーズを上回り、「顧客」（これは国家安全保障上の利益であるべきだ）のためではなく、軍産複合体のために軍需品が生産されることになる。これがアイゼンハワーの考えだった。軍産複合体は、軍需品の供給のための供給につながり、現代のアメリカの他の多くの産業と同じように、大きすぎて潰せない、強大すぎて潰せない存在となる。

アメリカの政治も、ほぼ同じような変貌を遂げている。政治の複占とそれを取り巻く関係者・利益団体は、「政産複合体」と呼ぶのが適切だ。複占を取り巻く関係者・利益団体の多くは、それぞれの政党に囲い込まれ、分断されている。この複合体は、ほぼあらゆる手を尽くして、繁栄を謳歌しているのだ。選挙運動は果てしなく続くかのように見え、膨大な数の運動員・世論調査員・スタッフが働いている。上級コンサルタントは引く手あまたで、メディアの関与もこれまで以上に増えている。通常、産業の成功度を測る指標となる総支出額は、年を追うごとに増え続け[40]、資金提供者は見返りが得られるため、次から次に資金を投じる。投資収益率（ROI）が高いのである。

2016年の選挙期間（2015～16年）の直接的な政治支出は、連邦レベルですくなくとも160億ドルに達する。[41]このうち約4割に相当するおよそ60億ドルは、候補者、政党、PAC（政治活動委員会）、スーパーPAC（特別政治活動委員会）などの組織が選挙に投じた資金だ。別の4

割は、企業・業界団体・労働組合など特別利益団体が、議会や政府省庁に対するロビー活動に投じた資金と報告されている。[42] 政治は、報道機関にとっても大きな収入源だ。CNN、FOXニュース、MSNBCなどの政治番組の広告収入はすくなくとも15億ドルに達する。[43] 残りの資金は、大手シンクタンク（アメリカ進歩センター、ヘリテージ財団など）の予算に流れ込んでいる。政治産業全体では、すくなくとも1万9000人が雇用され、さらに数千人のコンサルタントが仕事を受注している。[44] 忘れてはならないが、これはあくまで連邦レベルの政治産業の数字だ。これに州レベルの支出を追加すれば、総額は大きく膨らむだろう。[45]

こうした数字には目を見張るばかりだが、政治産業全体の規模は、実際にははるかに大きい。申告が大幅に不足しているため、実際の直接的な政治支出は、さきほどの推定額を何十億ドルも上回る。たとえば、未登録のロビイストによる「影のロビー活動」を計算に入れただけでも、ゆうに60億ドルが支出総額に上乗せされる。[46] さきほどの推計では、政治活動を行う非営利組織や社会福祉団体の支出が除外されている（全米ライフル協会、自然保護団体のシエラクラブ、アメリカ自由人権協会、保守系政治団体「繁栄のためのアメリカ人の会」など）。こうした組織は、いずれも公共政策に影響を及ぼすため、飽くことなく活動を続けている。こうしたすべての政治組織の収入を含めれば、政治産業の規模は、各選挙期間で1000億ドル以上に膨れ上がる。[47]

とくに重要なのは、政府は想像もつかないような巨額の資金を支出しているが（2016年度の政府支出は連邦レベルだけで3兆9000億ドル）、その使途を決めているのが政治産業だということである。[48] また、政治産業は、政府支出の額と使途を決めるだけでなく、あらゆる分野の経済・社会支出を左右する政策も決定しており、経済全体に莫大な影響を及ぼしている。

どのような基準で見ても、政治は巨大ビジネスだ。熟議を重んじる「熟議民主主義」という目標は、もはや二大政党の仕事の中核には据えられていない。ましてや二大政党の周囲に群がる政治支援組織――政治制度に資金を提供する中核「顧客」、二大政党に掌握されている「サプライヤー」、二大政党に囲い込まれた「流通ルート」――については、言うまでもない。この双方が、いずれも不健全な競争を可能にし、不健全な競争を糧にしているのである。

政治産業という「試合《ゲーム》」には、一つの曲げられないルールがある。「複占を維持しろ」というルールだ。いまこそルールを書き換えるべきだ。アメリカは過去にそれを成し遂げたのである。

第2章　試合のルール

The Rules of the Game

この本をいつ手にしたかにもよるが、読者は大統領選のさなかに本書を読んでいるかもしれない。討論会の季節だ。政党の有力候補が論戦を繰り広げるこの伝統的な公開討論会は、すくなくとも一部の有権者にとっては見逃せないテレビ番組となっている。報道機関など、政産複合体のおもな関係者にとって、大統領選は多額の収入を意味する。２０１６年の選挙期間（２０１５～16年）では、大統領候補のテレビ討論会がスーパーボウル（プロフットボールＮＦＬの王者決定戦）並みの視聴率を稼いだ。巨額の広告収入が放送局に流れ込んだわけだ。ＣＢＳは30秒間の政治広告に最大25万ドルの広告料を請求した。

なぜ政治のビジネスはこれほど儲かるのか。なぜ政治産業自体に有利に働き、その他大勢には有利に働かないのか。この質問に答え、民主主義を救う解決策を編み出すには、二大政党が何世代にもわたって決定し、みずからに都合のよいように最適化してきた重要なルールとしきたり――選挙・立法機構――を分析する必要がある。だが、そもそもルールとは具体的にどのようなものだろう。

大統領候補討論会の歴史を振り返ってみよう。この討論会は1976年から1984年まで草の根政治組織である「女性有権者同盟（LWV）」が主催してきた。LWVは無党派なため、予想にたがわず、二大政党とたびたび衝突している。たとえば、1980年の大統領選ではジミー・カーター大統領が第1回討論会をボイコットした。LWVが、共和党を離党して無所属で出馬した自由思想のジョン・アンダーソン下院議員を討論会に招いたためだ。[1] 4年後の1984年の大統領選では、大統領候補のロナルド・レーガン（共和）とウォルター・モンデール（民主）の両陣営が討論会で質問を制限するため、「手続きを完全に悪用」したとLWVが非難している。そして、次の大統領選が始まるまでには、共和党全国委員会（RNC）と民主党全国委員会（DNC）が、二大政党で討論会を主催する構想を練り始めていた。RNCのフランク・ファーレンコフ・ジュニア委員長は、その理由をこう明言している。「二大政党は、みずからの立場を強化するため、全力を尽くすべきだ」。[2]

その数ヵ月後、ジョージタウン大学の戦略国際問題研究所は、「二大政党が大統領選候補者討論会の主催を引き継ぐ」ことを支持する報告書を発表した。[3] こうした内容の報告書が（このタイミングで）公表されたのは偶然ではない。報告書を作成した委員会は、政治産業の主要構成員

――政治家、政治コンサルタント、報道機関の幹部――で占められており、共同議長は元共和党議員と元DNC委員長が務めた。[4] DNCとRNCの委員長代理は、この報告書を支持。一方で、LWVのドロシー・S・ライディングス会長は、こんな警告を発した。「大統領選の討論会が二大政党のみによって主催されれば、重要な無所属候補、第三政党の候補が、果たして討論会に参加できるのかという思いが頭の中に渦巻く」。[5] 会長の予言は的中した。

１９８７年、二大政党は嬉々としてこの報告書の提言に従い、大統領候補討論会委員会（ＣＰＤ）を設置。当初はDNCとRNCの委員長が共同議長を務めた。共同議長は、ＣＰＤを発表する共同記者会見で、第三政党が討論会への参加を認められる可能性が低いことを認めた。[6]

この政策の是非が問われたのが１９９２年、富豪で新人のロス・ペローが改革派として大統領選に出馬したときだ。ＣＰＤは当初、討論会からペローを排除する方針だったが、最終的にはペローの参加を認めた。ジョージ・Ｈ・Ｗ・ブッシュ陣営（共和党）とビル・クリントン陣営（民主党）が、どちらも対立候補からペローに票が流れるとみて、ペローの参加を認めるよう直訴したのだ。[7] ペローは、その年の11月の大統領選で20％近い票を獲得。討論会でスポットライトを浴びる価値があったことが明らかになった。

だが、１９９６年の大統領選では、ＣＰＤはペローの討論会参加を認めなかった。[8] 前回の大統領選とは異なり、二大政党の候補者は、ペローが討論会に参加すれば、自分たちが不利になると踏んだのだ。世論調査で優勢だったクリントンは、討論会を無難に通過したいと考えていた。対立候補のボブ・ドール（共和党）は、正しいとは言えないが、「ペローが出馬したから前回の大統領選で共和党が敗北した」と感じていた。CPDは喜んで両候補の主張を受け入れた。ドール陣営の選挙対策委員長の言葉を借りれば、「CPDは言われたとおりに動く」のである。[9]

だが、討論会からペローを排除するという決定は、市民が望んだものではない。有権者の75％はペローの討論会参加を支持していたが、有権者が望んだ討論会は拒否されたのである。[10]ニューヨーク・タイムズ紙は「大統領候補討論会の八百長」と題した社説で「CPDは国民の利益を守る組織ではなく、二大政党の道具となっていることが明らかになった」と批判した。[11]

CPDはその後、ルールの見栄えを良くしている。たとえば、討論会に参加するには、全国の世論調査ですくなくとも15％の支持率を得なければならないといった基準だ。[12]この15％ルールは、中立的に見えるかもしれないが、その影響はけっして中立的ではない。二大政党以外の候補は、9月の期日までにこの基準を満たさなければならない。これは事実上不可能だ。[13]新人候補であれば、全米放送のテレビ討論会に参加してメディアの注目を集めなければ、この基準を満たせない可能性が高いが、この15％ルールそのものが討論会への参加を阻んでいるのだ。

二大政党は、討論会という重要な流通ルートをうまく自家薬籠中の物とした上で、参入障壁もまんまと強化した。いずれも、自分たちを守る独自の「試合《ゲーム》のルール」を再設計することで実現したのだ。

当事者がルールを設定すると

複占者が協力して、戦利品を最大限利用するというのは、ほかの産業でも変わらない。どんな試合の参加者でも、競争戦略に磨きをかけて、利益率を高め、規制環境の変化に対応する。プロスポーツについて考えてみよう。1891年にジェームズ・ネイスミスがバスケットボールを考案した際、どこからシュートしても、得られる得点は2ポイントだった。このため、チームは確率の高いシュートを重視し、攻めでも守りでも、ゴール付近で相手を威圧できるプレーヤーを重宝した。ところが、プロバスケットボールNBAは、試合を近代化してファンを喜ばせるために、1977年に3ポイントラインを採用した。この結果、戦略上の優先事項とチームの構成に変化が生じた。かつては、ゴール近くを主戦場とする「パワーフォワード」やゴールを死守する「センター」といったポジションを設けることが一般的だったが、いまの試合はペースが速くなり、3点シュートを得意とする選手は「ポジションレス」で、ディフェンスもコート中に散らばっている。ほかの分野でもそうだが、バスケットボールでは、独立した機関がルールを変更し、試合を一貫して監視・規制する。

政治産業がとくに厚顔無恥なのは、複占者自身が、時間をかけて試合のルールを自分の都合のよいように最適化し、根本からルールを変えてきたことだ。こうしたルール・しきたりのうち、とくに重要なものを洗い出して新しいルールを考案しない限り、選挙と立法に健全な競争を導入する解決策を編み出すことはできない。

政治の機構

有能な調査報道記者の間では、特ダネを掘り越す際に、まずは資金の流れを追うことから始めるのが、ほぼ定石となっている。政治産業のルールが、時とともにどうつくられてきたかを調査する場合も、同じ方針を活用できる。

資金の流れを追跡してみよう。政治産業の中核をなす通貨がカネと票だ。このため、カネと票を集めて活用する場となる選挙と立法を司るルール――どうすれば選挙に勝てるのか、どうすれば法律を制定できるのかを決めるルール――が、もっとも強い影響力を持つといえる。

選挙と立法の構造を決めているのが、膨大で難解だが二大政党の利益につながるルール・しきたりだ。先に説明したとおり、こうしたルール・しきたりを政治産業の「機構」と呼ぶことができる。この機構を政治制度のソフトウエアと考えてみよう。このソフトは背景で静かに稼働しているため、視界には入らず、存在が忘れられることも多いが、候補者と議員の競争のあり方を決める強大な力を持っている。

　この機構は二つに分割できる。第一に、候補者と当選者はどのように決まるのか。この問題を司るルールが政治産業の「選挙機構」だ。第二に、候補者が議員として議会に送り込まれた後、議員は法案の起草と法制化の過程で何を許され、どんな制約を受けるのか。議会の運営方法を決めているルール・しきたりとはどのようなものか。これが政治産業の「立法機構」だ。この二つの機構が政治産業の競争のあり方を決めるもっとも重要なルールであり、これが健全な競争を歪めている。表面的には馴染みがある機構の内側を覗いてみよう。

選挙機構

　いまの選挙機構では、穏健派が立候補できるとは限らず、歩み寄りを目指す政治家が罰を受け、無所属候補や第三政党が締め出されている。不健全競争の最大の温床となっているのが、いまの選挙機構の二本柱である党の予備選と相対多数投票だ。予備選と相対多数投票は二大政党が独自に編み出したものではないが、二大政党はみずからに都合のよいように双方の最適化を次々と強力に推し進めてきた。

党の予備選

有権者の大半は予備選に参加しないが、ふつう、予備選のことは知っている。党の予備選は、選挙の公式なスタートラインだ。すべての予備選では、本選挙に向けて競争の場を狭めていくが、ルールは州によって異なる。閉鎖型の予備選を採用している州では、政党に所属する有権者しか党の予備選に参加できない。無党派層や第三政党の支持者は完全に締め出される。開放型の予備選を採用している州では、政党に所属していなくても、登録有権者なら誰でも投票できる。

党の予備選は20世紀初めのイノベーションに端を発している。これにより、政党のボスが党大会で候補者を選ぶしきたりに終止符が打たれ、市民が党の候補を直接選出できるようになった。このイノベーションは優れた統治改革を意図したもので、一定のメリットはあった。だが今日、党の予備選は優れた統治の敵に姿を変えている。二大政党は、党の予備選を利用してイデオロギーの純度を高め、党への忠誠を促すことを学んだのである。

すでに指摘したように、党の予備選では、イデオロギー色の濃い少数の有権者（顧客）が門番となる。門番としての権威があるため、こうした党派心の強い小さなグループが、政治産業でとくに有力な顧客層の一つとなっている。最近のリサーチによると、イデオロギー的に極端な有権者ほど、自分は政府に影響を及ぼせると考える傾向が強いが、これは偶然ではない。[14]党の予備選は、問題解決を目指す候補をふるい落とし、相対的に極端な候補に報いるという効果を発揮しうる。

デラウェア州選出の上院議員だったジョー・バイデンが２００９年に副大統領に就任した際、バイデンの議席を共和党のマイク・キャスル下院議員が引き継ぐことは、ほぼ誰の目にも明らかだった。[15] キャスルは１９８４年にデラウェア州知事に選出され、１９８８年に70％以上の得票率で再選された。その後、任期制限のため、連邦下院議員に鞍替えした。デラウェア州選出の唯一の下院議員であり、問題解決に取り組む穏健派との評判が高く、同州としては最長の９期を務めた。下院議員に転じたキャスルは、共和党のニュート・ギングリッチ下院議長が政争を繰り広げていた議会で、党派を超えて現実的な政策を目指す組織「共和党主流パートナーシップ」を率いた。ジョージ・W・ブッシュ大統領が提唱した「どの子も置き去りにしない」教育政策の推進でも重要な役割を果たしたが、２００８年の金融危機のさなか、金融機関の救済法案の採決では党に造反した。

キャスルは、コンセンサスを重視する「デラウェア流」の政治で、地元では絶大な人気を誇り、２０１０年の上院選での勝利は確実視されていた。しかし、ときに共和党に造反するキャスルを誰もが快く思っていたわけではない。一部の保守派の目には、キャスルの中道主義は共和党への裏切りと映った。同性婚、幹細胞の研究、銃規制を支持したキャスルは「名ばかりの共和党議員」というレッテルを張られた。２０１０年秋に行われた共和党の上院予備選では、党派心の強い勢力が、キャスルの対抗馬である保守派運動「ティーパーティー」系のクリスティン・オドネル候補の支持に回った。オドネルは過去5年間で二度、上院選に出馬し、敗北している。ティーパーティー系の全米の有力者から支持を受け、保守系団体から資金を集めたオドネルは、劇的な番狂わせで予備選に勝利。予備選は投票率が低く、オドネルの得票数はわずか3万0561票、キャスルは2万7021票だった。[16]

キャスルにとっては青天の霹靂ともいえる敗北だったが、まだ予備選の段階にすぎない。11月の本選に無所属で立候補すれば、当選の可能性が大きく開けるはずだ。オドネルは、献金を自分の家賃の支払いに充てていたと元選対本部長から告発されるなど、問題を抱え、支持率が低迷している。[17]キャスルは民主党の上院議員候補クリン・クーンズに対しても、優位な状況にあった。予備選敗退後の世論調査でも、本選ではキャスルがクーンズとの直接対決を21ポイント差で制するとの結果が出ていた。アメリカの選挙としては、地滑り的な勝利が実現しようとしていた。[18]

ところが、「マイク・キャスル上院議員」は、いまだに誕生していない。一つ問題があったのだ。デラウェア州には、いわゆる「ソアルーザー法」（ソアルーザーは「潔く負けを認めない人」の意）がある。党の予備選で敗退した候補者は、たとえ無所属でも本選に出馬できないという馬鹿げた法律だ。[19] 2010年の党の予備選に投票したのは人口の6%未満。人口100万人近い州でわずか3000票差で勝敗が決まったこの予備選によって、本選の投票者は州内でもっとも支持率が高い政治家に一票を投じられなくなった。[20]

キャスルはソアルーザー法のせいで本選に立候補さえできなかったのである。本選ではクーンズが余裕でオドネルを破った。

ソアルーザー法は、政治産業の関係者自身が編み出したルールの一例だ。こうしたルールは、合衆国憲法の起草者が考案したものではなく、私利私欲を追求する民間の政党が存在するために定着している。最初にソアルーザー法が制定されたのはミシシッピ州。１９０６年のことだ。その後、こうした法律への支持が高まり、１９７０年までに20州で導入された。１９７６年から94年にかけては、さらに21州がソアルーザー法を制定[21]。現在44州が、党の予備選で敗退した候補者に対し本選への出馬を禁止するこの奇抜なルールを採用している[22]。

こうしたきわめて非民主的なルールを採用していない一握りの州では、選挙の結果が一変する。たとえば、コネティカット州選出のジョー・リーバーマン上院議員（民主党）は、２００６年の民主党予備選で、ネッド・ラモントの挑戦を受けた。ラモントは党内左派の立場から、リーバーマンが共和党のブッシュ政権に協力する姿勢を示したと批判。リベラル派から強力な支援を得たラモントは、劇的な番狂わせで予備選を制し、わずか1万票差でリーバーマンを破った。これがデラウェア州であれば、リーバーマンは上院議員の議席を失っていたはずだ。ところが、当時コネティカット州はソアルーザー法がないわずか4州のうちの1州で、リーバーマンは無所属で本選に出馬し、当選した。有権者がリーバーマンを支持していたことが明らかになったのである[23]。

政党が私利私欲を追求し、競争を制限するために設計したルールが、いかに民主主義の原理を損なうか。ソアルーザー法は、その点を示すじつにひどい一例にすぎない。こうした例は枚挙に暇がない。

たとえば、多くの州では、立候補に関する偏ったルールのため、無所属候補や第三政党の候補の出馬が難しくなっている。こうしたルールでは、候補者に一定数の署名を集めることを義務づけているが、これはきわめて大きな難関になりかねない。とくに、必要不可欠なインフラやリソースが不足することの多い新人候補についてはそう言える。たとえば、アラバマ州では、前回の知事選の投票者のすくなくとも３％に相当する有権者の署名を集めなければ立候補できない。この基準が満たされたのは、ルールが導入された１９９７年以降一度きりだ[24]。

党の予備選は選挙機構の柱だ。この予備選があるため、公共の利益に貢献する個人が当選できない。前述したとおり、超党派での対応が見込まれる大型法案を検討する議員は、何よりも大切な次の質問について考えざるをえない。「この法案に賛成すれば、所属政党の次の予備選を通過できるだろうか」。現在、たいていのケースで答えはノーだ。

この点を痛いほど思い知ったのが、共和党のエリック・カンター元下院院内総務だ[25]。カンターは２０１４年、不法移民を救済する共和党版の「ドリーム法」制定をちらつかせた罰として、ティーパーティー系の候補に「予備選され」、ものの見事に敗北したのである。この事例は、二大政党がこうしたルールを次々と自分の都合のよいように最適化して配置しても、自分たちもそのルールの犠牲になりうること、カンターの例のように党の最高指導部レベルでも犠牲者が出ることを物語っている。その後、下院の共和党議員は近年例がないほど右傾化している。国民の間でイデオロギー上の勢力図がほとんど変わっていないにもかかわらずだ。党の予備選は、アメリカにとってとてつもない問題といえる。だが、問題はこれだけではない。あまり知られていないが、票を集計する際に利用されている制度も、とてつもない問題なのである。

相対多数投票

多くのアメリカ人は驚くだろうが、アメリカの選挙は、最大多数の有権者にもっとも幅広くアピールできた候補者が当選する仕組みにはなっていない。事実、候補者が3人以上の場合、過半数の票を獲得しなくても余裕で当選できるのである。

たとえば、3人の候補者が争っている場合、得票率わずか34%で当選できる。残り66%の投票者はほかの候補を支持していたのだ。これは2010年にメーン州で現実のものとなった。知事選の予備選でティーパーティー系の共和党候補ポール・ルパージュが得票率わずか37・4%で勝利。その後の本選でも得票率わずか37・6%で当選を果たした。つまり、民主党支持者と共和党支持者の3分の2近くが選ばなかった候補が、自分たちの州知事になったのだ。この3分の2近くの投票者は、ほかの候補を支持していたのである。ルパージュの任期中の支持率は、全国的に見てとくに低かったが、2014年の知事選でも、ルパージュは過半数の票を確保することなく、再選されている。[26] こうした投票制度があるため、候補者には、幅広い有権者に横断的にアピールするのではなく、当選に必要なだけの党派心の強い有権者にターゲットを絞るという動機が働く。そうした戦略で対立候補を僅差で破れるのだ。

だが、これは相対多数投票制度の弊害のうち、もっとも害がすくない現象にすぎない。相対多数投票は似通った候補が票を食い合うスポイラー効果（票割れ）という効果も発揮する。メーン州の例に戻ると、支持率が低迷していたルパージュは、具体的にどのように再選を勝ち取ったのか。本選には無所属のエリオット・カトラーが出馬し、得票率が８％を超えた。世論調査を踏まえると、カトラーが出馬していなければ、この８％超の票の多くが、ルパージュに対抗した民主党候補に流れていた。つまり、カトラーは民主党候補から票を奪い、ルパージュに「塩を送った」のである。

この票割れ効果があるため、有権者には一番支持する候補に投票しないという圧力がかかる。意図せずして一番支持しない候補の当選に加担してしまうことを恐れるためだ。たとえば、２０１６年の大統領選を振り返ってみよう。あなたは、緑の党から出馬したジル・スタインに投票するなと言われる。ヒラリー候補から票が流れてしまい、選挙戦を妨害することになるという理由だ。一方で、リバタリアン党の大統領候補ゲーリー・ジョンソンにも投票するなと言われる。トランプ候補から票が流れてしまうからだ。

相対多数投票は、民主主義におぞましい悪影響を及ぼす。政治の新たな競争を阻む単一で最大の参入障壁が築かれるためだ。この「選挙戦を妨害するな」という主張は、二大政党に対抗するすべての潜在的な競争相手に対して巧みに用いられる（「出馬するな、出馬すれば〇〇候補の選挙戦を妨害することになる」）。実を言えば、メーン州の選挙を妨害し敵に塩を送ることになった無所属のエリオット・カトラーは特異な例といえる。潜在的な新たな競争相手は、大半のケースでスタートラインにさえ立てない。「選挙戦を妨害するな」と圧力をかけられ、競争に参加できないのである。

あなたが無所属で上院選への出馬を検討しているとしよう。この場合、あなたを脅威とみる二大政党の一方から出馬を控えるよう激しい圧力がかかるだけでなく、あなたを脅威と感じる政産複合体の一部も、何の良心の呵責もなく、あらゆる手を尽くしてあなたの立候補の阻止に動く。スターバックスのハワード・シュルツ元最高経営責任者（CEO）の例を挙げよう。シュルツは2019年春、無所属で大統領選に出馬することを検討した。民主党から上がった反発の声は激しく、悪意に満ちたものが多かった。民主党は、シュルツが出馬すれば、2020年の大統領選をドナルド・トランプに明け渡すことになると判断したのだ。共和党も、自党の候補から票を奪う恐れのある人物に対しては、相手を問わず同じようなことをするだろう。二大政党はこうした嫌がらせを正当化する。いまの制度では、対立政党が勝ち、自党の存続が危ぶまれる事態になれば一大事であり、嫌がらせも許されるのである。これがまさに、相対多数投票の生み出す問題にほかならない。

考えてみれば、「競争がすくないほうが顧客のためになる」と、事あるごとに言い含められる産業は政治以外にない。「ハワード・シュルツは素晴らしい大統領になっていた」「いや、そうではない」といった議論はここでは関係がない。この例では、いまの政治制度にはきわめて不健全な面があることをはっきり再認識できる。有能で成功を収めた人物を競争させることが、何か悪いことになっているのだ。

　相対多数投票の問題はこれだけではない。多くの潜在的な候補者が競争に参加できないだけでなく、競争に参加できても、「死票が出る」という理由で落選の憂き目を見るのである。勝算が高くないと思われている候補に投票したいと思った有権者は「票が無駄になる」とかならず言われることになる。有権者は自分の票を無駄にしたくないと考えるため、相対多数投票には新人候補を引きずり下ろす「引力」が働く——これは上院選に無所属で出馬して落選したグレッグ・オーマンの言葉だ。[27] こうした有意義とは言えない投票制度はどのような経緯で導入されたのか。憲法が起草されたときに存在した唯一の選挙モデルは、イギリスの相対多数投票制度だった。政治学者のリー・ドラットマンは「当時、他の現代的な選挙制度はまだ考案されておらず、合衆国憲法の起草者は全員、議会選挙について深く考えなかった」と指摘する。イギリスの真似をしただけなのだ。[28]

　合衆国憲法の起草者は、多くの並外れた業績を残した。だが、相対多数投票はまちがいだった。後述するように、幸い、この選挙機構は再構築（リエンジニアリング）が可能だ。本書では、不健全な競争を促しているもう一つの制度――立法機構についても再構築を提唱する。

立法機構

候補者が予備選を勝ち抜き、すくなくとも相対多数の票を確保して、議員に選出されても、議会では、政党が牛耳る立法機構が待ち構えている。選挙機構と同様、立法機構も、政産複合体の利益を優先する一連の強力なルールから成り立っている。まずは、予算、瀬戸際政策、そして、すべての立法の背後で機能している、あまり知られていないルールの話から始めよう。これがとんでもない帰結をもたらすのだ。

議会は毎年、連邦政府予算を編成しなければならない。新たな会計年度が始まるまでに、合意が成立しなければ、政府機関の一部が閉鎖される。2013年、ワシントンでは医療保険制度改革法（オバマケア）をめぐって政界が分断され、二極化が進んでいた。民主党は上院とホワイトハウスを制していたが、共和党は下院で多数派を占め、オバマケアの撤廃と新制度の創設を目指していた[29]。同法の撤廃に全力を尽くすと公約しない共和党議員は、予備選で生き残れない状況だった[30]。

2013年後半、公約を果たす時が来た。年度末が迫るなか、共和党は勢力を結集して膠着状態をつくり出す。8月には、予算配分手続きを通じてオバマケアの予算を打ち切るようジョン・ベイナー下院議長に求める書簡に下院議員80人が署名した[31]。多くの業界団体も共同歩調をとり、保守系シンクタンク、ヘリテージ財団の政治部門であるヘリテージ・アクションは、オバマケア撤廃を訴える活動を複数の都市で始める。政産複合体が激しく動き出したのである。

　戦線が張られ、期限が迫るなか、共和党下院と民主党上院の応酬は時間切れまで続いた。民主党上院はオバマケアを骨抜きにする予算の受け入れを拒否したのだ[32]。新会計年度を迎えた10月1日、政府機関が閉鎖される。ある意味で、この政府機関閉鎖は下院・上院・ホワイトハウス間の交渉が行き詰まった一つの典型例にすぎないといえる。共和党下院はオバマケアの予算打ち切りという選挙公約の実現に全力をあげた。上院とホワイトハウスは譲らなかった。双方が生み出した膠着状態は、債務上限をめぐって新たなプレッシャーがかかり、10月16日の債務不履行（デフォルト）が目前に迫るに至って、ようやく解消された。下院が押し切られたのである[33]。

　ただ、以上の説明では、この問題の厄介な一面が見過ごされている。政府機関閉鎖は16日間も続く必要はなかった。政府機関を閉鎖する必要さえなかった。政府機関の閉鎖前でも、政府機関が閉鎖された16日間の間でも、下院が採決を行っていれば、争点を先送りした歳出法案がいつでも、ほぼ確実に可決されていたはずだ[34]。だが、政府機関の閉鎖はベイナー下院議長が下院本会議での法案採決を認めるまで解除されなかった。すでに上院を通過し、下院で過半数の支持を得ていた法案である。議長は、あまり知られてはいないが、非常に大きな力を持つルール――「ハスタート・ルール」――を使って16日間、国を人質に取ったのだ。

このハスタート・ルールは、党派色の濃いいまの立法機構の働きを示す何ともひどい実例といえる。[35] このルールはどこにも明記されていないが、いまでは両党の議長の標準的なしきたりになっている。たとえ下院全体の過半数が支持している法案でも、多数党（議長の所属政党）の過半数の支持が得られるまで、議長が法案を本会議で採決にかけないというルールだ。

議長がこのしきたりを無視しない限り（無視することはまれだが）、少数党（この場合、民主党）が支持し、多数党（共和党）の一部議員も支持している超党派の法案は絶対に法制化されず、廃案になる。有権者の過半数と下院の過半数が支持している法案でも、採決が絶対に行われないため、成立の見込みがまったくなく、実際には審議さえも認められない。法案は下院本会議には進まない。審議もされず、修正もされず、採決も行われない。透明性と説明責任がまったく欠如している。

このでたらめなルールは憲法には明記されておらず、法制化もされていない。下院のルール集にさえ載っていない。だが、事実上、政党による異常なまでの議会の支配を固める道具となっている。2013年の政府機関閉鎖の場合、16日間の閉鎖で国に240億ドルの損害が生じた。有権者の90%は政府閉鎖などはじめから望んでいなかった。[36]

重要なのは、この種の党派的な機構が、記者や編集委員も含め、大半の人にとってふつうのことになっている――「魚にとっての水」そのものになっている――ことだ。2013年の政府機関閉鎖では、たった一人の個人（一つの州の一つの選挙区で、一政党の予備選に投票する少数の有権者に選ばれた、たった一人の個人）のせいで、民主的に選出された議会が、事実上国中の誰もが解決を望んでいる問題を解決できないという気違い沙汰が明らかになったが、当時その点について論じた記事はほとんどなかった。２４０億ドルの無駄は言うまでもない。これは民主主義ではない。政党による寡占だ。

このような国の運営の仕方というものはない。私たちは怒りの声を上げるべきだ。その上で、この問題を解決しなければならない（この点については第５章でさらに論じる）。

議会を乗っ取った二大政党

議会のハスタート・ルールは、選挙のソアルーザー法とまったく同じで、二大政党が使う数ある手段の一つにすぎない。目に見えない機構を通じて、立法過程を私物化し、みずからにとって最適な形に仕立てあげているのである。二大政党がいかに完璧にアメリカの立法機構を乗っ取ったかを理解するため、少し遠回りをして、歴史を振り返ってみよう[37]。

政治学では、第二次世界大戦から１９７０年代初めまでの上下両院の運営について「教科書通りの議会[38]」だったと指摘されることがある。政治学者でないアメリカ人にとっては、子供向けの教養番組「スクールハウス・ロック」でアニメーションや歌を織り交ぜて教わったとおりの議会だと言ったほうがわかりやすいかもしれない。この番組で有名になったのが「僕はただの法案さ」という歌だ。政治意識の高い有権者が提案し、有権者の代表に起草された法案が、いつか法律になることを夢見て歌う歌だ。

僕はただの法案さ。そう、まだ、ただの法案。ようやく議会まで来たけれど、
いま、委員会で止まっている。だから、ここに座って待っているんだ……

このアニメーションは、子供向けに制作されたものだが、20世紀半ばの議会の様子が、きちんと描かれている。この歌で説明されているように、法案の運命は委員会で決まっていた。この時代の議会は、農業委員会、外交委員会など、多岐にわたる問題を担当する一連の強力な委員会を中心に編成されており、議会に提出された法案は、関連する委員会に割り振られる。両党の議員で構成する委員会のメンバーは、委員長の指揮の下、審議を進め、修正案を出し、法案を本会議に送付して採決にかけるかを決める。

意外なことに、この歌には民主党も共和党も登場しない。委員会に所属するただの議員だ。これは1950〜60年代の議会と、いまの議会の決定的な差を反映している。政党はまだ立法過程を支配下に収めておらず、主導権は委員会が握っていた。委員会は一連の決まり――委員長を党の指導部の自由裁量ではなく、在任期間の長さに応じて選出する「先任者優位制」といった決まり――を通じて政党をシャットアウトしていたのである。[39] 人事権がない党の指導部

は、統治過程を掌握する力がいまとは比べ物にならないほど弱かった。[40] 委員会は対話・熟議・交渉の場とされ、委員が協力して問題を特定し、解決策を編み出すことになっていた。[41]

だが、「僕はただの法案さ」が最初に放映された1976年には、二大政党による議会の乗っ取りがかなりの程度まで進んでいた。乗っ取りを最初に主導したのが、1955年から40年にわたって一貫して下院で多数派を維持していた民主党だ。その後、1995年についに下院で多数派となった共和党がさらに足場を固め、議会のあり方を変えた。アメリカの政治制度は空転と膠着に向かったのである。

政党による乗っ取りの起点となったのが1970年代の下院だ。当時、多数派の民主党は、委員会でリベラルな法案を阻止する保守派に苛立ちを募らせていた。[42] 議会民主党内では1959年にリベラル派の組織「民主党研究グループ」が結成され、「政策綱領で公約した民主党の政策を保証する上で必要になる立法機構と党内の統一」を実現するため、時間をかけてリベラルな政策の優先課題をまとめ、次々と戦略を練っていた。[43] 乗っ取りは小さなところから始まる。まずは民主党の議員総会を復活させた。それまで大半の議員は、就任後、党指導部との接触がほとんどなかったが、1969年にそれが変わった。民主党議員全員が毎月集まって、総会を開くようになったのだ。総会でプランをまとめ、立法の戦略を練り、調整を図った結果、全議員の声が一つにまとまるようになった。[44]

第二の戦線が委員会への攻撃だった。まず、民主党は委員長の力を削ぐ。委員長の議事進行権を制限した上で、小委員長を指名する権限を党指導部に移管した。委員長の権限を制限した民主党は、次に委員長の選出方法に狙いを定める。民主党は1971年、委員長が先任者優位制だけを基準に選出される時代はもう終わると表明[45]。わずか4年後には現職の委員長3人が解任された。1960年代は先任者優位制で選出されなかった委員長の比率は1・1%にすぎなかったが、1970年代にはこの比率が15%を超えている[46]。

民主党の真意は次第に明らかになっていった。——これから決定的に重要になるのは、イデオロギー上の純潔さと党への忠誠だ（これは「実力に基づく人事」だと説明されることが多かった）[47]。委員長に就任したいなら、人事権のある党指導部に忠誠を誓わなければならない。以後、党の指示を無視した委員長は自己責任でそうしたのである。

委員長を自家薬籠中の物とした民主党指導部は、次は委員会の委員に照準を定め、1975年に委員会への配属決定権を歳入委員会から新設の運営・政策委員会に移管する。運営・政策委員会の委員長には下院議長が就き、委員は党指導部で固めた。議員のキャリアは、党指導部とよい関係を維持できるかに左右されるようになった。

民主党は、委員の人事権を掌握してもまだ満足しなかった。超党派の委員会で重要な決定が下される可能性が残っていたためだ。このため、民主党は1970年代から委員会を完全に迂回し、党内の作業部会で重要な政策を管理することを始めた。作業部会のメンバーは、下院議長が党のプランを実行に移すために選んだ民主党議員のみである。

そして民主党は、党利党略を最優先する立法機構の総仕上げをするため、下院議事運営委員会（規則委員会）に照準を定める。この委員会は下院の法案の生殺与奪の権を握る門番として重大きわまりない役割を担う。各委員会や管轄部署を通過した法案は、議事運営委員会の手続きを経なければならない。法案を審議・採決の日程にのせるか、もしくはのせないかは、ここで決まるのである。

議事運営委員会は、昔から中立的なレフリーという立場に誇りを持ち、法案の数や国にとっての重要度に応じて、どの法案を本会議に送付するか、どのような順序、どのようなルールで審議するかを偏りのない立場で決めていた。だが、1975年、民主党は議事運営委員会を乗っ取り、同委員会の委員長と民主党の委員を決める権限を下院議長に付与する。こうなると、下院議長の承認がなければ、法案は本会議に進まない。法案を起草する委員会は「どのような政策がベストなのか」「どのような政策が下院で過半数の支持を得られるか」を考えるだけでは済まなくなった。党のトップに指名され、議事を完全に掌握した党利重視の有力議員に受け入れられる法案を提出することが重要きわまりないステップになったのである。

さて、議会を党利党略の場に変えた第一期で先陣を切ったのは多数党の民主党だったが、第二期を進めたのは1994年に一世代ぶりに下院を制した共和党だった。共和党のニュート・ギングリッチ下院議長は、党派的な立法機構を崩すのではなく、前任の党利重視の設計者が築いた土台を足場にして党派的な立法機構を拡張していった。委員会のトップには、古参の共和党議員ではなく、忠誠心の高い議員を指名。[48] これまでの伝統と決別し、権威ある委員会の大半に自分の息がかかった新人を配属するという型破りの措置に出たのである。忠誠心の高い議員を配属したことで、ギングリッチは委員会の作業をさらに掌握できるようになった。たとえば、歳出委員会の委員には、歳出を削減するという誓約書への署名を強要している。[49]

ギングリッチは、議会の日々の立法作業を長らく支えていた無党派の構造も解体していく。エコノミスト、弁護士、調査員など、個々の議員ではなく、委員会のために働く議会の専門スタッフを三割削減。委員会のリソースが減る一方で、下院議長のリソースは急増した。[50] 議会全体のサポートに全力を挙げる二つの無党派機関、政府説明責任局と議会調査局が利用できるスタッフも三割削った。複雑な科学・技術問題について無党派の分析を委員会に提供していた議会技術評価局も閉鎖する。[51] ギングリッチは、こうした削減と閉鎖を通じて、事実上、党のトップとしての権限が及ばない機関をことごとく無力化したのである。

ギングリッチは、委員会の弱体化と無党派のサポートスタッフの削減を通じて、法案の起草段階の権限を集約しただけでなく、法案を下院本会議に進めるか、また法案の審議を認めるかどうかまで、党利を優先して影響力を振るった。ギングリッチは前任の民主党が築いた土台のおかげで、議事運営委員会を意のままに操れた。党のプランに厳密に沿わない法案に対しては、法案の熟議を完全に封じる「修正案提出禁止規則（閉鎖ルール）」を前例がないほど適用し、成立を阻止したのである。[52] ギングリッチが下院議長として初年度を終えるころには、議事運営委員会が法案修正に制限を課さない審議を認めたケースは、全体の半分強にとどまっていた[53]。

こうした措置を導入したギングリッチは「政治を壊した男」と悪者扱いされることもあるが[54]、このあだ名はギングリッチを買いかぶりすぎだろう。議会の乗っ取りと党派的な立法機構の構築は、数十年にわたって進行したプロジェクトであり、党派心の強い二大政党の議員が推し進めたものだ。

私たちの議員が構築したいまの制度は、現実的な解決策の提示や歩み寄りにはつながっていない。２０１９年後半に報告されたように、議員が権力を強化する上では、集金力や党内の議員に資金を分配できる力が非常に重要になっている。資金集めの目標を達成すれば、委員会への配属で有利になることがすくなくない[55]。この制度では、政党が中核顧客（党派心の強い有権者や特別利益団体）に最大限の便宜を図ることができ、平均的な有権者の不満は解消されないことになる。

今日、法案はどのように法制化されるのか

議会は、党派政治を制度化し超党派による問題解決を阻むよう、入念に構築されてきた。党利を優先するいまの立法機構がどのように機能しているのかを理解するため、法案が下院でど

んな道筋をたどるのか考えてみよう。

政党が牛耳る委員会

法案が提出されると、ふつう関連する委員会に割り振られる。すでに見たように、いまの委員は党指導部に恩義を感じている。個々の委員には忠実な兵士になろうという動機が働く。イデオロギー上の純潔さを疎かにすれば、ポストを失ったり、昇進を阻まれるおそれがある。[56] 多数党の指導部には追加の特権があり、委員会の規模を決め、党の間でポストとスタッフを配分し、委員長を決めることができる。[57]

党利を重視する委員長は、議会の各委員会で議事日程など、重要な決定事項について強い影響力を行使する。たとえば、２００３年、共和党が多数派を握る下院歳入委員会は、民主党の委員が法案を精査する前に、年金改革を強硬採決しようとした。民主党が抗議すると、共和党のビル・トーマス委員長は議会警察を呼び、委員会の資料室から民主党委員を締め出した。[58]

党利を優先する議員は、じっくり交渉して問題を解決する場だった委員会を戦場に変えてしまった。かつて、委員会の公聴会は、熟議の一環として、利害関係者や専門家から意見を聞き、勉強する場として利用されていた。いまはそうではない。１９９４年から２０１４年にかけて、委員会が開催した公聴会の数は半減した。たとえ公聴会が開催されても、本当の意味で市民から学ぶ場ではなくなっている。過去40年間の委員会の公聴会を調べた２０１６年の研究によると、公聴会は、政策による健全な解決策を探るためではなく、党派的な争いを仕掛けるために利用されるケースが増えている。[59]

もし何かの加減で、こうした手続きで満足の行く法案を起草できなかった場合も、党指導部には委員会を通過した法案を書き直す権利がある。[60] だが、多数党では、見掛け倒しの超党派の手続きを完全に飛ばして、委員会の代わりに、党指導部がさらに影響力を行使できる党内の作業部会を利用する機会が増えている。[61] たとえば、民主党は２００６年に下院を奪還した後、最初の１００時間で野心的な一連の法案を通過させたが、委員会は一切関与せず、交渉も一切行われず、歩み寄りも一切なかった。[62] 下院共和党は、立法作業でまったく蚊帳の外に置かれたのである。第１１３回議会では、重要な法律の約40％が委員会を完全に迂回して成立した。[63]

政党が支配する下院本会議

法案の大多数は委員会で廃案となるが、超党派ではない一部の法案は委員会を通過する。だが、次のステップは下院本会議ではない。その前に議事運営委員会で多数党の上層部の承認を得なければならない。この党勢の最大化を図る少人数の上層部は、選挙の際の予備選の投票者とまったく同じように、門番としての役目を果たし、どの法案を採決にかけるか、また、採決にかける場合は審議や修正を認めるかを決める。[64] どんな法案でも、議事運営委員会の承認がなければ、本会議には進めない。[65] 下院議長がハスタート・ルールを使えるのは、ここだ。

２０１５年に下院議長に就任したポール・ライアン（共和党）は、共和党が少数党だったころ、下院本会議の審議が減ったことに不満を感じ、法案修正に制限を課さない手続きを増やすと公約したが、党派的な機構には勝てなかった。ライアンが２０１７年に法案の検討で修正に制限を課さない審議を認めたことは一度もない[66]。（容易に想像がつくように、上院にも独自の不可解なルールがある。これは、すくなくとも別の1章を費やして論じる価値があるが、結果は同じだ。政党が支配するのである）

党利優先の両院協議会

下院の法案が党派的な立法機構の最初の二段階を通過し、同様の法案が上院の膠着状態を打破できた場合は[67]、両院協議会が最後のステップとなる。元来、両院協議会は、上下両院の共和・民主党議員が、上院・下院をそれぞれ通過した法案をすり合わせ、互いに同意した最終法案を両院の最終採決に向けて送付する場だった。

だが現在、両院協議会は消滅しかかっている。第１１４回議会で両院協議会から報告があったのはわずか8回。20年前の第１０４回議会の67回を下回っている[68]。現在、一方の政党が上下両院を制している場合、多数党の指導部が非公開の会合を開き、党内交渉の結果を少数党向けに発表するだけとなっている。

両院協議会が実際に開かれる場合は、指導部に指名された議員が配属され、交渉を進めて超党派法案の内容を薄める。共和党上院が２０１７年の減税・雇用法を両院協議会に送付する採決を行う前、民主党のロン・ワイデン上院議員は、この手続きをこう評した。「上院は今日、共和党が可決した二つの税制法案を一本化するため、法案を両院協議会に諮るかどうかを審議する。だが、間違ってはならない。数日中に開かれる両院協議会は、ただの劇場でしかない。陽の光の下で率直に議論しようという真剣な取り組みにはならないだろう[69]」

…

今日、この円滑に機能する機構では、何があっても同じ結果が出るので、議員や政策を変えても何も変わらない。このため、政治の「試合《ゲーム》のルール」を再構築し、公共の利益につながる健全な競争を生み出すことを国の最優先課題に掲げる必要がある。これは単純きわまりないと同時に、困難きわまりない。そして、時間は瞬く間に過ぎていく。不健全な競争がはびこる政産複合体がもたらす帰結は恐ろしいものであり、さらに恐ろしいことに、それが完全にふつうの光景になっている。

大統領候補の討論会に参加し、有権者にアピールできるのは、共和党と民主党の候補だけ。これがふつうのこととして受け入れられている。

いまの議会の最高実力者であるマコネル上院院内総務（共和党）とペロシ下院議長（民主党）が公の場で「最優先課題はいまの大統領に抵抗することだ」「自党の当選議員を増やすことだ」と誇らしげに表明している現状が、ふつうのこととして受け入れられている。

超党派の法案が、過半数の支持を得ているにもかかわらず、廃案になることが、ふつうのことになっている。

ロビー活動で多額の利益を得ている企業の株式で構成する「ロビー活動指数」が過去10年間、Ｓ＆Ｐ５００指数を上回る高パフォーマンスを記録していることも、ふつうのことになっている[70]。

そして、世界でもっとも裕福な国であるアメリカが、党派政治の駆け引きの結果、国債を格下げされたことも、ふつうのこととして受け入れられている。これほど無責任な話があるだろうか。

はっきりさせよう。アメリカは衰退している。衰退する必要などないのに、衰退しているのだ。

第3章

帰結と結果

Consequences and Outcomes

政治産業が野放しにされ、均衡を失った結果、実験国家アメリカの三本柱である「健全な民主主義」「長期的な経済競争力」「繁栄の共有と社会の進歩」が犠牲になった。こうした帰結を慎重に検証すると、政治産業の本性とそれが何を生み出すかが見えてくる。

この第3章は、本書でもっとも気が滅入る章だ。読者には、数十年にわたるアメリカの衰退に改めて不満を感じてほしい。だが、トンネルの向こうに光が見えることも信じてほしい。本章の最後と次の第4章以降では、悲惨な現状の分析から、政治のイノベーションという遺産と希望に軸足を移す。目標の達成に向けた道筋が見えてくるはずだ。不満のエネルギーを目標に向かって突き進む個人の力に変えるため、読者と一緒に戦略を模索していきたい。二大政党の膠着を打破し、この悲劇的な流れを変える必要がある。

帰結──民主主義の衰退

政治産業の不健全な競争は、アメリカの民主主義に恐るべき5つの帰結をもたらした。読者も思い当たるふしがあるはずだ。この点については、第1章と第2章の至るところで検証し、事前に示しておいた。

問題が解決しない

すでに説明したように、公共の利益に貢献する議員が再選されるという保証は事実上ない。いまの政治制度では、政治家として有権者に必要な職務を果たせば、現実には落選の憂き目を見る可能性が高まる。こんな馬鹿げた制度設計はない。だが、いまの制度では、問題の解決を見送るという動機が現実に働くため、事態はさらに悪化する。問題を本当に解決するためには、党派を超えた歩み寄りと、政党が厳しく求めるイデオロギー上の純潔さからの逸脱が多少なりとも必要になるが、そうなれば、二大政党を支える献金者と熱狂的な支持者の失望をまちがいなく買うことになる。

逆に、問題や見解の割れる争点を放置して事態を悪化させれば、民主党でも共和党でも、党派心の強い支持者や特別利益団体、それに熱心な献金者が集まり、勢いづくため、見返りとして票とカネという二つの通貨が懐に入る。これは効果が実証済みの戦略だ。こうした問題をなぜ解決しないのか。問題について回る票とカネが消滅するおそれがあるためだ。最後に、たとえ両党が合意している問題でも、議員が進歩につながる法案を可決しないことがある。対立する政党が、次の選挙を前に実績をアピールできないよう協力を拒むのである。

　このため、いまの政治の競争では、一方の政党が上下両院を制している場合にのみ、重大な法案が成立することが多い。かつての大型法案は、超党派の支持で成立していた。社会保障法、高速道路法、公民権法がそうだ。ところが、いまの重要法案は、どちらか一方の政党の支持で可決されている（**図3・1を参照**）。少数党

図3・1

大型法案で減る超党派の支持（1935〜2017年）

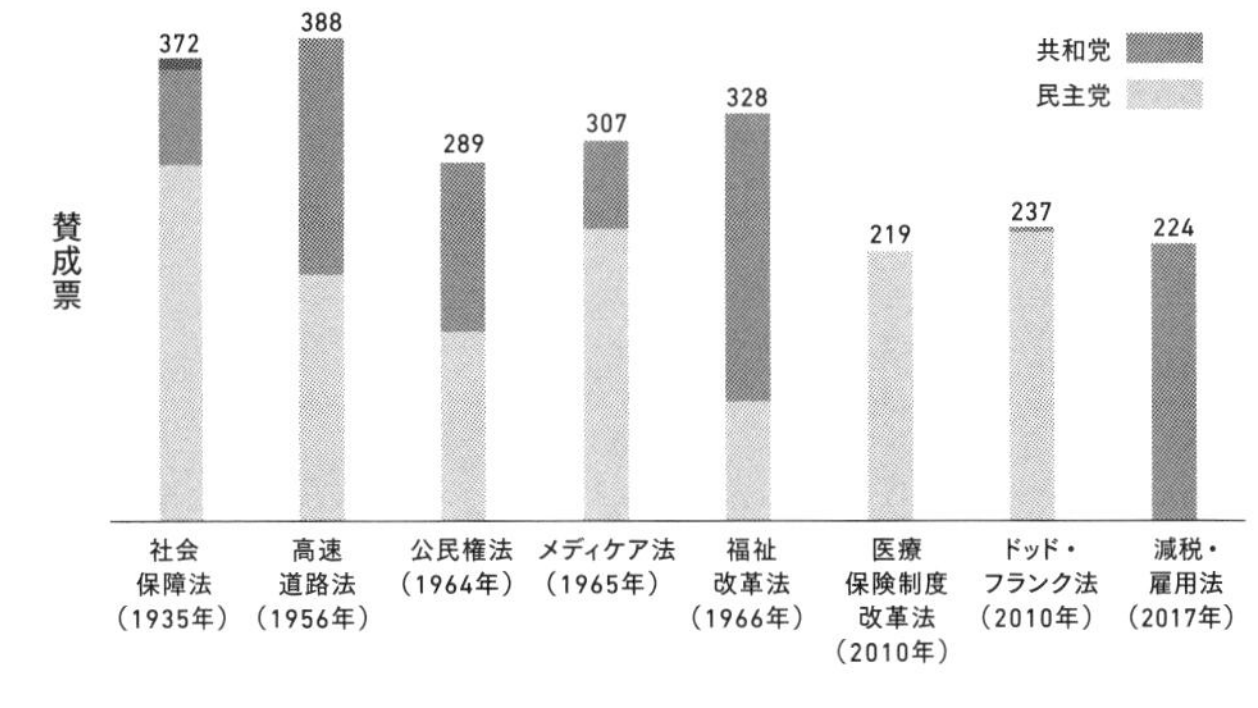

注：各党の議員数は時とともに変動している。Source: GovTrack.com, accessed August 2017

が過半数を奪還すれば、法律の手直しではなく、撤廃に力を入れる。

なぜ党派的な立法が幅を利かせているのか。一因として挙げられるのか、両極端の橋渡しをできる穏健派の不足だ。上下両院では、長期的に見て民主・共和とも穏健派議員の比率が急激に低下した（図3・2参照）[1]。

歩み寄りを通じて成果を出すのではなく、膠着状態に陥ることが、歴史的に見て増えている[2]。悲惨きわまりないことに、最重要課題で膠着状態に陥っているのである（図3・3参照）。

一刻を争う危機以外では政府が動かず、国の借金が膨らむ

議会は重要な課題には対処するが、そ

図3・2

穏健派議員の減少（1951〜2018年）

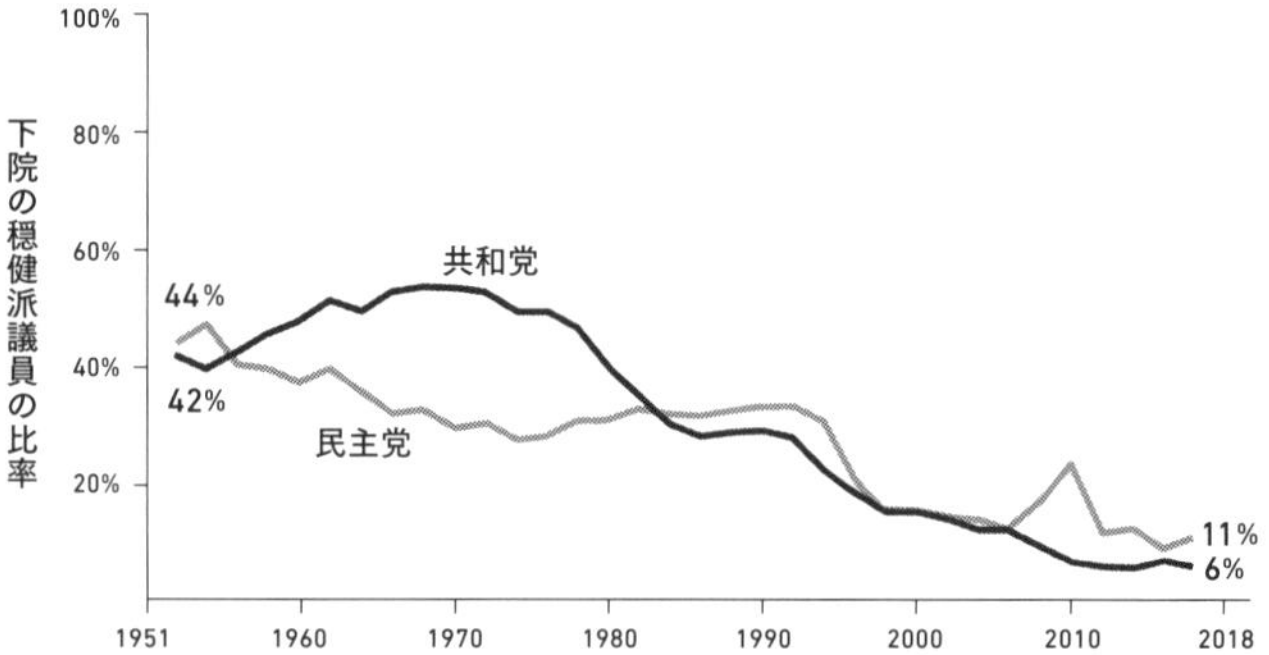

注：イデオロギー上の両極端をリベラル-1、保守+1とした場合に-0.25〜+0.25を各党の穏健派と定義する。黒の線は共和党の穏健派、グレーの線は民主党の穏健派。Source: Data from Keith Poole, University of Georgia, voteview.com, accessed August 2017

の場合も、ふつうは二つの条件が揃った場合にしか動かない。危機的な状況に陥り、なおかつ、赤字財政を活用できる場合だ。国家安全保障上の危機が発生したとき、国を揺るがす災害が起きたとき、もしくは政府機関閉鎖や国債の格下げが迫っているとき、議会は行動するし、ときには速やかに動く。その代わり、必要になる資金がいまある財源から拠出されることは、事実上皆無で、資金は赤字財政で賄われる。これは国の借金を増やし、将来世代につけを回す行為だ。歳出を増やすのにそれに見合う歳入を増やす準備を怠る典型的な一括歳出法案について考えてみよう。こうした法案は、可決できるようにするため、共和・民主の両党にとってうまみがある内容となっている。

図3・3

重要な争点で急増する議会の膠着（1947〜2016年）

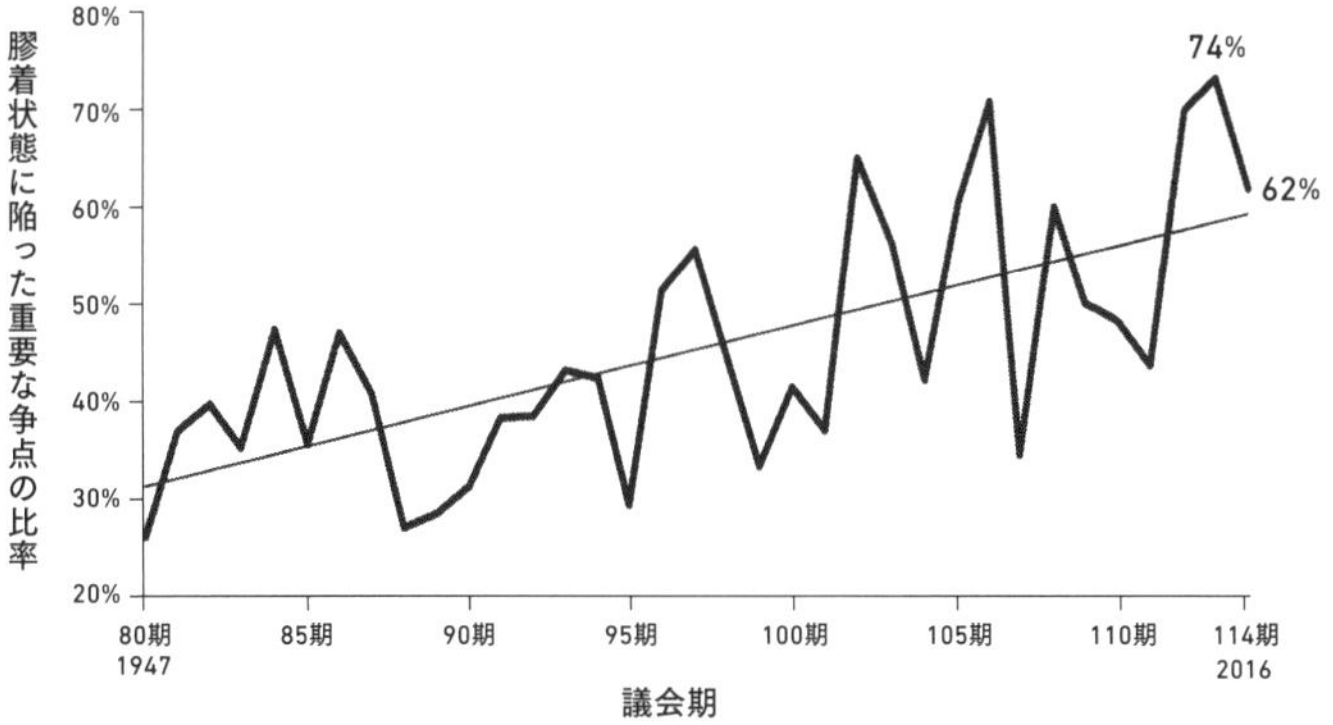

注：各会期の重要な争点はニューヨーク・タイムズ紙の社説に取り上げられた回数で判断。議会と大統領が会期中に行動を取らなかった場合を「膠着」と定義する。Source: Updated from Sarah Binder, "The Dysfunctional *Congress*,"*Annual Review of Political Science* (2015).

共和党も民主党も、中核支持層を喜ばせるため、自分にとって望ましい歳出案や税制調整案を法案に忍び込ませる。その一方で、相手が得るものについては黙認するという暗黙の合意を結ぶ。その間に、国の借金は膨らんでいく。財政規律を強く訴える政党は、もう存在しない。共和党も民主党も、（1992年の大統領選に出馬した改革派のロス・ペローのように）油断のならない競争相手がこの問題を提起しない限り、財政規律を訴えるメリットはないと認識している。

議会は、インフラの老朽化など「急を要さない」危機では動かない。インフラ危機は、長期的に見れば、まちがいなく問題だが、債務上限の期限のような厳格な期日はない。また、国家安全保障上の課題や自然災害への対応で当然求められるスピーディーな行動が、直ちにどう見ても必要なわけでもない。行動を迫る期限がないため、まず何も起きない。議会は問題を先送りするのである。

国の分断が深まる

競争は個人間で行われる。政治家だけでなく、市民も巻き込まれる。政党のライバル争いは、素人目には激しく見えるが、中道派をめぐる直接対決は消耗戦となるため、争いは抑制される。その代わり、二大政党の間では、互いの違いと距離感を強調する形の競争が増えている。政産複合体は、以前にも増してアイデンティティ・ポリティクス（被差別弱者の側に立つと主張する差別強調政治）の駆け引きを繰り広げるようになっており、対立相手の市民を敵として描き出す。ポール・ライアン元下院議長（共和党）は引退表明後、こうした現象を「人々の分断につけ込み、人々の不満と人々の間の分断を利用して、政治的な利益のために人々を分断し、50（%）プラス１の連合体を目指す」制度と評した。[3]

政治への不信感が募る

アメリカの有権者が、いまほど政治制度に不満を抱いたことはない。連邦政府に対する有権者の信頼度は60年近くで最低水準にとどまっている。１９５８年にはアメリカ人の４人に３人が政府を信頼していたが、[4]２０１７年は、わずか５人に１人だ（**図３・４参照**）。一方、議会の支持率は２０１０年以降、毎年、平均して20%を下回っている。[5]

図３・４

低下する連邦政府への信頼度（1964〜2018年）

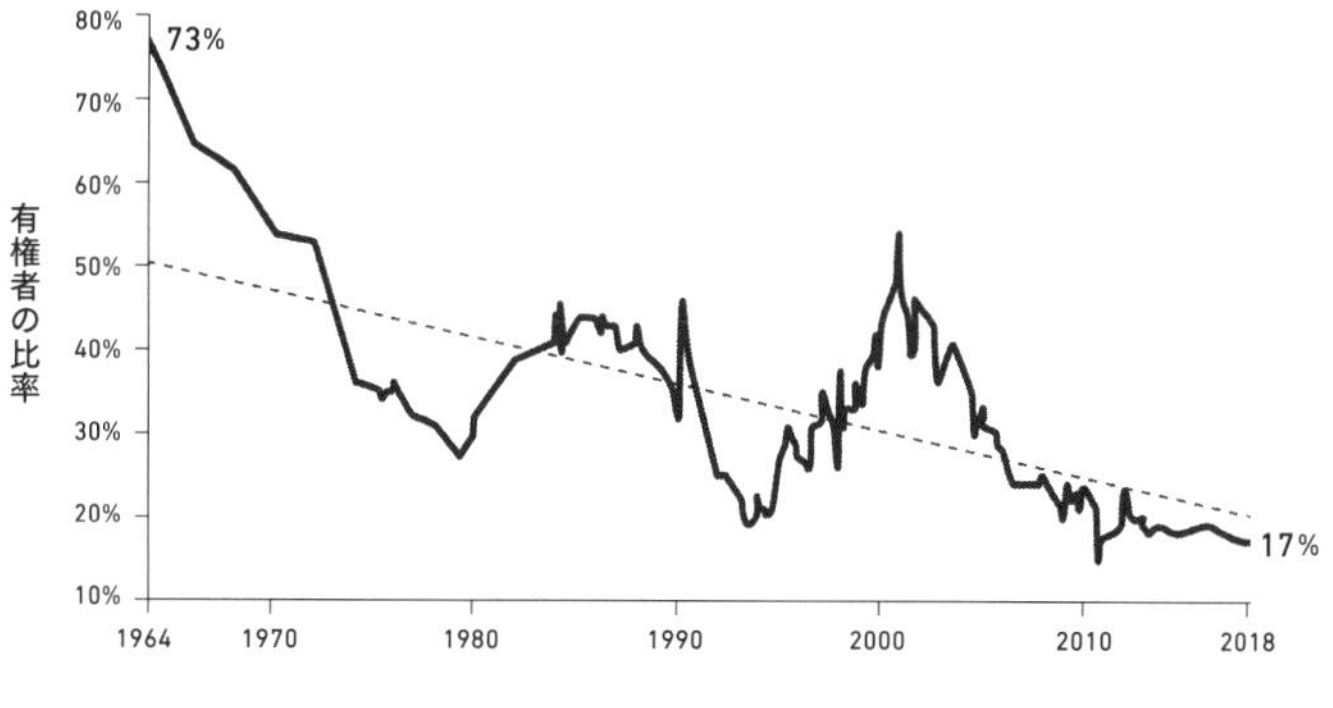

注：データは個々の世論調査の移動平均　Source: Data from "Public Trust in Government: 1958-2019," Pew Research Center, April 11, 2019, www. people-press.org/2019/04/11/public-trust-in-government-1958-2019.

二大政党は盛んに非難合戦を繰り広げているが、どちらも悪いと考える有権者が増えている。いま、市民の半数は、民主・共和両党を快く思っていない。これは、ウォーターゲート事件後に過去最悪を記録した政治不信にほぼ匹敵する水準だ。[6] ますます多くのアメリカ人が、支持政党を捨て無党派を宣言するという形で、こうした不満を表明している。無党派を自称する有権者の比率は41%と、過去最高に近い水準にある。民主党支持者は30%、共和党支持者は28%だ（**図3・5参照**）。[7] アメリカ人の3分の2近くは、第三の大政党が必要だと考えている（**図3・6参照**）。[8] この産業は地殻変動の機が熟している。候補者や第三政党が高い参入障壁を乗り越えられることを願うばかりだ。

図3・5

増える無党派層（2004〜19年）

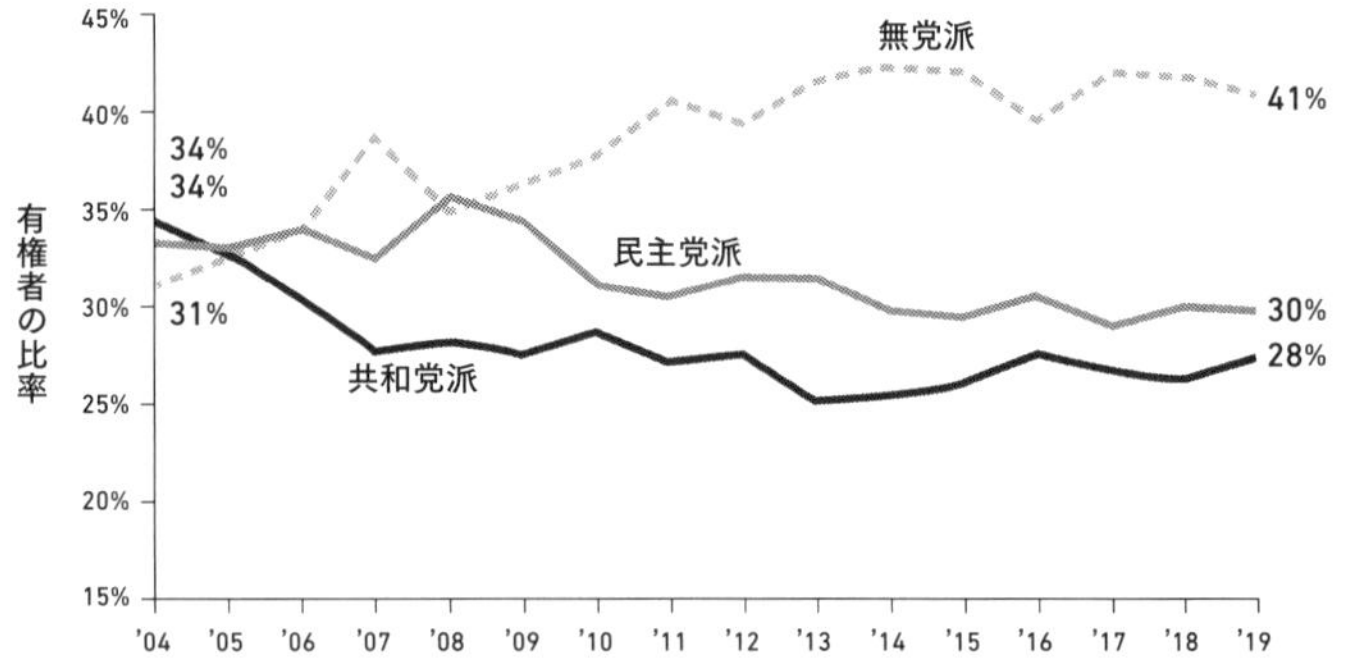

注：年間平均は党所属に関するギャラップ社の世論調査から算出。数字は「政治について、今日時点で、あなたは自分を共和党派、民主党派、無党派のいずれと考えますか」との質問に対し「共和党派」「民主党派」「無党派」と回答した人の比率。Source: Data from Gallup, “Party Affiliation,” Gallup, Inc., https://news.gallup.com/poll/15370/party-affiliation.aspx, accessed November 2019.

ほかに選べる選択肢がないため、市民は既存の二大政党の間で激しく感情を揺れ動かすという形で、不満を表明している。民主党は２００６年に上昇気流に乗ったが、その後、急降下し、２０１０年には共和党が盛り返した。２０１２年のバラク・オバマ大統領の再選後は、民主党が返り咲いたように見えたが、２０１４年には再び失速し、共和党が上院を奪還した。２０１６年の大統領選でトランプが勝利すると、共和党は政権を完全に掌握した。しかし、共和党によるホワイトハウスと上下両院の支配は、わずか2年で終わり、民主党が下院を奪還した。

多くのアメリカ人が、統治制度としての民主主義に対する信頼を失い始めてい

図3・6

増える「第三の大政党」を求める声（2003〜18年）

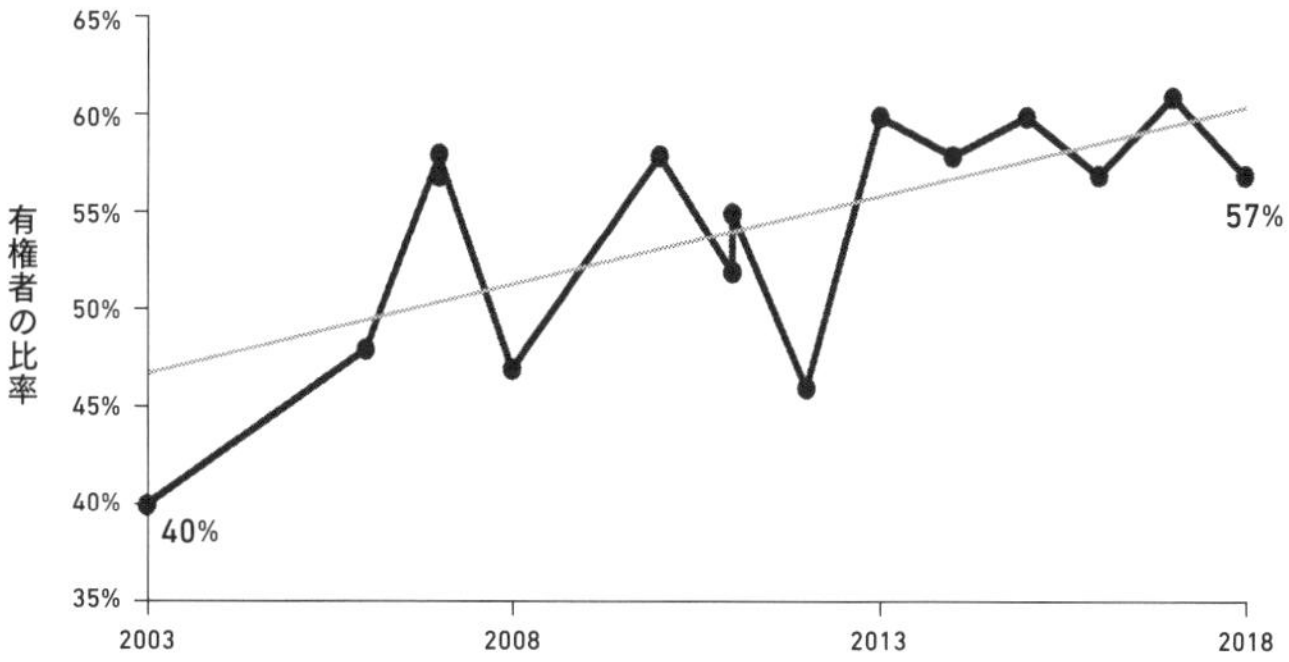

注：黒丸は調査の実施日。ギャラップ社が初めて第三の政党の必要性に関する調査を行ったのは2003年10月10〜12日。Source: Chart data from Gallup, “Majority in U.S. Still Say a Third Party Is Needed,” https://news.gallup.com/poll/244094/majority-say-third-party-needed.aspx, accessed July 2019.

る。民主国家で生活することが不可欠と答えたミレニアル世代（1980〜96年生まれの世代）は、全体のわずか3分の1。独裁政治への支持が高まっている。[10]

説明責任が欠如する

他のどんな産業でも、これほど巨大で繁栄を謳歌していながら、ここまで顧客満足度が低く、しかも二つの勢力しか存在しないとなれば、一部の起業家が絶好のチャンスとみて、ライバル会社を立ち上げ、顧客のニーズに応えようとする。だが、政治ではそれが起きない。複占者がある一つの形で非常にうまく協力しているからだ。つまり、新たな競争から身を守るため、試合のルールを操作しているのである。巨大な参入障壁を築いており、健全な競争に見られる他のチェック・アンド・バランス（抑制と均衡）も働かない。これはファイブ・フォース分析で検証したとおりだ。

他の産業であれば、流通ルートやサプライヤーが、顧客サービス向上に向けて業界の対抗勢力に圧力をかけるか、対抗勢力を見放す。新規参入者や代替品が現れる。これらがすべて失敗に終われば、独立した規制機関が介入して消費者を保護する。だが、政治ではこうした競争要因が二大政党に囲い込まれているか、排除されている。景気循環とは異なり、政治制度には上昇局面も下降局面もない。自己修正メカニズムが働かないのだ。

問題解決の先送り――移民問題のケース

実際に起きている不健全な競争の全貌を理解するため、移民問題という見解が割れる争点について考えてみよう。以前は、両党が移民問題で歩み寄り、現実的な解決策を打ち出し、時間をかけて移民政策を手直ししていた。[11] 両党は１９６５年に国別の割当制度を廃止。１９９６年には再び交渉のテーブルにつき、施行を強化する法案を起草した。[12] こうした動きは、今日の移民政策の法制化とは雲泥の差がある。

見解が割れている今日でさえ、移民政策でもっとも重要なのは以前と同じ一連の明確な課題――施行の改善、不法移民への対処、移民法制度の手直し――であることは、誰もが認めている。[13] だが、包括的な移民改革は夢のまた夢のように思える。

ジョージ・Ｗ・ブッシュ政権下では、超党派の合意に向けた道が開けたように見えた。[14] ジョン・マケイン、テッド・ケネディ両上院議員が共同で起草した法案は、２００６年に上院を通過。ほぼすべての民主党議員と半数近い共和党議員が賛成票を投じた。[15] 残念ながら、この法案は下院で廃案となった。共和党のデニス・ハスタート議長が、みずから考案したハスタート・ルールを発動し、上院を通過した法案の採決を拒んだためだ。妥協すれば、共和党のイデオロギー上の純潔さに傷がつき、党派心の強い支持基盤・特別利益団体が失望するため、中間選挙で得票が減ると危惧したのである。[16]

結局、その年の中間選挙では民主党が議会を掌握し、移民問題が進展するのではないかとの期待が再び高まった。上院は2007年初めに、マケイン・ケネディ法案の修正版を審議したが、この修正版には、歩み寄りの結果、両党の一部の中核支持層の反発を招く条項が盛り込まれていた。保守系ラジオは「不法移民」に対する「恩赦」に激怒。アメリカ労働総同盟・産別会議（AFL・CIO）は、外国人労働者の受け入れに抗議した。修正は元の法案に不満を抱いていたグループが提唱したもので、上院で法案を可決するには修正を見送る必要（つまり、わずか数ヵ月前に上院を通過した法案と同様の内容にする必要）があった。こうした「毒薬」と呼ばれる修正が盛り込まれれば、最終的に廃案になる状況だった。[17]

法案が6月に上院本会議に送付されると、当時、新人の上院議員で数ヵ月前に大統領選への出馬を表明していたバラク・オバマが、そうした毒薬修正案を一本提示する。修正案は幸い否決されたが、[18]オバマは、労組が後押ししていた別の毒薬修正案に直ちに支持を表明。これは共和党が主張する外国人労働者の受け入れ拡大に期限を設ける案で、[19]修正案は最終的にわずか一票差で可決された。[20]

こうして、移民法改革は葬り去られた。両党が廃案に持ち込んだのである。

移民法改革の頓挫は、国にとっては大きな挫折だったが、オバマにとっては、戦術上の勝利だった。いまの政治では、実際の法制定を犠牲にしてイデオロギー上の立場を明確にすることが、賢い戦略となりうる。オバマは民主党の支持基盤に迎合し、後の大統領選で対立候補になるマケインが法律の制定で大きな得点を稼ぐことを阻んだ。選挙で支持を集めるために、分断をもたらすきわめて党派色の濃い争点を残したのである。

オバマは、就任初年度に移民問題に取り組むと公約して、選挙戦を戦った。だが、一期目は議会で民主党が圧倒的多数を占めていたにもかかわらず、何の動きもなかった[21]。民主党が上院で移民法改革に乗り出そうとした2013年には、共和党が下院を奪還しており、改革は阻止された。共和党は、ブッシュ政権末期に民主党が活用して成功を収めた戦術に追随したのである。次の大統領選まで待て、歩み寄るな、時間切れに持ち込め、という戦術だ[22]。

二大政党は、国が直面するこの重大な問題をいまも解決できていない。10年以上が経過した2020年の時点でも、包括的な移民法改革は実現していない。大統領令で党派的な措置が導入されただけだ。対立政党は大統領令を不服として訴訟を起こしたが、予想にたがわず、判事は自分を指名してくれた政党に有利な判決を下した[23]。

だが、二大政党は、分断をもたらす争点としての移民問題の価値を守り、価値を高めることに成功している。10年前、平均的な民主・共和党員は、移民が国力の増強につながるかどうかについて、同じような考えを抱いていた。いまでは、双方の見解は真っ二つに割れている[24]。移民問題は政治的な武器となり、二極化と過激な支持者をもたらす確実な手段となっている。新たな競争の脅威がないため、二大政党が合意と問題解決を目指す理由もない。

二大政党は二極化の波に乗り、繁栄まで謳歌できているが、多くの市民はそうではない。市民の現状に目を向けてみよう。

帰結――経済競争力の低下

あらゆる国の繁栄にとって重要なのが競争だ。競争で以下の二つの条件が同時に満たされれば、その国は競争力があるといえる。国内企業が、(1)市場でグローバル競争に勝ち、(2)平均的な市民の賃金と生活水準を押し上げている――という条件だ。この条件が同時に満たされれば、国は繁栄する。この定義では、本当の意味で競争力のある国では、繁栄が共有されるという点が明確になる。企業は繁栄しているが、市民の大半が苦しんでいる国は、競争力があるとは言えない。市民が高い賃金を得ているが、企業が市場の競争に負けている場合もそうだ。どちらも望ましい状況ではなく、長続きはしない。

こうした基準で見て、いまのアメリカにはどこまで競争力があるのか。アメリカ経済が、競争力の定義の半分しか満たしていない証拠は山ほどある。大企業と中堅企業は繁栄し、創業者、経営者、投資家は羽振りがよい。だが、中間層の勤労世帯は苦しんでいる。多くの零細企業もそうだ。要は、アメリカ史上最長の126ヵ月連続で経済が成長し、株式市場も最高値を更新しているという現状にもかかわらず、アメリカ経済の長期的な見通しはさえない。繁栄の共有という理想が実現できていない[25]。

アメリカは、かつて世界有数の競争力を誇っていた。生産性が高く、イノベーションに富んだ、層の厚いダイナミックな企業がグローバル市場で覇権を握っていた。同時に、最高の訓練を受けた労働者もアメリカの誇りだった。労働者は、企業の業績を悪化させることなく、長期にわたって高賃金と賃上げを享受していた。多くの市民が繁栄を謳歌し、潜在能力をフルに発揮できたのである。こうした素晴らしい実績を踏まえて、私たちは将来も繁栄が続くと思い込むようになった。だが、そうではなかった。そうした幻想は、過去数十年で打ち砕かれ、アメリカ経済の実力は、数々の重要な次元で見て低下している。

今世紀初め以降、生産性の伸びは、歴史的な趨勢を下回っており、これが経済生産の大幅な低迷と、国民が分け合うパイの縮小につながっている。既存の大手企業が投資を減らし、新たな企業の設立ペースが鈍るなかで、経済のダイナミズムが失われている。この国のもっとも貴重な資産である労働者も、十分に活用されているとは言えない。最近は雇用が増加し、低失業率が新聞の見出しを飾っているが、その陰では、何百万人というアメリカ人が、パートタイムの仕事を強いられ、生活に必要な賃金を稼げていない。もしくは、求職を完全にあきらめている。

数十年にわたって着実に上昇してきた労働参加率は、２０００年以降、１９８０年代以来の低水準に落ち込んでいる。国内企業が以前ほど雇用を創出していないから、そうした弊害が起きる。新たに創出された雇用は、国際競争から遮断された低スキルの産業に不当なほど集中している。こうした諸々の要因が相まって賃金は低迷、平均世帯収入は20年前から変わっていない。その結果、あまりにも多くの世帯が、金銭的な保証もなく、その日暮らしの生活を強いられている。アメリカンドリームは危機に瀕しており、子供の収入が親世代を上回るというかつての保証が、いまではコインを投げて裏と出るか表と出るかという状態に堕した[26]。

繁栄を共有できた時代は終わった。第二次世界大戦後の期間を振り返ってみると、前半は経済成長を背景に、超富裕層から最下層まで、すべての人が資産を増やしていた。いま、アメリカの中間層は、海外の低賃金労働者との競争で苦戦を強いられているが、高いスキルを持つ層は、グローバル市場と技術発展の恩恵を受けており、最近の資産の増加は所得分布の上位に集中している。

地域格差も拡大している。活気に満ちたインテリ層が暮らすサンフランシスコ、ボストン、ニューヨークといった都市の周辺部は好景気に沸いており、連邦政府のお膝元であるワシントンDCも、かつてないほど潤っている。しかし、そうしたゆたかな大海原にも、貧しい島が点在し、現にこの20年間で平均所得が減少した。格差は急激に拡大し、社会の連帯を蝕み、富裕層と貧困層、持てる者と持たざる者、労働者と企業、ウォール街と中小企業の間で、破壊的なゼロサム競争が繰り広げられている。

こうした経済面の不穏な帰結は、一部で言われているようなリーマン・ショックの後遺症ではない。そうした傾向は１９９０年代終盤から出始めており、場合によっては、それ以前にもはっきりと認められる。

このような悲惨な結末の根本原因を探る取り組みの一環として、ハーバード・ビジネス・スクールでは「アメリカ競争力プロジェクト」を立ち上げ、２０１１年以降、ハーバード・ビジネス・スクールの卒業生と一般市民の年次調査を行ってきた[27]。１１５ページの図３・７は、２０１６年以降の卒業生調査をまとめたものだ。競争力の各次元について、横軸はほかの先進国と比較したアメリカの位置、縦軸はアメリカの競争力の向上・低下を示す。アメリカは世界最高クラスの大学、厚みのある資本市場、質の高い企業経営といった分野では、大変な強みを保っているが、表の左下隅では、競争力の低下にあえぐ分野が続々と増えている。天文学的と言えるほど高額で不公平な医療制度、煩わしくコストの高い規制・法制度、複雑で抜け穴の多い税法、ニューエコノミーで必要とされるスキルを子どもたちに教えられない公的教育制度、国の恥である老朽化した高速道路・鉄道・空港。しかも、事態は悪化する一方なのである。

種明かしをすれば、アメリカの強みは民間主導の分野に集中しており、弱みは州・連邦政府の政策主導の分野に見られる傾向が強い。他の諸国は、ビジネス環境を改善し、レベルを引き上げているが、アメリカ政府は必要な投資を行えていない。アメリカの競争力を引き出す上で対応が必要な分野がわからないわけではない。特定はできている。ワシントンＤＣの外部でも内部でも、インフラの改良、規制の合理化、国際貿易制度の悪用への対処、連邦予算の均衡が必要であるという点では、ほぼ誰もが一致している。すくなくとも、オフレコの会話では、驚くほどの総意が形成されているのだ。問題は、総意が形成されているのに、解決に結びついていないことにある。

つまり、これは政策の問題ではなく、政治の問題なのである。項目別でもっとも競争力の弱い分野がアメリカの政治制度だと、ハーバード・ビジネス・スクールの卒業生と一般市民が一貫して指摘しているのも頷ける（**図3・7参照**）。

帰結――生活の質の後退

このように、経済競争力の向上でつまずいているため、アメリカでは生活の質も悪化している。国内経済はリーマン・ショックのどん底からようやく立ち直ったものの、はるかに深刻な生活の質の後退からまだ抜け出せていない。[28]

以前にも増して認識されていることだが、国の競争力を高め、経済的なチャンスを広げるには、市民の充足した生活が欠かせない。「社会的進歩の指標」を見てみよう。これは、さまざまな重要な次元で、各国が人々の基本的ニーズをどこまで満たしているか、年々の進展状況をま

図 3・7

他の先進国との比較で低下するアメリカの競争力

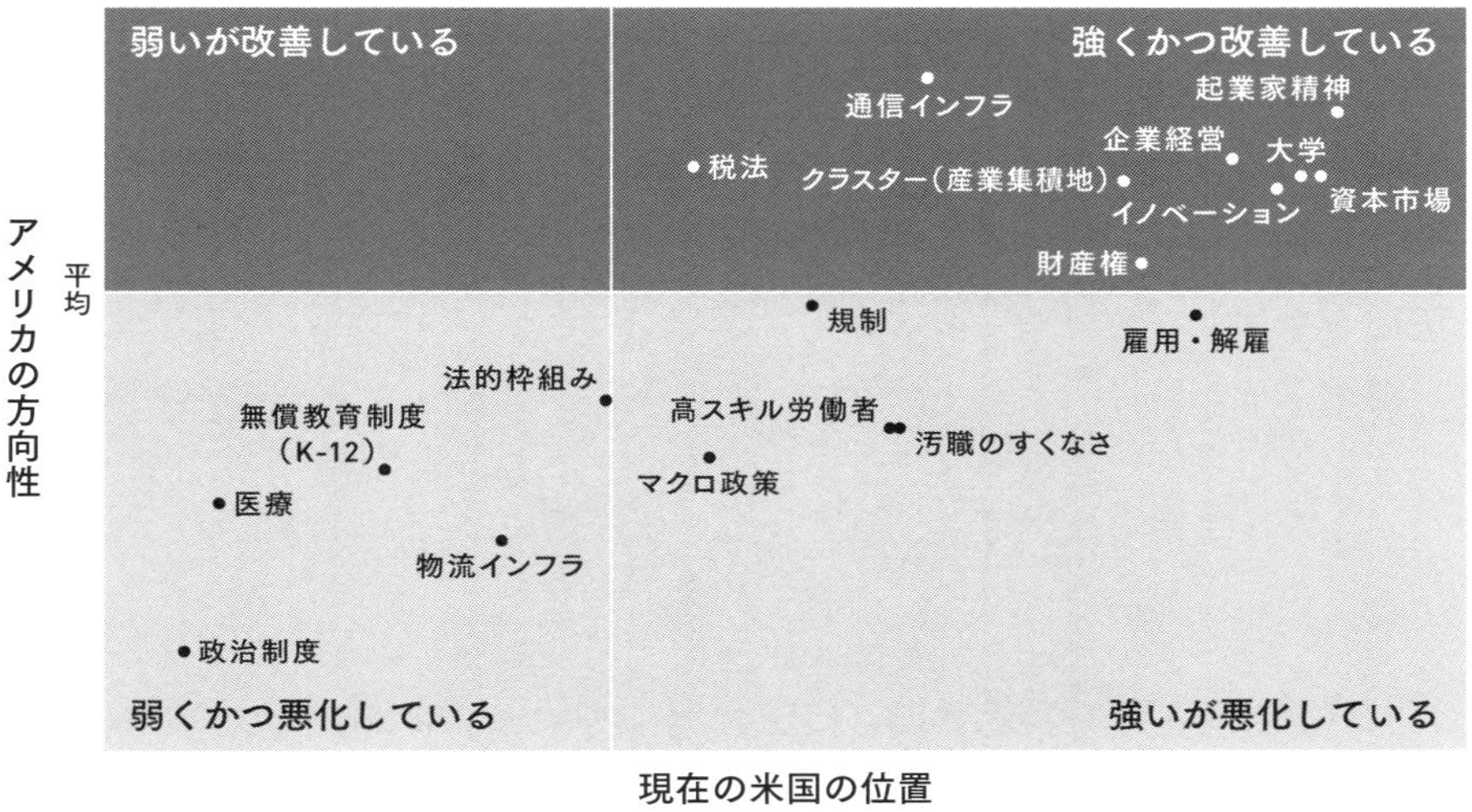

注：データは、アメリカの競争力の状態に関する2019年のハーバード・ビジネス・スクールの卒業生調査より。　Source: Michael E. Porter et al., “A Recovery Squandered,” Harvard Business School, December 2019.

とめたものだ。具体的には、栄養摂取、医療、教育、個人の安全、環境の質のほか、自由度・包摂度（人格権、政治的な権利、宗教の自由など）といった次元である。近年の結果は衝撃的だ。

　たいていのアメリカ人は、社会の完成度で自国が世界のトップを走っていると考えている。歴史を振り返ると、たしかにそうだった。初の公立小学校導入から、大学設立のために各州に公有地を与えたランド・グラント法まで、公的な普通教育の分野を切り開いてきたのがアメリカだ。アメリカは世界に先駆けて全世帯に電気も導入した。この国に生まれた子どもの誰もが潜在能力をフルに発揮できる環境を整えるというのが、社会共通の使命となっていた。ところが、いまではこうした目標の達成が大きく遠のいている。客観的な基準によると、アメリカは社会の進歩の総合ランキングで26位に転落した。[29] 先進度・富裕度ではるかに劣るポルトガルやスロベニアなどの国々に負けているのだ。さらにショッキングなのは、ほかの諸国が進歩を遂げているなかで、アメリカは先進国で唯一、社会の完成度の後退が続いている。

　表3・1は、アメリカが重要な次元で経済協力開発機構（OECD）加盟36ヵ国中、何位に入っているかを選別してまとめたものだ。OECDにはドイツ、日本、イギリスなど、市場経済を導入している先進民主国だけでなく、ギリシャ、トルコ、ハンガリー、メキシコなど、ふつう最上位国とは認識されない国も加盟している。

　市民がチャンスをつかむ土台となる高等学校への進学率は、36ヵ国中22位。非OECD加盟国と比べると、セルビアと同レベルだ。セルビアの経済力はアメリカの4分の1である。

表 3・1

アメリカの社会の完成度の低下　OECD加盟国との比較

次元	アメリカの順位
教育	
質の高い教育の受けやすさ	33
高等学校への進学率	22
環境	
必要最低限の飲料水の入手	31
温室効果ガスの排出	29
生物群系の保護	34
医療	
妊婦の死亡率	35
子どもの死亡率	33
非伝染性疾病による早死に	28
60歳の平均余命	27
個人の安全	
交通事故死	35
殺人率	35
政治的殺害・拷問	29
包摂度	
マイノリティーに対する差別・暴力	26
ゲイとレズビアンの受容	16
社会経済グループ間の政治力の平等	34
政治力のジェンダー平等	24
権利と自由	
表現の自由	23
司法制度の利用	27
宗教の自由	21
女性の財産権	29

注：OECD加盟36ヵ国中の順位　Source : Data from “Social Progress Index 2019.”

アメリカは、医療制度への支出が世界で突出して多いが、妊婦の死亡率は35位、子供の死亡率は33位。非OECD加盟国では、医療の総合ランキングでヨルダン、パナマに並んでいる。現に平均余命は近年、低下している。

殺人発生率は急上昇し、35位。マイノリティーに対する差別・暴力は、OECD加盟国中、何と26位だ。最低限の基本的なニーズを満たせないアメリカ人も多く（必要最小限の飲料水の入手では31位）、治安の悪化にも拍車がかかっている。世界的に見ると、個人の安全度のランキングでは、インドネシア、ガーナ、シエラレオネの後塵を拝している。

合衆国憲法で謳われた基本的な権利も、脅威にさらされている。2014年以降、状況は悪化しており、政治的な権利は、現在36ヵ国中32位と低迷。表現の自由は23位、司法制度の利用は27位、宗教の自由は21位だ。包摂度は、ハンガリーと大差ない。ハンガリーはOECD加盟国だが、オルバン・ビクトル首相が「非自由主義国家」を建設する意向を宣言している。[30]

アメリカはもう、私たちがこうありたいと思い描いている国ではない。

私たちの社会は壊れかけており、多くの人の生活の質が悪化している。かつて盤石だと思われていたアメリカの大切な偉業が根底から揺らいでいるのだ。ある一般市民は、以前、筆者にこんなことを言った。「簡単な話さ。昔は（政府が）問題を解決できたが、いまでは解決できなくなっている」。その一方で、政治産業は拡大と繁栄が続いている。こんな悲惨な、場合によっては、命を脅かすような結果しか残していないのに――公共の利益とは著しくかけ離れた結果しか出していないのに、拡大と繁栄が続いている。

しがらみにとらわれずに結果を出す
――民主主義では何を実現すべきか

いま見たように、アメリカでは、政治制度の競争が公共の利益から逸脱した結果を生み出している。原因を考える前に、望ましい結果とはどのようなものかをはっきりさせる必要がある。ビジネスで重要となる望ましい結果は明らかだ。利益と成長である。だが、選挙で選ばれた公職者に市民が期待すべき必要不可欠な結果とはどのようなものだろうか。

これは根本的に重要な問いだが、政治の結果については、驚くほど議論が行われておらず、ましてや、望ましい結果についての総意は形成されていない。その代わり、政治のドタバタ劇や、誰が誰に何をしたといったことばかり、延々と解説が行われている。結果に関心を寄せないから、隙が生じ、政界の関係者がみずからの目的に沿うような形で成功を定義する。こうした現状を是正するため、本書では、健全で民主的な政治制度に求める5つの重要な結果を提唱する。

解決策を打ち出す

解決策とは、重要な問題に対処する政策、市民のチャンスを増やす政策のことだ。現実に機能し、実際に物事を改善する政策というアプローチである。解決策の重要性は明らかだと思えるが、いまのアメリカの政治制度では、解決策は無きに等しい。効果的な政策という解決策のあり方について、私たちはどこまで知っているだろうか。最良の解決策を規定する簡単な手法があるわけではなく、多くの意見が存在するが、解決策には必要不可欠な特質がある。

効果的な解決策とは、現実の問題に取り組むことであり、イデオロギーを信奉することではない。紋切り型のイデオロギー上の主義主張を通じて、効果的な解決策を編み出せることは滅多にない。そんなことをすれば、往々にして事態が悪化しかねない。効果的な解決策が、完全に右寄りであることや完全に左寄りであることは、まずない。たとえば、問題は「大きな政府か、小さな政府か」ではない。政府が果たさなければならないさまざまな役割を総合的に踏まえて、どのように適切なバランスをとるかだ。同様に、問題は「規制するかしないか」ではない。規制対象となる利害関係者や、最終的に費用を払う市民に余計な負担をかけずに、どのように望ましい社会的・経済的メリット（たとえば、環境汚染の防止）を実現する規制を編み出すかが問題だ。

現実的で長期的な解決策は、薄っぺらいものではない。関連するさまざまな重要意見を取りまとめたガラス細工のようなものだ。こうした解決策では、有権者全体の意見を考慮し、バランスを取らなければならない。取りまとめに際しては、健全な妥協が必要だ。ふつう、解決策には、歩み寄りと党派を超えた姿勢が必要になる。

よい解決策は公正で、可能な範囲内で最大多数の市民に受け入れられる。問題は、とくに民主主義では、すべての人が欲しいものすべてを政府から受け取れるわけではないということだ。よい解決策に妥協が必要になるということは、ある政策で一部の個人・集団がほかの個人・集団よりも多くのメリットを受け、一部の個人・集団の負担が増える（もしくは減る）ことを意味する。だが、総合的に見れば、バランスの取れた公正な結果だと、いずれは認識される必要がある。欲しいものすべてを手に入れる集団・派閥が存在しないときに、よい解決策が実現することが多い。

最後に、よい解決策とは、本当の意味での進歩をもたらすが、すべてを一度に実現できることはまれだ。「以前より良くなったかどうか」が重要な判断基準となる。効果的な解決策では、最初は不完全だが正しい方向に踏み出し、時間をかけて改良を重ねていくことが多い。

効果的な解決策の模範例が１９３５年の社会保障法だ。同法が成立するまで、退職したアメリカ人は、家族や友人に支援を求めるしかなかった。だが、経済の近代化に伴い、セーフティネットを失い、自力で生活できない高齢者が次々に増えていった。そうした傾向は、大恐慌で深刻になる一方だった。解決策を模索したフランクリン・D・ローズベルト大統領は、関係者すべての利害のバランスを取るプランを編み出すため、政府、企業、学界、市民社会の代表を一つに束ねて経済安定委員会（ＣＥＳ）を創設した。ＣＥＳは、６ヵ月かけて各国の年金制度を研究し、どんな対策が一番うまく機能するかを見極めるため、有権者との対話に臨んだ。その上で、この研究結果を基に、民主・共和両党が協力して、いまなお続く社会保険制度を打ち出したのである。[31]

国の最重要課題に対処する解決策は、歩み寄りから生まれると考えなければならない。これは、まず痛いほど明らかなように思える。だが、多くのアメリカ人は、本当の意味での進歩ではなく、党派色の濃いイデオロギーと政治のドタバタ劇にあまりにも慣れてしまい、かつての政治制度が意図していたような解決策への期待が変質してしまった。

行動する

いまのアメリカの政治制度は、行動ではなく、膠着状態を生み出すことが多い。だが、私たちに必要なのは、政治家が有意義な法律を制定し、施行することだ。ところが、法案を阻止すれば所属政党から見返りを得られ、行動しなくても有権者からお灸をすえられることはないと考えられる場合、政治家には公共の利益を優先するという動機が働かない。非現実的な公約や、行動を伴わない主張は無価値だが、いまの不健全な制度では、それが進歩の名で通っている。

ローズベルト大統領は社会保障法の署名に際し、「この法律も、いま組み立てている制度の礎になるだろうが、けっして完全ではない」と認めた。[32] 社会保障法の成立以降、リンドン・

ジョンソンからロナルド・レーガンまで、歴代の大統領が、必要に応じて、法律の手直し、対象の拡大、コストの削減に取り組んできた。

いまの政産複合体は、行動にはリスクが伴うと考えている。行動した結果、重要な顧客基盤（たとえば、苛立ちを募らせている特別利益団体）の反応が芳しくなかったらどうなるのか。重要な流通ルート（たとえば、党派色の濃い報道機関）から、数百万人の視聴者の前で行動を批判されたらどうなるのか――。二大政党の候補者・政治指導者が掲げてきた公約の大多数は、まったく行動に結びつかなかった。公約がそもそも非現実的だったことに加え、行動につながるはずの歩み寄りが誹謗中傷の対象になるからだ。このため、重要な法案は可決や施行はもとより、審議自体がまれにしか進まない。

阻止、スタンドプレー、空手形が報われ、行動が先送りされる。上院が2010年に60対39で可決した医療保険制度改革法（オバマケア）について考えてみよう。[33] 民主党の上院議員全員が賛成票を投じ、投票した共和党の上院議員全員が反対票を投じた。あまりにも対立が激しく、その後、この法律を手直ししようという意欲は、まったく見られなかった。その代わり、共和党はその後7年を費やして、オバマケアの撤廃を目指し、同法を廃止もしくは骨抜きにする法案を50回以上採決した。民主党と協力して落としどころを探り、法律を手直しするといった動きは見られなかった。[34]

ただし、共和党は本当にオバマケアの撤廃を目指していたわけではない。オバマ大統領の在任中は撤廃などできないことはわかっていた。自分たちが果敢に戦っていることを支持基盤に示すためのポーズだったのである。[35] こうしたアピールは、何も生み出さない偽装工作であり、時間の無駄でしかない。[36] こうした余興が終わり、共和党が２０１７年に上下両院とホワイトハウスを奪還すると、共和党には実行に移せる具体的な医療保険制度のプランがないことが明らかになった。何年にもわたって空手形、茶番、無意味な採決を繰り返してきたのに、オバマケア撤廃に必要な票すら集めることができなかったのである。[37] この点について、共和党のポール・ライアン下院議長は「共和党は10年間、野党だった。反対するしかなかった。その後は（……）与党への道を目指した。与党では物事の進め方について（過半数の）２１６人が実際に同意する必要がある」と述べている。わかり切ったことだが、本物の「与党」になるのは、反対ばかりする政党でいるより難しい。[38]

時間とともに幅広く受け入れられる

よい解決策は、時間とともに、妥当な範囲内で幅広く受け入れられ、民意を反映したものでなければならない。１００％の支持を得られる政策など存在しないだろうが、本当の意味での解決策は、超党派の合意を伴うことが非常に多く、政治観を問わず、さまざまな有権者に受け入れられる。有権者が解決策を受け入れるのは、政治的な対話を通じて現実的な政策の選択肢を理解し、理にかなった歩み寄りが政策を機能させる上で必要になると認識できたときだ。

これは、ただ単に選挙で選ばれた公職者が世論に対応すればよいということではない。政治指導者は、国を前進させるため、もしくは正しいことをするために、ときには世論に先んじて動く必要がある（だからこそ指導者と呼ばれるのだ）。

アメリカの歴史を振り返れば、政治的な雑音に惑わされず、実際に国を前進させた政治指導者は枚挙に暇がない。建国間もないアメリカに強力な憲法が必要だと説得したジェームズ・マディソン。分断と流血を経て、国を一つにまとめ、互いに許し合うべきだと訴えたエイブラハム・リンカーン。本物の政治指導者は、公共の利益全体を反映した政策を打ち出す。共通の意思を明確にし、たとえ政党間の力学が変わっても、進歩と政策の継続を可能にする。市民を教育し、一つに束ね、励ますというのが、政治の競争のもっとも健全な形であるべきだ。

短期的なニーズと長期的なニーズのバランスを取る

よい結果を出すためには、現行世代と将来世代の間でニーズと利益のバランスをとる立法が必要だ。このバランスによって、解決策は長期的なものとなり、後になって不満が広がり、結果的に過激な政策変更を迫られたり、もともとの政策を立案した段階で発言権がなかった市民にしわ寄せがいくことはない。社会保障をめぐる議論では、民主・共和両党が、年金を政府の一般歳入や負債ではなく、現行世代の収入でまかなう必要があるとの認識で一致した。こうした先見の明があったからこそ、年金制度は長期にわたって機能している。

今日、状況は一変した。好例が、連邦政府の財政健全化を目指した財政責任改革委員会（シンプソン・ボウルズ委員会）だ。[39] オバマ大統領は２０１０年にこの超党派委員会を設置した。共同委員長のアラン・シンプソン、アースキン・ボウルズ元上院議員の名字をとって、シンプソン・ボウルズ委員会と呼ばれることが多い。２人がまとめた報告書は健全なもので、歩み寄りを通じて現行世代と将来世代の利益のバランスを取る巧みな解決策が盛り込まれていた。報告書の序文はこうだ。「私たちは大統領と上下両院の両党指導部から、今後10年とそれ以降の財政上の課題に取り組むよう求められ、積極的で公正かつバランスの取れた超党派の提案をまとめるため作業を進めてきた。私たちが直面している問題は重大だが、この提案もそれに劣らぬほど重大なものだ。このプランのすべての構成要素を好ましく思っている人はいない。理にかなった歩み寄りを実現するため、これまで反対していた、もしくはいまでも反対している条項を互いに認め合わなければならなかった。違いを脇に置いて、プランをつくりたいと考えた。プランがなければ、この国はまちがいなく苦境に陥るからだ[40]」。だが、２人の報告書は結局、法制化には至らなかった。両党とも、自党のイデオロギーや特別利益団体の利害に反する条項を積極的に受け入れようとしなかったのである。２人のプランは、超党派だったため、廃案となった。[41] 同委員会の委員を務めたポール・ライアン下院議員は反対票を投じた。同委員会を設置したオバマ大統領も強力な後押しを見送った。このプランを守るために奔走した議員もいなかった（両党の一部の議員は、勇気をもって支持を公言したが）。大半の議員は、所属政党の方針に背いて予備選で劣勢になるリスクを冒したくないと考えたのである。

シンプソン・ボウルズ委員会の例は、もう一つの重要な現実も教えてくれる。いまの政治の競争をコントロールしている二大政党は、結果に対して、まったく説明責任を果たしていないのだ。切迫した国の課題を解決できなかったライアン議員、オバマ大統領、議会は、政治的に何かを失ったわけではない。オバマ大統領は再選され、ライアン議員は下院議長となった。議員の再選率も90％だ。[42]

いまの政治指導者は、長期的な解決策ではなく、短期的な解決策——指導者自身も単なる問題の先送りだと認めている解決策——を打ち出すことが習慣になっている。

憲法に従う

政治制度に求めるこの最後の結果については、基本中の基本だと考えられている。だが、この点につねに立ち返る意義はある。とくに選挙で選ばれた公職者が憲法の枠を越える誘惑に駆られた場合はそうだ。求心力のあるこの自治の枠組みを守り抜くというアメリカならではの美しい意思と憲法上のすべての義務は、どんな場合でも、安易な解決策を手っ取り早く模索するより大切なことであり、国の団結につながる。

不健全な競争から政治のイノベーションへ

解決策を編み出し、行動を続け、手直しをしていく。時とともに市民に受け入れられ、現行世代と将来世代のニーズのバランスを取り、その間も絶えず憲法を守っている。これが政治制度のあるべき姿だ。健全な競争があれば、こうした結果を出すことができる。

読者はまだ半信半疑かもしれない。政治産業の由々しき実態は何となくわかったが、この制度を立て直すのは、やはり無理だと感じていらっしゃるかもしれない。それは当然だ。本書の結論はあまりにも崇高で、とても額面通りには受け取れない。だが、この本はワシントンＤＣの産業シンクタンクがまとめた報告書ではなく、スティーブ・ジョブズがアップルを創業したガレージのようなものだと考えたい。読者にはぜひ中に入って頂き、本書の構想を点検してほしい。本書では、これまでとは違う考え方を読者の皆さんに紹介していく。

政治にイノベーションを起こせるという励みや証拠がもっと必要だというなら、アメリカがかつてイノベーションを成し遂げたことを思い出してほしい。第4章で見るように、アメリカは一世紀あまり前に、似たような危機に陥った。政治産業が市民のために結果を出せず、多くのアメリカ人が「何が問題なのか」と自問した。当時のアメリカ人が辿りついた結論は、いまの問いに対する答えとまったく同じだ。制度が問題なのである。

一世紀あまり前、アメリカ人は水の存在に気づいた。そして水を変えていったのである。

第

II

部

政治の
イノベーション

Political Innovation

第4章 アメリカの遺産

An American Legacy

1796年9月19日、二期目の任期終了が迫ったジョージ・ワシントン大統領は、国民への「告別の辞」を発表した。自立を目指す建国間もないアメリカに、先見性のある一連の警告を発したのである。[1] 当時、共和派と連邦派が危険な対立に陥るなか、ワシントンは、この告別の辞で、二大政党のリスク、二つの政党が「代わる代わる支配」するリスクを見抜いていた。国の借金の累積についても「われわれ自身が負担すべきものを卑劣にも子孫に押しつけている」と警鐘を鳴らした。また、国民に派閥争いに抵抗するよう呼びかけている。北部と南部が対立し、東部と西部が対立している状況で、すべての国民が「生まれながらにせよ、選択の結果にせよ」アメリカ人なのだと訴えた。

この告別の辞は、鋭く先を見通したワシントンの慧眼の賜物として、正しく評価されている。

それから二世紀以上経ったアメリカでは、いまなお政党、国の借金、派閥争いが幅を利かせている。だが、この告別の辞には、さらに重要な意味があった。内容だけでなく、告別の辞が発表されたこと自体が重要なのだ。元々の題名である「アメリカ国民に宛てたワシントン将軍の辞　アメリカ合衆国大統領の辞任について」は大ニュースだった。二期を務めたワシントン大統領が再選を目指さなかったのである。歴史家のハリー・ルーベンスタインが言うように「当時の政治家は死ぬまで権力の拡大を図り、国王は死ぬまで在位した」[2]。告別の辞を発表したワシントン大統領は、権力の座から退くという抜本的なイノベーションを導入したといえる。

当時はいまとは違い、大統領、とくにワシントンのような人気のあった大統領については、任期の制限を求める決まりや世論はなかった。ワシントンが三選を目指していれば、ほぼ確実に続投できたはずだ。だが、ワシントンは指導者が居座るリスクを意識し、任期を制限するという伝統を打ち立てたのである。１７９７年、平和的な権力移譲でジョン・アダムズが後任の大統領に就任した。アメリカは大半の諸外国と比べて際立っていた。

この国の事業は、建国当初から一連のイノベーションを拠り所にしてきた。最高司令官が定期的に入れ替わるといったイノベーションをはじめ、各世代のイノベーションを見ると、「政治はけっして与えられたものではない」「統治制度の変更は可能であるばかりか、必要不可欠だ」という発想に対するアメリカ人ならではの強い思い入れがうかがえる。

実際、アメリカの民主主義という発想自体が、革命的なイノベーションだった。「市民が主権を持つ」という統治形態としての民主主義の歴史は古代に遡るが、「市民が代表を選び、みずからの代理として決断を委ねる」という現代の代議制民主主義は、アメリカ独立革命によって世界にもたらされた。アメリカがイギリスを打ち負かして独立すると、建国に携わった人々は、当然のことながら、拒絶したばかりの君主制統治に懸念を抱いた。だが、その一方で、市民が直接政策を決める直接民主制――「多数者の専制」も恐れた。そこで編み出した解決策が代議制だった。統治の仕事をする議員や政治指導者を市民が雇い、解雇するという制度である。自分たちの代表を選ぶというのは直感的で、いまでは当たり前のことのように思えるが、けっしていつの時代もそうであったわけではない。

私たちが受け継いだ遺産には、まだまだイノベーションの要素が並ぶ。合衆国憲法は、民主主義の初の公式な設計図だ。他に類を見ない統治制度を法典化し、「チェック・アンド・バランス（抑制と均衡）」という精巧な構造――すべての府の権限を制限し、市民の役割を優先するという自治の革命的な概念――を公式に記した。成文化された政府の憲章として世界でもっとも長い歴史を誇るのは、起草者のおかげだ。起草者は不動の原理を打ち立てるとともに、国の発展にともない憲法を修正して発展させる余地も残した。実際、憲法発効後に導入された各修正条項は、国が議論を通じて政治制度を根本的に変えたことを物語っている。政治のイノベーションはアメリカの遺産といえる。

だが、民主主義を「維持」するだけでは、まったく不十分で、つねに新しい発想が必要だ。

建国に携わった人々も憲法を起草した人々も、ただ私たちが守っていけばよい完璧な政府を生み出したわけではない。進化し、適応できるよう設計された政府を生み出したのである。憲法制定会議で編み出されたものは、たぐいまれであると同時に大きな不備のあるものだった。憲法を手直ししようという長く厳しい戦いは、「制度レベルで大きな変革が必要になる」という私たちが受け継いだ信念に端を発しており、いまの私たちも見習う必要がある。改革派は時間をかけて持論を訴え、世論を変えようと取り組んできた。理にかなった効果的なアイデアを打ち出し、国民の注目を集めようと競い合ったのである。トマス・ジェファソンもこのエートスを鋭く捉え、「（環境が変われば）制度も進歩して、時代についていく必要がある」と記した。[3]

今日、大半のアメリカ人が、いまの制度は手直しがきかないと考えているが、それも無理はない。政治産業は足場を固めた二大政党の利益を最大化するように設計されており、市民は不利な状況にある。政治の問題など解決できないという考え方に傾きやすくなっている。選挙のたびに改革が叫ばれ、公約に掲げられるが、まったく埒が明かない状態だ。だが、大勢の見方とは異なり、私たち市民には、政治を改革し、民主主義を取り戻す力がある。

歴史がそれを証明している。

金メッキ時代――政治の機能不全を受けて民主主義を取り戻したアメリカ人

1897年2月10日、不況のさなか、ニューヨーク社交界の名士だったブラッドリー、コーネリア・マーティン夫妻は、800人の友人・知人を高級ホテル「ウォルドルフ・アストリア」で開く仮装パーティーに招待した。招待客は王族の衣装で参加することになっており、刺しゅうを施したガウンや美しい衣装を身にまとった国王や女王が恍惚とした表情で社交を楽しんだ。いまのお金に換算すると、パーティーには1000万ドル近い費用がかかった。当時のアメリカ人の平均年収は約400ドルだ。[4] この豪華なパーティーは、表面だけ華やかで中身を欠く「金メッキ時代」（南北戦争後の資本主義発展期）のシンボルとなる。格差が急激に拡大し、二極化が進んだ。ワシントンは腐敗と膠着の代名詞となり、民主主義そのものが危機にさらされているように見えた。どこかで見覚えがある光景ではないか。

今世紀の課題は深刻だが、アメリカは以前にも同じような目に遭っている。政治制度が機能不全に陥り、国の最重要課題に対処できなくなったのは、今回が初めてではない。たとえば、いまの二極化は危険なレベルに達しているが、前例のない水準ではない。実際、図4・1に示したとおり、二極化の程度は、マーティン夫妻が招待客をもてなしていた1800年代後半とちょうど同じ水準にある。[5]

金メッキ時代のアメリカは、いまの私たちが苦しんでいる病いの多くを患っていた。共和党と民主党が二大政党として競争し、平均的な市民のニーズを満たすのではなく、私利私欲や特別利益団体の利益を追求していた。当時もいまと同じで、二大政党が自分に都合のよいようにルールを操作し、市民を分断する形で競争し影響力を高めるため、強大な力を持つ政府の領内に侵入した。その結果生じた党派間の憎悪、政府の機能不全、行動の先送りで国は大きな痛手を被り、19世紀末にアメリカは崩壊の瀬戸際に立たされた。だが、ご存じのとおり、アメリカはこの時代から抜け脱し、民主主義に磨きをかけた。これは、一世代にわたって

図4・1

アメリカの政治の二極化（1880〜2019年）

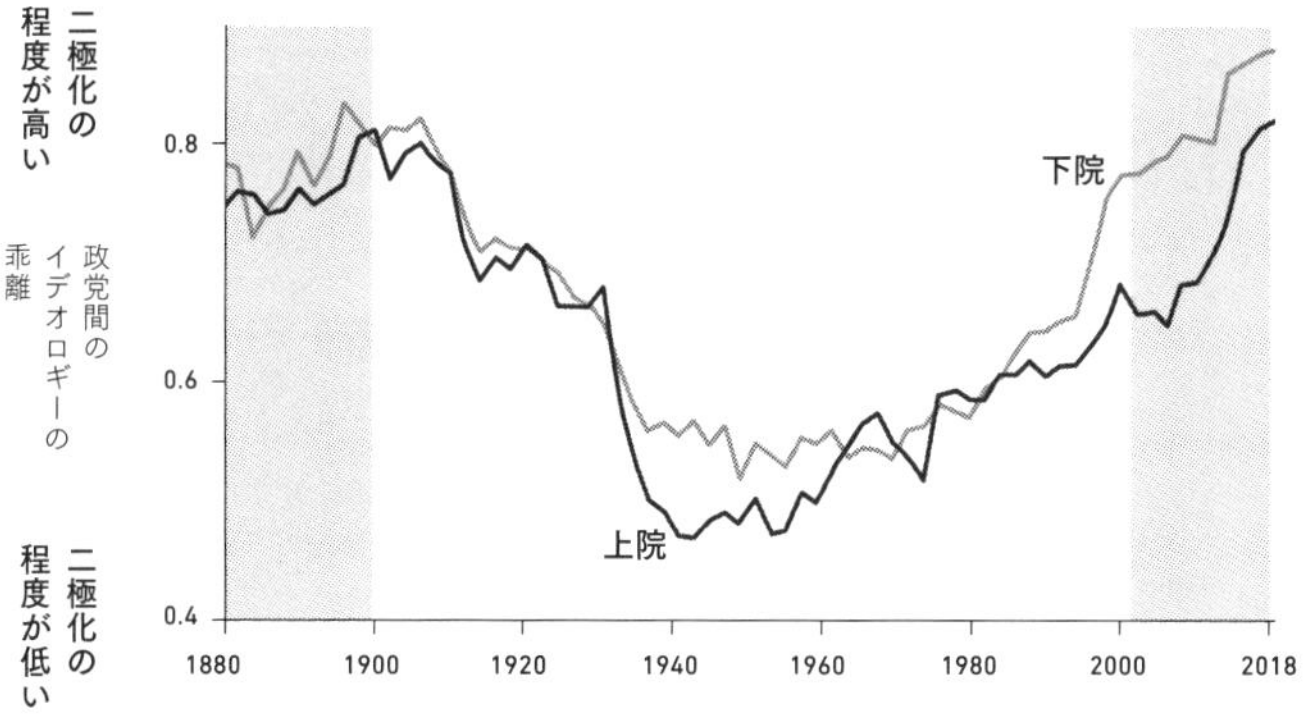

いまの政党間のイデオロギーの乖離は、
金メッキ時代以来の水準に達している。

決然とした態度で政治にイノベーションを起こした人々のおかげだ。

アメリカの市民は1880年代後半には「もうたくさんだ」と感じていた。そのため、1890年から1920年にかけて、各地で改革派が台頭し、民主主義の回復に向けて行動を起こした。この時代は「革新主義の時代」(Progressive Era)として知られるようになる。「革新」とは左派という今日的な意味ではない。政治制度の構造改革を通じて国を前進させるという意味での革新だ。

革新派は、党派心を打破するには、政治の「試合のルール」を積極的に再設計する必要があることを見抜いていた。潜在的に改善の余地があった分野をすべて手直ししたわけではないが、国の方向性を変え、民主主義に末永く残る刻印を刻んだのである。

革新派の改革では、民主主義に無数の利益がもたらされた。候補者は、党のボスが紫煙の立ち込めた密室で決めるのではなく、予備選で選出されるようになった。連邦上院議員は、党利を重視する州議会議員ではなく、有権者の直接投票で決まるようになった。かつては各政党が個別に投票用紙を用意し、強制や贈収賄の温床になっていたが、いまでは統一された投票用紙で秘密投票が行われている。企業献金が無申告で際限なく行われることもなくなった。そして、有権者が望めば、政治家を迂回して投票所で法律を制定できる住民投票といった制度も26州で導入されている。

革新派の改革により、民主主義で問題を解決できる時代が到来したのである。それにより、二度の悲惨な世界大戦や周期的な不況にもかかわらず、アメリカは進歩を続けた。制度改革に経済成長と戦後の好景気が重なり、世界最強の富裕国になったばかりか、市民のチャンスを増やして繁栄の共有を促す政策を、歩み寄りを通じて打ち出せる国になった。

今日切に必要とされているは政治のイノベーションを起こす方法についても、革新派の運動は大切なことを教えてくれる。まず、どれほど悲惨な状況に陥っても、市民としての権利を行使すれば、政府のコントロールはまだ可能だ。いまの政治制度の実態について理解を広め、適切に行動を呼びかければ、市民の力で政治のあり方を変え、民主主義の構造を決めることができる。また革新派は、改革を目指す人々がイデオロギーの違いを乗り越えて団結する必要があることも教えてくれる。党利党略や政策の違いで政治のイノベーションを断念したり、分裂したりすることがあってはならない。最後に、革新派の運動を振り返れば、民主主義を絶対に当たり前のことと考えてはならないこともわかる。政産複合体には、政治制度をみずからに有利な方向に歪める動機がつねに働く。それを防げるのは市民だけだ。私たちの双肩にかかっているのである。

政治の機能不全の前例

作家のマーク・トウェインは、19世紀終盤の時期を「金メッキ時代」と名づけた。この時代は、薄っぺらい化粧板のような金メッキの華やかさがあったが、抗争や汚職も横行していた。経済と社会の混乱が、緊張関係、社会の分断、民族への偏見を生み出した。社会の団結が失われたことで、政界の関係者に、市民を分断し、自分に都合のよいように制度を変える隙を与えたのである。

重大な原因となったのが経済だ。多くの地域社会の経済・社会の土台となっていた農業が、機械化で激震に見舞われた。[6]経済全般の工業化が進むにつれ、自己完結していた地域経済が、増え続ける全米レベルの競争で疲弊するようになる。鉄道と電信の登場で、以前は別々だった地域社会や市場が結ばれ、全米レベルの大企業が成長して地元の多くの中小企業を駆逐していった。[7]たとえば、昔ながらの地元の商店は（いまの電子商取引ではなく）シアーズなど巨大な通販企業に破壊された。

キャンベル、クエーカー・オーツ、プロクター&ギャンブル、コダック、シンガー、ゼネラル・エレクトリック（GE）といった会社が、文字通り全米で事業を展開する初の企業として、家庭でもお馴染みのブランドとなった。[8]ヴァンダービルト、カーネギー、ロックフェラー、モルガンといった泥棒貴族として知られた実業家を中心に、企業が産業全体を統合して独占的なトラスト（企業合同）を形成すると、産業の集約が進み、競争がさらに減った。[9] こうした巨大企業は市場だけでなく、政治も独占するようになる。膨大なリソースを活用して政府に過度な影響を及ぼし、政策を歪めて優遇措置を引き出したのである。

アメリカが近代工業国に姿を変えるなか、多くの人が自分は置き去りされたと感じるようになった。[10] 消費者は新製品や値下げで恩恵を受けたが、多くの地域社会は疲弊し、これまでの生活スタイルが失われた。[11] 多数の零細企業が倒産し、失業者は未経験の職に応募せざるをえない。労働者は都市で新しいチャンスを探すため、続々と農場や地元の工場を後にしたが、都市で目にしたのは職を求めて争う大量の移民の姿だった。[12] こうした事情を背景に「アメリカ人とは何か」という論争が起きる。[13] かつてみずからも移民であったアメリカ人が「南欧や東欧などから到着した新しい移民はアメリカ社会に溶け込めない」と訴えるようになる。反移民感情は急速に高まり、白人至上主義団体のクー・クラックス・クランが再び勢いづく。多くの人が人種や宗教を基準に市民権を制限すべきだと主張した。[14] そうした反移民感情は法律にも影を落とした。1882年、議会は中国人労働者の移住を禁じる排華移民法を可決。アメリカが一つの集団全体の受け入れを全面的に禁じたのは初めてだった。その後、中国人コミュニティへの暴力行為が続いた。[15]

賃金は上がったが、格差は急激に拡大した。[16] ウォルドルフ・アストリアで仮装パーティーが開かれたころには、国内の最富裕層4000世帯の保有する資産が、残りの世帯の合計資産に匹敵した[17]。急速な工業化で経済は力強く成長したが、それをはるかに上回る激しい好不況の波が押し寄せ、経済が不安定になる[18]。1870年代と1890年代の深刻な不況では、何百万人もの人が貧困層に転落したが、そうした人々を支える社会的なセーフティネットは存在しなかった[19]。

このような新たな経済・社会面の課題は、これまでアメリカが見舞われたどんな問題とも違っており、地元の地域社会の行動だけで解決できるものではなかった。だが、増え続けるニーズに対応できる有能な政府が必要とされていたまさにそのときに、市民を襲った同じ重圧と分断が、党派政治と壊れた政府を生み出す。政策が行き詰まると、議員は政策を通じた問題解決ではなく、党派間の争いにうつつを抜かすようになる。南北戦争の余燼も冷めやらぬ間に、党派争いが勃発したのである。

蝕まれた政治の競争

1876年、アメリカは建国100周年を迎えたが、民主主義を祝うムードもなく、その直後には突如として南北戦争後の再建が打ち切られるという事態が発生した。私利私欲を追求する政治組織がいかに憲法起草者の理念を覆せるのかが、まざまざと示された形となった[20]。

南北戦争が終わると、元奴隷のアフリカ系アメリカ人は、精力的に民主政治に参加し、票をまとめて地方・州・連邦選挙に黒人候補を擁立した。平等主義を重視する州憲法が制定され、南部全域で公的な教育制度が導入されたほか、法の下の平等な保護を定めた合衆国憲法修正第14条、人種による選挙権の差別を禁じた合衆国憲法修正第15条も議会を通過する。壊滅的な被害を出した南北戦争の終結後は、熱狂的な民主化運動が一時的に盛り上がりをみせた。

南部の白人は、こうした動きに脅しと暴力で対抗した。総力を挙げて戦後の再建に頑なに抵抗したのである。その結果、有権者の抑圧、選挙不正、非民主的な州憲法改正という形で、戦後の民主化の成果が蝕まれていく。人頭税や識字テストの導入で黒人の投票が妨げられた。白人のみが投票できる「白人予備選挙」が登場し、黒人有権者を有無を言わさず全面的に排除した。こうした戦術は威力を発揮する。選挙登録したアフリカ系アメリカ人の数は、１８７６年から１８９８年にかけてサウスカロライナ州で97％、ミシシッピ州で93％激減した。ほかの南部の地域でも同様の落ち込みが見られた[21]。どこかで見覚えがある光景ではないか。

情勢が一変した背景には、二大政党の裏取引があった。１８７６年の大統領選は、共和党のラザフォード・Ｂ・ヘイズと民主党のサミュエル・ティルデンの大接戦となり、両陣営は支持基盤を固めようと、中傷合戦を展開した。ヘイズの支持者は「民主党員は誠意に欠ける南部人だ」と主張。ティルデンの支持者は共和党が南北戦争の責任を南部民主党に転嫁していると訴えた。票が二分され、共和党が支配していた3州（ルイジアナ、サウスカロライナ、フロリダ）の動向が焦点となった。党派色の濃い選挙管理当局はヘイズの勝利を宣言。一般投票で勝利していたティルデンは抗議した。この国政上の危機に終止符を打ったのが、両党の裏取引だ。ヘイズの勝利が宣言された一方、民主党は選挙をあきらめる代わりに、官職の任命権、助成金、特別利益団体向けの政府契約に加え、（これがもっとも重要な点だが）連邦軍の南部からの撤収を勝ち取った。南北戦争後、連邦政府は、新たに発足した共和党の州政府を保護するため、南部諸州に軍を駐留させていたのである。だが、軍が撤収すると、南部の白人は、黒人の政治参加を禁じる政府を再び樹立することができた。ルイジアナ州では1898年、「白人の優位性」を確立するというあからさまな目的で、州憲法制定会議を開催。同州では1896年に13万0344人の黒人が選挙登録をしていたが、新憲法の採択から1年が経過した1900年には、その数が5230人になっていた。[22] 二大政党の衝突で戦後の再建が打ち切られ、「ジム・クロウ」と呼ばれる黒人の権利剥奪の時代がはじまった。[23]

二大政党はどちらも、この裏取引で欲しいものを手にしたが、国は損害を被った。この争いをきっかけに、金メッキ時代の政治と現代の政治の特徴になる不健全な競争が始まった。

金メッキ時代の政治産業――5つの競争要因

金メッキ時代の政治の機能不全はどのような形で生じたのだろうか。その点を理解するため、現代政治の機能不全を検証する際に利用した政治・産業分析「ファイブ・フォース（5つの競争要因）分析」を活用してみよう。業界構造を解明するファイブ・フォース分析を使えば、なぜ公共の利益に対する責任を放棄した対抗勢力（ライバル）が繁栄できたのかを説明できる。

誤った次元で激しく争った対抗勢力

いまの二大政党である民主党と共和党は、南北戦争から生まれた。両党は激しく競争したが、公共の利益を促進するために競争していたわけではない。1870年代初めには、顧客であるはずの市民のニーズを無視し、新しいルールと新しい権力獲得手段を通じて政治産業を変え始めていた。[24]

顧客としての力がない平均的な市民

両党は、いまの二大政党とまったく同じで、カネと票をもたらしてくれる支持者を探した。平均的な市民に影響力はなかった。[25]一方で、カネの価値は増した。選挙戦の費用が膨らんだことに加え、猟官制の縮小と売官制の制限に向けた取り組みで党の財政が逼迫していたことが背景だ[26]。共和党のマーク・ハンナ全国委員長は１８９５年にこんなことを言っている。「政治では大切なものが二つある。一つはカネだ。もう一つは、何だか忘れてしまった[27]」。

両党は、資金集めのため、新たに企業という特別利益団体に目をつけ、魅力的な価値提案を行った。助成金、公有地の払い下げ、関税による保護といったうまみのある政策を売り込んだのである[28]。いまとまったく同じで、こうした取引を通じたビジネスと政治の癒着は有害そのものので、双方の競争を歪める要因となった。

流通ルートの囲い込み

両党は、いまの二大政党のように、有権者に接近するための流通ルートも囲い込んだ。今日の報道機関が二極化しているように見えるとすれば、金メッキ時代の二極化はさらに激しいものだった。新聞は独立性や、公正でバランスの取れた報道を装うことさえしなかった。たいていの町には、民主党系と共和党系の二つの新聞があり[29]、それぞれが支持政党の綱領を宣伝し、対立政党を中傷していた。忠誠心の高い編集者には政府のポストが用意された[30]。

この時代は、有権者に直接接触するための活動的な組織も誕生した。党の地方組織は大規模な集会を主催、選挙運動用のチラシも議員特権の無料郵送を利用する形で、一部税金を使って配布していた[31]。

サプライヤーの支配

経済の機械化が進むと、政治の機械化も進んだ。この時代は「政治マシーン」として知られる大掛かりな政産複合体が登場する。この複合体では、強大な力を持つボス、選挙運動員、忠実な子分が任命権を掌握し、官職を支持者に分配。統治では党の規律を強要し、生活支援と引き換えに有権者を買収する大規模な集票組織を運営していた[32]。こうしたマシーンは、将来の候補者を育成し、調査の精度を上げ、買収した有権者が投票所に行くよう「票を引き出す」ための精巧な仕組みをつくりあげる[33]。政治は地方政治が中心で、ワシントンのシンクタンクやロビイストは、まだ多くなかったが、政党が選挙インフラを掌握していたため、政党以外の競争相手が政治産業に参入するのは、ほぼ不可能な状態だった。

参入障壁

政治が悲惨な結果しか出せなかったため、多くの有権者は他の選択肢を求めるようになった。それに応える形で、新興政党が次々と参入を試みる[34]。１８７０年代から１８８０年代にかけては、左派のグリーンバック労働党が旗揚げしたほか、右派では、汚職に不満をもつ「マグワンプ」と呼ばれた反党路線の共和党員が脱党。こうした反汚職を訴える活動家はキャスティングボートを握り、民主党のグロバー・クリーブランド大統領の誕生に貢献する形となった。１８９０年代には、労働者と農民の側に立つと訴える人民党も結成された。人民党は短命に終わったが、民主党内に足場を築くことはできた。しかし、新党の参入障壁は、あまりにも高く、障壁を乗り越えるのは不可能だった。スケールメリットといった自然な障壁もあったが、流通ルートやサプライヤーの囲い込みといった障壁は人為的なもので、二大政党がみずからの利益のために構築したものだった。

金メッキ時代の政党の競争

すでに指摘したように、競争の性格は産業構造で決まる。産業構造を見れば、対抗勢力がどのように競争するのか、その理由も見えてくる。金メッキ時代の政治産業の中心に位置した二大政党は、予想にたがわず、いまの私たちにも馴染みがある二本柱の戦略を進めた。ルールの操作で共謀する、分断を促す形で競争する、という戦略である。

ルールの操作で共謀する

独立した規制機関がなく、今日の連邦選挙委員会（FEC）のような無力な規制機関さえ存在しないなかで、二大政党は、権力基盤をさらに固めるため、選挙と統治のルールづくりで手を組んだ。選挙では、一連の反競争的なルール・しきたりをつくり、みずからに有利な形に最適化した。こうしたルール・しきたりの一部は、いまも残っている。建国以来、相対多数投票がすでに導入されていたため、新規参入者は票割れを起こし、「選挙戦を妨害する」ことになると批判された。ゲリマンダー（特定候補に有利になるような恣意的な選挙区割り）の歴史は、金メッキ時代以前に遡るが、この時代の二大政党は、選挙区割りのエキスパートとして、党利の最大化を図った。[35] 実際、選挙区だけでは満足せず、州の区割りにも手を出したほどだ。たとえば、ノースダコタ州とサウスダコタ州は、もともとは一つの準州だったが、共和党が上院選で無風区を二つ増やすため、１８８９年に分割したという歴史がある。[36]

この時代には、いまの基準から見ても極端に思えるルールが複数あった。候補者を選出する党大会では、ボスの力が以前にも増して強まり、ボスに忠誠を誓う人物しか選出されない。投票用紙も各政党が用意し、投票に赴いた有権者は、各党が配布したまったく異なる別々の投票用紙を受け取る。投票用紙には、その党の候補しか記載されておらず、[37] 複数の政党に分割投票することは、不可能に近かった。各党が用意した投票用紙は、色が異なることが多く、有権者が誰に投票したかは一目瞭然という有様だった。投票は、有権者に支持を強要したり、賄賂で票を買っていた党の関係者が監視するなかで行われた。投票用紙を印刷してすべての投票所に配布するリソースのない新規参入者にとって、参入障壁は高まるばかりだった。

議会では、当時の立法機構を通じて、すでに党指導部が統治過程を厳格に管理していた。共和党のトマス・リード下院議長が１８９０年に採用した「リード・ルール」では、下院議長が常設委員会のすべての委員と委員長を指名する。下院議長は下院議事運営委員会の委員長も兼任するため、議事手続きを完全に掌握できた。いまと同じで、当時も下院議長が支持しない法案や修正案は、採決が拒否された。[38]「リード皇帝」と呼ばれるようになったリードは、議会のあるべき姿をこう要約している。「最良の制度では、片方の政党が統治し、もう片方の政党が見守る[39]」

分断を促す形で競争する

金メッキ時代の二大政党も、今日同様、政治的に中間に位置する層の争奪戦を繰り広げることはなく、直接対決で生じる説明責任を回避できた。両党のイデオロギーの違いは、いまほど明確ではなかったが、各党は違いを強調する。どちらの党も、有権者を人種、宗教、民族ごとに個別のグループに分けた。[40]共和党はプロテスタント、北欧系移民、アフリカ系アメリカ人に便宜を図り、民主党はカトリック、ドイツ系移民、南部の白人に照準を定めた。[41]民主党は、関税や禁酒を槍玉に挙げて共和党を自由の敵として描き出したほか、汚職にまみれた共和党が南北戦争の責任を南部に転嫁していると訴えた。共和党は、民主党系の移民のコミュニティを誹謗中傷し、新たにアメリカ人になった移民に対する心ない反感を煽った。こうした激しい分断を背景に、党への帰属意識が市民のアイデンティティの中核を成すようになる。政治は部族と化し、政党の鞍替えは、自分が所属する集団や地域社会に対する裏切りとなった。

選挙戦では、対立政党が勝てば、国が重大な危機に陥るかのような言論が飛び交う[42]。一方の政党が政権を取った後は、両党が協力することはほぼ皆無だった。議会では、今日同様、穏健派が消滅の危機に瀕する。党利党略に走る議員に、対立政党と協力して問題を解決する意思はなかった。歩み寄りがタブーになったのである。有権者が二分されたため、一つの政党が立法府・行政府・司法府のすべてを制することはまれで、その結果、膠着状態が生じた[43]。

当時もいまと同じで、二大政党は党派政治を通じて差別化を図っただけでなく、政府機関に侵入することで核となる支持者に利益を供与していた。具体的には、公務員のポストを能力のいかんにかかわらず支持者に分け与える「猟官制」(spoils system) などを通じて侵入を進めたのである[44]。

結果は予想にたがわないものだった。政党は問題を解決できなかったのだ。有権者が激怒したことや、個々の州による規制導入の試みが失敗に終わったこともあり、一部の重要法案は成立した。たとえば、鉄道会社の独占を規制する１８８７年の州際通商法、反競争的行為を取り締まる権限を連邦政府に与えた１８９０年のシャーマン反トラスト法だ。ただ、全体としては、立法作業はストップした。国が損害を被ったのである[45]。

市場は規制されず、無法地帯となり、破滅的な競争が行われた。景気循環を緩和する政策も講じられず、景気は激しく変動する[46]。農産物の価格急落とコストの上昇で、農家は困窮した。経済の問題に対処する本格的な農業政策など存在しなかった[47]。

労使は衝突し、1880年代だけで何千回ものストライキが起きた。団体交渉のルールや政府の調停もなく、流血の事態になることもすくなくなかった[48]。公立学校では、新しい経済環境に必要なスキルを子供に教えることもできない[49]。犯罪が横行する都市では、基本的なサービスやインフラが不足し、通りには人が住めるとは思えないアパートや危険な工場が立ち並んでいた[50]。南北戦争後に進んだ人種差別の解消も、ほぼ元の状態に戻った。戦後の再建は押し戻され、人種隔離や黒人の権利剝奪を進めるジム・クロウ法の世界に逆戻りしたのである。

その間、選挙で選ばれた代表は、無為無策のまま、党派心の強い支持者や特別利益団体に便宜を図り、自分たちのリソースを蓄えていた[51]。政治不信が高まり、ワシントンは大企業とトラスト（企業合同）が裏で手を回し、平均的な市民には発言権がない泥沼だとみなされるようになる。歴史家のヘンリー・アダムズは、当時の市民感情をこう描いた。「1870年から1895年にかけての25年間の立法府、司法府、行政府を隅から隅まで探しても、信用の低下以外のものはまず見つからないだろう[52]」。

政府がこんな状態では、国がもたないとの見方が広がった。だが、これは単なる政策や政治家の問題ではなかった。制度の問題だった。

革新派の運動――反撃するアメリカ人

金メッキ時代が終わった20世紀初めには、アメリカは分断されていた。敵対する政治、未解決の経済・社会問題で国が引き裂かれていたのだ。[53] 異なる民族集団がにらみ合い、農家と大企業、労働者と経営陣が衝突した。ユージン・デブスのような一部の労働者は、資本主義を放棄し、社会主義者に転じる。労組活動家で大統領選に５回出馬したデブスは、全米で鉄道ストを主導している。共和制の基礎そのものを疑問視する人も出てきた。各州に権力を分散するという発想を軸に構築された民主主義が、経済の集中に耐えられるのか――。南北戦争から数十年が経ち、アメリカは再び分裂の瀬戸際に立たされていた。

だが、市民はこの断絶を不可避とは受け入れず、民主主義を修復するという一つの共通目標の下で結束する。[54] １８９０年から１９２０年にかけて、全米各地で立ち上がった改革派は、政治のあり方と政治の結果を変えるため、必要な時間とリソースを費やした。その結果、政治の競争が大きく変わった。今日でも同じ成果を期待できるはずだ。

改革の構想は大胆だったが、非現実的なものではなかった。運動は国が誤った方向に進んでいるという共通認識の下で始まった。この点を認識する上で重要な役割を果たしたのが、報道機関の変化だ。金メッキ時代に政党が保有していた新聞は存在感が薄れ、「ジャーナリズムの黄金期」が到来する。「マックレーカー」（汚職や醜聞を暴く記者）と呼ばれる改革派のジャーナリストが、独占企業やマシーン政治の汚職を白日の下にさらし、調査報道の基礎を築いたのだ。[55]また、深刻な不況と暴力的な労働争議で危機感も高まった。アメリカ人は、どれだけ分断されても結束して現状に不満を示し、未来は変わるという希望を捨てなかった。[56]

革新派は理想主義者だったが、特定のイデオロギーを信奉していたわけではない。個人としては、現実主義者であり、どのような制度が機能するのか、さまざまなアプローチを試みた。以前の人民党などの改革では、市民を異なる社会階層に分断したが、革新派は大きなテントを立てたといえる。革新派は、戦術で意見が対立しても、また場合によっては政策で意見が一致しなくても、派閥を問わず、市民との対話に臨んだ。[57]イデオロギーの多様性を受け入れたからこそ、必要十分な支持が集まり、その後の成功に結びついたのである。

革新派の運動は、まとまった取り組みとして始まったわけではなく、当初は数百の地域組織が州や地方の問題への対処を目指していた。[58]興味深いことに、今日もそうした分散型の取り組みが起こりつつあるが、世紀の変わり目に登場した革新派は、ばらばらのアプローチには限界があるとすぐに感じ、政治制度そのものを改革し優れた統治を取り戻すことに焦点を絞り直した。成果を出すには、前提条件として政府が機能しなければならないとも考えた。[59]こうして、新しい政治参加の形が生まれる。政党や投票を通じて働きかけるという形ではなく、現状を憂慮する市民と市民団体の参加者から成る幅広い連合を結成し、政治の「試合のルール」の改革に乗り出すという形である。

全米規模の統一した革新主義運動といったものは存在しなかった。[60] 改革は都市や州を拠点に行われ、異なる選挙区を緩く束ねた地元の調整組織が陣頭指揮を執った。革新派が全国的なインフラをつくったことは事実だ。「全米地方自治体連盟」「直接立法連盟」といった組織で、ともに模範的な改革を提唱した。また、セオドア・ロールベルトやウィスコンシン州のロバート・ラフォレットといった著名な改革派の中心人物も運動に参加し、何にもまして必要だった希望、エネルギー、方向性が与えられた。改革志向の新聞に加え、マクルーア誌など、汚職や醜聞を暴くマックレーカー・ジャーナリズムの先頭を走っていた全米規模の大手出版物にも接近した。革新派の運動は急速に注目度が高まり、わずか30年でアメリカの政治制度を変革したのである。

革新派の改革戦略

革新派は、政界の関係者ではなく、市民のための政治を目指し、一連の制度のイノベーションを進めた。これは、当時としては画期的な考え方だった。改革を受けて、有権者の投票の仕方が変わった。候補者を予備選挙で選出できるようになったほか、上院議員も党大会ではなく、直接選挙で選ばれるようになった。また、政治資金に制限を設けたほか、直接民主制を通じて市民が以前よりも多くの影響力を行使できる体制も整えた。立法機構は、議員の反乱を通じて再構築された。

投票用紙の改革

イノベーションが始まったのは1888年。ボストンのエリートが集まる社交クラブ出身の改革派が、党派色の濃い反競争的な投票制度を打ち壊した[61]。ボストンがあるマサチューセッツ州は、全米の州として初めてオーストラリア方式と呼ばれる投票制度を導入する。これはオーストラリアで開発され、一部のヨーロッパ諸国で採用された制度[62]をモデルにしたもので、政党ではなく、政府が統一した投票用紙を用意する。投票用紙には、所属政党にかかわりなく、すべての候補者の名前が記載されており、有権者は無理強いされる心配もなく、秘密投票で自分の好きな候補を選べる[63]。他の州もすぐに追随し、わずか5年後にはオーストラリア方式が全国に広がった[64]。この投票用紙の改革で革新派の運動に弾みがついた。次のターゲットは腐敗した候補者指名制度だった[65]。

直接予備選挙

金メッキ時代は、党大会で党のボスが候補者を選んでいたが[66]、この体制は1890年代初期に崩れ始める。政府が投票用紙を用意する新方式の導入を受けて、政党が政治制度を牛耳っていたことが誰の目にも明らかになったためだ。[67] 一連の予備選改革が始まったのは1898年。ニューヨーク市で「予備選挙の現実的な改革に関する全国会議」が開かれた。[68] この会議の出席者には、予備選改革を選挙戦の柱に据えて2年後にウィスコンシン州知事に当選するラフォレットがいた。同州は1904年、ラフォレット知事の指揮の下、党の候補者を一般投票で決める直接予備選挙制度を導入する全米初の州となる。1年後にはオレゴン州が追随、その後1年でさらに6州が加わった。10年後には、大半の州で連邦議会・州選挙の直接予備選挙制度が法制化されている。[69]

もっとも、直接予備選は完璧ではなかった。本書の前半で指摘したように、今日では意図せざる弊害が明らかになっている。だが、当時暴走していた政党のボスと政治マシーンに歯止めをかけるという意味で、直接予備選は一時の間、効果を発揮したといえる。

直接民主制

予備選改革の急速な普及を促す要因となったのが、革新派のもう一つのイノベーションである直接民主制だ。スイスの選挙制度に触発されたジェームズ・サリバンは1892年に著書『住民提案（イニシアティブ）と住民投票（レファレンダム）を通じた市民による直接立法』を発表し、腐敗した立法制度を迂回して、市民に政策を直接形成できる権利を付与することを提唱した。[70] この本をきっかけに「直接立法連盟」が組織され、オレゴン州が全米の州として初めて、住民が投票所で法案に直接投票できる制度を整え、１９０２年から施行した。[71] その後の15年間で22州が追随し、[72] １９１２年にはセオドア・ローズベルトが大統領選で結成した第三政党の選挙公約の柱となる。[73] 直接民主制は、さらなる政治のイノベーションを法制化する上でも、好んで利用されるようになった。[74]

上院議員の直接選挙

連邦議会の上院議員は、もともと市民の投票ではなく、州議会で選出されていた。これは合衆国憲法で定められており、不満の声は出ていたが、憲法を修正する動きは連邦議会でたびたび否決されていた。[75] ところが、１９１３年、上院議員を選ぶ権利を市民に付与する合衆国憲法修正第17条が承認される。背景の一つに挙げられるのが、ジャーナリストのデヴィッド・グレアム・フィリップスが上院の腐敗を暴いた「上院の裏切り」と題する一連の記事だ。さまざまな上院議員が、賄賂や選挙献金の見返りに、ロックフェラー家、ヴァンダービルト家といった富裕層に有利な政策を支持していたことが明るみに出たのである。ただ、市民が直接民主制という新たな手段を通じて、議会を迂回できたことも勝因となった。[76]

オレゴン州は１９０１年に、有権者が自分の支持する上院議員を選ぶ「予備選挙」を実施している。[77] 同州では、州議会選に立候補する候補者に対し、予備選の結果を尊重するかどうか明示することを住民投票で義務づけていた。ほぼすべての候補者が予備選の結果を尊重する意向を表明したため、予備選は事実上の上院選となった[78]。他の州もすぐに追随したため、合衆国憲法修正第17条が可決されたころには、画期的な改革というより、広がりつつある現状を追認するという意味合いのほうが強かった[79]。

立法機構の改革

選挙改革により、議会のインセンティブも変わった。１９１０年には当時のジョセフ・キャノン下院議長に議員が反旗を翻した「キャノンへの反乱」が起きた。キャノン議長の抑圧的で党派色の濃い運営にうんざりした革新派の共和・民主党議員が、ジョージ・ノリス議員（共和党・ネブラスカ州選出）を中心に結束し、議長から議事運営委員会に関する権限を奪い取り、各委員会に権限を分散したのである。委員会には、独立性を高めるため、新たに先任者優位制を導入した[80]。こうした、党派重視の議会から超党派委員会中心の議会への移行は、本書の前半で指摘した「教科書通りの議会」に見て取れるような思慮分別のある統治構造の構築に向けた第一歩となった。このプロセスは１９４６年の立法府改革法という形で結実する。委員会中心の立法機構を強化し、問題を解決できる体制を整えたのである。同法では、スタッフを増員する、立法作業を思慮分別のある形で各委員会に分散するといった措置を通じて議会の専門性も高めた[81]。こうした制度は１９７０年代に政党が再び力を増したことで基盤が掘り崩された。これは第２章で見たとおりだ[82]。

政治資金の規制

選挙と統治のルール改正が進んだことで、政治資金の規制も強化された。金メッキ時代は、大企業が選挙運動とロビー活動に多額の資金を投じ、利益の増大を図っていた[83]。有権者はカネの悪影響を批判したが、政治家がみずから資金源を断つことはないだろうと感じていた。ところが、選挙改革が施行され、数えきれないほどの汚職が報じられると、議会はついに重い腰を上げる。1907年、議会は選挙運動への企業献金を禁止し、4年後には別の法律で選挙運動への献金をすべて開示することを義務づけた[84]。政治資金の管理が確立した形だが、1970年代以降は再び管理が緩むことになる。

…

革新派は政治の競争を変えた[85]。二極化と党利党略に歯止めがかかり、歩み寄りが常態になったことで、重要法案の起草と可決が実現した。資本市場の安定化を図った連邦準備制度、消費財の規制に着手した食品医薬品局など、長年の懸案だった規制機関が設立された。シャーマン反トラスト法のおかげで、政府がスタンダード・オイルなどの独占企業を解体し、市場の競争を再開することができた。連邦取引委員会を設立し、公正な事業慣行の確立に向けて法の施行を強化することもできた。政府は、職場の安全基準導入、児童労働の制限、公衆衛生の改善を通じて、最弱者を守る対策も講じた。だが、それだけではない。革新派は政治産業の構造を変え、1930年代の社会保障法から1960年代のメディケア法に至るまで、その後数十年の重要法案の成立に向けた下地を整えたといえる。

革新派は完璧ではなかった。政党の予備選挙など、一部の取り組みには、意図せざる深刻な弊害が伴った。左右どちらの側も欲しいものすべてを手に入れたわけではない。左派からは貧困対策が不十分だとの厳しい声が上がり[86]、右派からは政府の拡大に不満の声が漏れた。

だが、進歩とはそのようなものだ。つねに手直しが必要になる。重要なことだが、イデオロギーで進歩を実現することはできない。進歩はオール・オア・ナッシングでも、二者択一でもない。進歩とは、歩み寄りと問題解決を通じて着実に国を前進させることだ。党派を超えた制度のイノベーションという革新派の遺産があったから、アメリカは大きな課題に取り組めたのであり、「アメリカの世紀」として知られる時代が到来したのである[87]。

政治のイノベーションを育む肥沃な土壌

金メッキ時代がそうだったように、経済・社会の混乱は、政治の機能不全とイノベーションを生む肥沃な土壌になることがある。いまの私たちは、再び混乱の時代に生きている。デジタル化は、事実上ほぼすべての産業を揺るがしており、かつての競争方法が廃れている。こうした変化は新興企業にチャンスをもたらすが、その一方で地域社会と企業の不安定化も招く。

工業化は脱工業化に姿を変えた。機械化の時代は農家が失職し、全米規模の大企業が登場したが、オートメーションの時代には、雇用の消滅や将来の仕事のあり方をめぐって懸念が生じている。新しい技術・スキルの重要性が増し、不当に多くの経済的利益が富裕層に流れ込むなか、歯止めのかからない格差拡大を懸念するもっともな声が再び高まっている。多くの市民が取り残され、明日の経済に自分の居場所はあるのかと不安を抱いている。

金メッキ時代には競争が全米レベルに拡大したが、今度はグローバル化だ。第二次世界大戦後は、商業・投資のグローバル化という新時代が幕開けした。各国政府は貿易障壁の撤廃、知的財産法の調和、資本規制の縮小を優先的に進め、経済統合を目指す取り組みが成果を上げた。世界の輸出の対ＧＤＰ（世界総生産）比は、１９７０年には８・５％に、２００１年には16・２％に上昇した。[88] だが、市場や競争のグローバル化が日増しに進むなか、商店・レストラン・対人サービス業といった従来型の中小企業など、チャンスと高賃金の源泉だった企業・雇用が脅威にさらされるようになった。その結果、全体で見ると、経済繁栄は以前よりもばらつきが増している。好景気に沸く都市がある一方で、経済が疲弊した都市もある。多くの農村社会は長期不況から脱出できない。労働参加率は低下し、生活に必要な賃金を稼げない勤労世帯もすくなくない。このため、容易に想像できることだが、自由市場制度に対する反発が起きている。一部の人にとっては素晴らしい制度だが、多くの人にとっては、まず何の助けにもならない。

こうした分断を促す要因でアメリカ経済が変質するなか、新たな移民の流入とそれに伴う多様性の拡大が、またもや社会の重圧となり、反移民感情が再燃している。[89] 1965年以降、アメリカに入国する移民の絶対数は4倍以上に増えた。[90] 経済的な帰結ははっきりしている（移民はイノベーションの増加と経済生産性の上昇につながり、差し引きで財政にプラスの効果を及ぼす）が、社会的な帰結のほうは厄介だ。[91] 社会が変われば、文化も変わり、地域社会の継続性と治安に対する見方も変わる。こうした経済・社会両面の変化を受けて、政府に対しては、公共政策でイノベーションを起こし、企業などの組織がごく一部の特別利益集団だけではなく、すべての集団の利益に配慮する体制を整えるよう求める声が高まっている。

過去50年間の経済・社会の変化で生じた分断は、金メッキ時代のように、またしても政治産業に利用され、政治の分断と党派性の強化につながっている。歩み寄りを通じた政策による問題解決がかつてないほど必要とされているのに、それが阻まれているのである。機能不全に陥った政府が事態を悪化させ、さらなる政治の分断を招きかねない状況だ。そうなれば、政治の機能不全は自己増殖的に増えていく。

この循環を断ち切れるのは、私たち市民だけだ。

第5章 新しい試合のルール

New Rules of the Game

ルールは魅力に満ちたものではない。ルールを考えたり、設定したりするのは、かならずしも楽しいことではなく、ルールの施行に至っては、さらに退屈なものになりうる。リトルリーグの審判に聞いてみればいい。だが、すでに説明したように、ルールは政治の起点となる。ルールはどんな場合も、試合を変える唯一確実な方法だ。ルールでは、試合をどう進めるかだけではなく、試合に誰が参加し、試合でどんな結果が出るか、もしくは出ないかが決まる。新たに3ポイントラインを採用したNBAを見てみよう。ダンクシュート専門のシューターは無情にも脇に追いやられ、ハイスコアを競う素早く展開する試合で鋭い視力を武器に戦うシューターが重宝されるようになった。

ルールを変えて、試合を変える。これが掟《おきて》だ。

政治という試合も例外ではない。政治産業がどう機能するのか、誰が当選するのか、任期中に何をするのか、どんな結果が出るのか、もしくは出ないのかをおもに決めるのが、選挙と立法のルール——第2章で分析した「機構」である。いまのルールは、健全な競争の力を削いでいる。これは明々白々だ。問題の解決よりイデオロギーを優先し、行動より膠着を選んでいる。党利を追求すれば見返りが得られ、歩み寄れば高くつく。だが、まともな結果が出ない責任をすべて現場のプレーヤー（つまり個々の政治家）になすりつけるのは、どう見ても不公正だし、お門違いだ。政治家も他の職業人と同じく、業界の成否を決めるインセンティブ構造とルールに縛られている。

議員を動かすインセンティブは、おもに議員が直面する「選挙」の力学——特別利益団体やイデオロギー的に極端な有権者が持つ並外れた影響力など——で決まる。選挙が終わり次の選挙までは、次回の党予備選を見据えざるをえない「立法」というゼロサムゲームが繰り広げられる。いまの二大政党が選挙で市場の支配を固めているように、二大政党は議会を乗っ取り、みずからに——とくに指導部に——有利なルールを編み出すことで立法過程の支配も固めており、公共の利益につながる問題解決が犠牲になることがすくなくない。このように選挙と立法のルールが腐敗しているため、政治家が公共の利益のために行動しても、事実上、再選には結びつかない（**図5・1**）。そうなると、市民が必要とする結果が出ないことになる。

政治市場の競争が操作されていることに加え、新たな競争が起きる可能性が事実上ないため、説明責任も果たされない。選挙と立法の機能不全という不健全な悪循環に陥っているのであり、結果も出せず、結果が出せないことに対する説明責任も果たされない。この悪循環を断ち切るには、試合のルールを変えて健全な競争を取り戻す必要がある。だが、具体的にどうすればよいのだろう。

　健全な競争が潜在的にどのような力を持つのか、実際の例を考えてみよう。1992年の大統領選に無所属で出馬したロス・ペローは、選挙で敗北したかもしれないが、目に見える成果を国のために残した。選挙運動の旗印だった公的債務・財政赤字の図表を通じて、政治の対話の流れを変え、競争という要因を導入したのである。有権者もそれに応え、11月の大統領選ではペローの得票率が19%に達した。だからこそ、二大政党も対応を余儀なくされた。

　二大政党は、ペローが出馬するまで、選挙戦で財政規律を最優先課題には掲げていなかった。ペローの出

図5・1

不健全な政治の競争

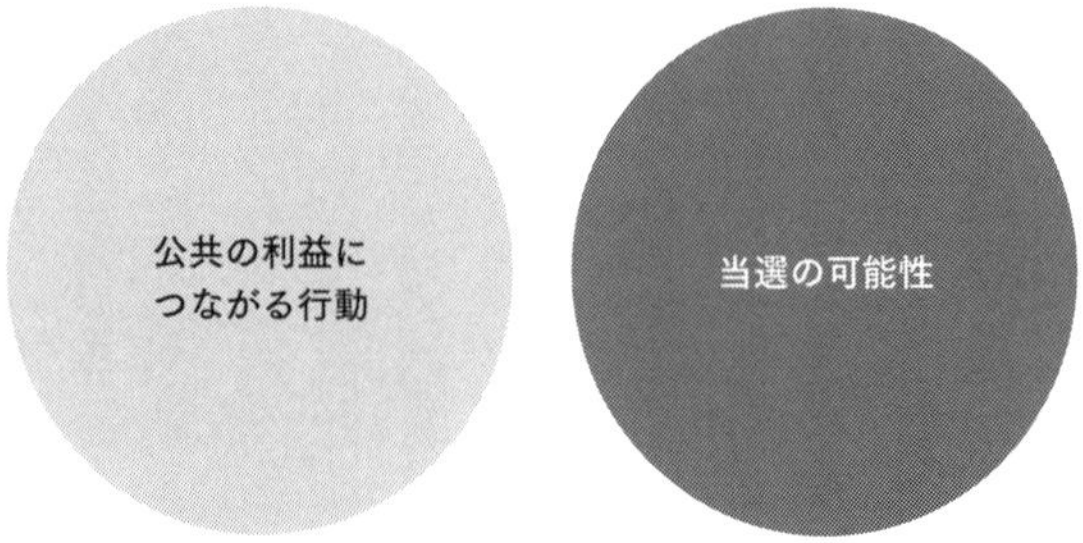

馬後、両党は財政規律で有権者の19％が動いたことを知り、今後の選挙でも同じことが起きうると考えた。こうした競争圧力があったため、民主党も共和党も――クリントン大統領も、その後のギングリッチ下院議長も――統治でこの有権者グループを無視できなくなった。そうした意識があったから、均衡予算だけでなく、財政黒字まで実現したのである。もちろん、好景気で歳入が増えた側面はあるが、ペローという競争上の脅威がなければ、増えた歳入を浪費していた可能性が非常に高い。次世代につけを回すほうが、はるかに容易だからだ。

ペローが立候補したおかげで、一時的に健全な競争が実現し、メリットが得られた。だが、残念ながら、これは特殊な事例だ。ペローは莫大な私財があったため、公的債務と財政赤字の図表を討論に持ち込むことができたのである。あれから30年近く経つが、二大政党が国政を握っている現状に変わりはない。悪循環が続いているのだ。だが、ペローの例は、何ができるかを示している。

選挙と立法に革命を起こせば、悪循環を断ち切ることができる。政治家の姿勢や、政治家が優先する顧客を変えることができる。誰が当選するか、どのように統治するかも変わってくるだろうし、政治家に責任を問う有権者の力を変えることもできる。選挙の領域と立法の領域の相互依存関係を踏まえれば、双方への対処が必要だ。双方を組み合わせて是正すれば、片方だけを是正するより、はるかに大きな効果を期待できる。高速道路で一ヵ所の渋滞を解消しても、すぐに別の場所で目詰まりが起きるだけだ。

選挙機構が最初の目詰まりであり、まずこれに対処する必要がある。理由は単純だ。選挙は、統治という高速道路に通じる進入車線なのだ。指導者が不健全な経路で進入すれば、不健全な競争という重荷と脅威が、あらゆるところに持ち込まれる。政治家は自分を当選させてくれた党派的な選挙機構と所属政党の指導部に恩義を感じているため、選挙機構を変えるまで――そして変えない限り――立法機構のあり方を変えることはできない。政治家に立法のルール・しきたりを変える力がないと言っているわけではない。まったく逆だ。合衆国憲法には「両議院は各々その議事規則を定めることができる」と明記されている。立法機構の改革は、過半数議員を巻き込んでしまえば容易に実現できるし、巻き込めなければ実現は難しい。現在の立法機構の常態はもちろん問題だが、大きなハードルは、選挙のあり方であり、政治家が束縛を解かれて公共の利益に貢献するのか、それとも、今後も選挙に不健全な影響を及ぼす顧客や党指導部の言いなりになるのかが命運を分ける。いまの政治家は現行の試合のルールから利益を得ているか、現行のルールに盲従しているかのいずれかであり、必要な改革に賛成票を投じる可能性は低い。選挙機構を変えれば、集団としての市民の発言権が高まる。市民が選んだ政治家はイデオロギーの束縛から脱し、以前より責任ある形で行動し、市民の要求に応えるはずだ。そしておそらく、勇気をもってみずから改革を願うようになり、しがらみのない模範的な立法機構の確立を通じて、議会のあり方を再設計しようと考えるだろう。

ポイントを整理しよう。立法機構の改革は、現時点で潜在的な効果を見込めるが、選挙のインセンティブ構造を変えた後でなければ、そうした改革は実現できない。実際、革新主義の時代も、まったく同じ順序で事が運んだ。投票用紙の改革、予備選挙、直接民主制といった選挙のイノベーションが起きた後で、１９１０年にキャノンへの反乱が起き、議会の立法権が政党指導部から超党派の委員会に移管された。

選挙を変えれば、私たちも報われるのである。

選挙機構の再構築――ファイナル・ファイブ投票制度

どのようなタイプの政治家が立候補して公職に就くか、公職に就いた後どのような統治を行うかは、選挙のルールで決まる。いまの党派色の濃い選挙機構では、穏健派はかならずしも立候補せず、歩み寄りを目指す政治家は罰を受け、無所属と第三政党は締め出されている。ソアルーザー法から偏った選挙資金ルールまで、選挙機構は、二大政党が有権者のために結果を出さなくても、力を維持して繁栄できる仕組みになっている。

だが、制度が生み出す結果を決める上で、すべてのルールが等しく重要なわけではない。すでに指摘したとおり、選挙と立法の不健全競争をとくに促しているのが、選挙機構の二本柱である党の予備選と相対多数投票だ。アメリカの民主主義を修復するためには、「ファイナル・

ファイブ投票」を通じて双方に対処する必要がある。

このファイナル・ファイブ投票を導入すれば、選挙のあり方そのものが変わる。市民の指導者となる政治家のインセンティブ構造が再編され、新しい競争相手に選挙の門戸がこじ開けられる。いまの投票制度は競争を制限する仕組みになっているが、この投票方法を採用すれば、本来あるべき姿である説明責任を果たす仕組みが無事にできあがる。ファイナル・ファイブ投票で試合が変わるのである。

ファイナル・ファイブ投票は二つの段階から成る。まず、統一した投票用紙を使う開放型の党派を超えた予備選で本選に進む上位5人を選出する（「トップ・ファイブ予備選」）。その後、本選で「優先順位つき投票」（RCV ranked-choice voting）を行う。この二つの改革は、議会選の競争のあり方を劇的に変える。党の支配に終止符を打ち、相対多数投票の欠点を排除できるためだ。ファイナル・ファイブ投票を採用すれば、議員が下すすべての決定にのしかかってくる選挙のインセンティブ構造を効果的かつ実現可能な形で改革できる。いま指摘したように、ファイナル・ファイブ投票制度を実現するには二つの変更が必要になる。予備選の変更と本選の変更だ。最大限の効果を発揮するには、双方を変えることがきわめて重要である。

上位5人を選ぶ党派を超えた予備選

本書の前半で指摘したように、党の予備選は議会選の競争を大きくゆがめている。党派色の濃い門番が、大半の有権者を犠牲にして権限を手にするため、現職の政治家の行動がゆがむのである。繰り返しになるが、党の予備選は狭き門であり、問題解決を目指す政治家はこの門を通過できない。

だからこそ、党の予備選を廃止しよう。本書では上位5人を選ぶ「トップ・ファイブ予備選」を提唱する。

トップ・ファイブ予備選では、民主党の予備選や共和党の予備選は行わない。その代わりに、政党の垣根を超えた開放型の統一予備選を行う。出身政党を問わず、無所属も含め、すべての候補者の名前を一つの投票用紙に記載する（候補者が望めば、候補者名の横に所属政党を記載してもよい）。この予備選にはすべての有権者が参加できる（いまの党の予備選は、州によってルールが違うが、無党派層や第三政党の支持者が投票できないことが多い）。投票で上位5位に入った候補は、所属政党を問わず、本選に進める。11月の本選では、民主党候補1人と共和党候補1人が直接対決するのではなく、共和党候補3人と民主党候補2人の争いになったり、共和党候補1人、民主党候補1人、無所属3人の争いになる可能性がある。もしくは民主党候補1人、共和党候補1人、リバタリアン党の候補1人、緑の党の候補1人、無所属1人になる場合もあるだろう。上位5人を選ぶ予備選は、誰が競争に参加するかを決める新しい手法であり、本選に進む5人に幅広い競争の場を提供する。

このトップ・ファイブ（上位5人を選ぶ予備選）は、まだ実現していないが、政党の枠組みを超えた統一予備選は地ならしができつつある。カリフォルニア州とワシントン州では、所属政党を問わず、上位2人が本選に進める「トップ・ツー予備選」（上位2人を選ぶ予備選）が導入された。結果は手ごたえのあるものだった。カリフォルニアでは、2012年にトップ・ツー予備選を実施するまで、州・連邦議会選挙の約79%が、勝敗があらかじめほぼ決まっている「無風選挙」とみさなされていた。[1] 党派色の濃い予備選とゲリマンダー（特定候補に有利になるような恣意的な選挙区割り）の横行で、予備選を勝ち抜いた候補は、本選では有力な対抗馬がいない状態だったのである。たとえば、民主党が圧倒的に強い選挙区では、事実上、予備選で最終的な当選者が決まった。民主党の指名候補なら、誰でも11月の本選で共和党候補に圧勝できたのである。本選の結果は追認でしかない。唯一本当の競争が行われるのが、投票率の低い予備選であり、候補者は再選を確実にするため、予備選に投票する有権者という相対的に極端な支持基盤にアピールすることになる。

競争がない本選に先立って、きわめて党派色の濃い予備選が行われたことで、カリフォルニアの政治には深刻な影響が及んでいた。州議会は、落選の心配がない、党利党略を前面に出す議員で構成されていたため、ことあるごとに全米でも有数の膠着状態に陥っていたのである。[2]

だが、トップ・ツー予備選で政治家の計算が大きく変わった。トップ・ツー予備選の採用後、接戦区とされる州内の選挙区の数は直ちに二倍になった。地滑り的な勝利が減り、本選で敗退する現職が増え始めた。調査によると、本選で勝利した候補者の多く――つまり、横断的に幅広い有権者にアピールした候補者の多くは、以前の閉鎖型の予備選では敗退していたとみられる。[3] このイノベーションを採用してわずか４年で、カリフォルニアは全米でも有数の激戦州となった。[4]

選挙が変われば、統治も変わる。カリフォルニアでは、有権者が問題解決に取り組む政治家を選出するケースが増え、悪名高かった政治の膠着も緩和に向かい始めた。２０１６年には州議会の支持率が50％と、２０１０年のわずか10％から大きく上昇した。[5]

こうした成果を上げているにもかかわらず、トップ・ツー予備選には一部で（案の定、とくに二大政党の指導部から）反対の声が出ている。共和党のケビン・マッカーシー下院院内総務（カリフォルニア州選出）は、２０１８年の同州予備選を控え「トップ・ツーは好きではない」と発言。その後、民主党の当時のナンシー・ペロシ下院院内総務（カリフォルニア州選出）も「（トップ・ツーは）改革とは言えない。これはひどい」と述べている。だが、これに対し、共和党のアーノルド・シュワルツェネッガー同州元知事と民主党のロー・カンナ下院議員（カリフォルニア州選出）は、こう反論した。「党派を超えた対応は、必要なことをすべて教えてくれる。政党はトップ・ツーが好きではない。だからこそ、有権者はトップ・ツーを支持すべきだ」[6]

だが、トップ・ツーは、健全な競争を選挙に全面的に導入したとは言いがたい。本選に進める候補は2人だけのため、有権者の選択肢がまだ限られており、二大政党以外の新たな候補者に十分なチャンスが与えられていない。意図せざる結果を招くおそれもある。2012年の連邦議会選の例を挙げよう。カリフォルニア州第31選挙区では、予備選で投票者の過半数が民主党候補に投票したものの、本選では保守派の共和党候補2人のどちらかしか選べなかった。多数の民主党候補の間で票が割れたため、その隙に共和党の2候補が本選に進んだのである。これは代表のあり方を改善しようという改革の意図とはまったく異なる。

本選に進む人数については、完璧な定数はないが、筆者は以下の三つの理由で上位5人（トップ・ファイブ）が最適だと考えている。[*] 第一に、本選に進める候補者の数を増やせば、一つの政党が上位5人すべてを独占する可能性はきわめて低くなる。第二に、上位5人にすれば、11月の本選で自分の支持する候補を選べる有権者が増える可能性が高い。第三に、候補者・アイデアの選択肢が増えれば、その分競争も激しくなる。競争が激しくなれば、以前よりも市民に対する説明責任を果たせる政治家が増える。産業内の説明責任が高まれば、よりよい結果が出る。これは例外なく言えることだ。

全米大学スポーツ協会が毎年主催する有名なバスケットボールのトーナメント「ファイナル・フォー」が際立った成功を収めているのには訳がある。全米から64チームが出場するこのトーナメントは、さまざまなリーグの無名のチームがバスケットボール競技の最高峰に上り詰める番狂わせやシンデレラ物語で有名だ。このトーナメントに強豪二チームしか参加できない場合（たとえば、デューク大学とノースカロライナ大学、ウィスコンシン大学とミシガン大学、ケンタッキー大学とルイビル大学など）、果たして健全な競争と言えるだろうか。絶対にそのようなことは言えない。政治の世界で本選に5人の枠を設ければ、すべての人にチャンスが広がり、新しいアイデアが生まれる余地が生じるだけでなく、二大政党が試合を操作することも難しくなる。

一部の選挙で5人の枠をすべて活用できないケースはあるだろうか。そうしたケースはあるだろう。だが、それが大きなデメリットになることはない。枠が使いきれずに余ったとしても、民主主義の健全性という点では、選択肢がまったくないより、はるかによい。チャンスはアメリカの礎《いしずえ》だ。アメリカの選挙はチャンスを体現したものでなければならない。チャンスは私たちが生まれながらに持つ権利であり、現実には自由を意味する。

とくに重要な点だが、トップ・ファイブ予備選を採用すれば、議員の計算が変わる。党の方針に反して超党派の大型法案に賛成票を投じても、自動的に議席を失うことはないと考えるよ

＊　本書では5人の枠を提唱するが、アラスカ州で進められているような4人の枠（トップ・フォー）の取り組みも心から支持する。

うになるからだ。問題解決を目指す政治家が通過できない「党の予備選」という狭き門が崩壊するのだ。

本選で優先順位つき投票を採用する

すでに指摘したとおり、相対多数投票――また、それに伴う「選挙戦を妨害することになる」、「票が無駄になる」という主張――は、政治産業に参入する新たな競争者にとって最大の構造的な障壁となっている。また、相対多数投票は、ネガティブキャンペーンを展開して有権者を分断させようとする動機も生み出す。場合によっては、過半数の投票者が当選者を支持していないという非民主的な状況が生じる。

だから、相対多数投票を廃止しよう。本書では本選で「優先順位つき投票（RCV ranked-choice voting）」を採用することを提唱する。

RCVの発想はシンプルだ。相対多数投票では、過半数の支持を得なくても当選することが可能だが、RCVではその逆になる。当選するには50％という基準を超えなければならない。

RCVの具体的な手順は以下のとおりだ。投票日に投票所に行くと、党派を超えた予備選を勝ち抜いた5人の候補者の名前が記載された投票用紙を渡される。仮定の話として、候補者が建国の父と母だとしよう。あなたが受け取る投票用紙は**図5・2**のようなものだ。あなたはいつも通り、自分が好きな候補を選ぶ。このケースでは、若々しく攻撃的でハングリー精神に満ちあふれた選挙戦を展開したアレクサンダー・ハミルトンだとしよう。だが、あなたは二番目に好きな候補（アビゲイル・アダムズ）、三番目に好きな候補（ジョージ・ワシントン）、四番目に好きな候補（トマス・ジェファソン）、五番目に好きな候補（ジョン・アダムズ）も選べる。

投票所が閉まると、「第一選択」の票を集計する。この段階で1人の候補が50％を超える得票を得れば（正真正銘の過半数だ）、選挙は終わる。ハミルトンが圧倒的多数の65％の票を獲得するかもしれ

図5・2

優先順位つき投票（RCV）　投票用紙のサンプル

	第一選択	第二選択	第三選択	第四選択	第五選択
トマス・ジェファソン	1	2	3	●	5
アレクサンダー・ハミルトン	●	2	3	4	5
ジョージ・ワシントン	1	2	●	4	5
ジョン・アダムズ	1	2	3	4	●
アビゲイル・アダムズ	1	●	3	4	5

この投票用紙のサンプルは、
有権者がどのように架空の候補者5人をランクづけするかを示している。
第一選択がアレクサンダー・ハミルトン、第五選択がジョン・アダムズの場合、
上のようにマークシートを塗りつぶす。

ない。この場合、ハミルトンが当選する。だが、ハミルトンが過半数に届かない33％の票しか獲得できず、アビゲイル・アダムズの得票率が32％だった場合はどうなるだろう。相対多数投票なら、このケースでもハミルトンが当選する。投票者の三分の一の支持しか得ていないにもかかわらずだ。だが、RCVの場合、すくなくともこの段階ではハミルトンの当選は確定しない。

正真正銘の過半数（50％プラス1票）を確保した候補がいない場合、最下位の候補が集計対象から外される。このケースではトマス・ジェファソンとしよう。だが、ジェファソンに投じられた票は無駄にはならない。ジェファソンを第一候補に選んだ有権者の票は、有権者が「第二選択」としていた候補に自動的に割り振られる。たとえば、ジェファソンの支持者の大半がワシントンを第二選択としていたとしよう。この場合、ジェファソンに投じられた票は、ワシントンに再分配され、ワシントンが50％の基準を上回る。相対多数投票の場合、岩盤票を確保したハミルトン（得票率は33％にすぎない）が当選するが、RCVでは一般の有権者から多くの支持を集めたワシントンが当選する。

たいていのアメリカ人にとって、RCVはまだ耳慣れない言葉だが、これはけっして新しいアイデアではない。2002年、ジョン・マケイン上院議員は、RCVを採用する住民投票への支持をアラスカで訴えるため、自動音声電話用のメッセージを録音し、「過半数の支持を得た指導者を選べるため、優れた統治につながる」とアピールした[7]。同じ年、将来マケインと大統領の座を争うことになるバラク・オバマ上院議員（イリノイ州選出）も、州・連邦議会選挙の予備選でRCVを採用する「イリノイ州上院法案1789」を起草した。このときは、まだ機が熟しておらず、双方の提案は可決されなかったが、2018年にはメーン州が全米の州として初めてRCVを採用した。マサチューセッツ州も2020年11月にRCVの是非を問う投票を行う予定だ。

RCVの潜在的なメリットは、理論上の話にとどまらない。全米のさまざまな都市は、このイノベーションを先行導入している。ミネアポリス、サンフランシスコなど19の地方自治体が、地方選でRCVを採用。こうした自治体の実験では心強い結果が出ており、RCV採用の流れに弾みがつき、リアルタイムでメリットを確認できる状態となっている。市のさまざまな選挙でRCVを採用した7つの地方自治体を検証した2017年の調査によると、RCVを採用した都市では「候補者が対立候補の中傷ではなく、選挙の争点に力を入れている」と回答した有権者が、相対多数投票の都市を大幅に上回った。[8] RCVを導入したサンフランシスコでも、選挙資料（有権者の自宅に送付される郵便物など）について、政策上の立場など「貴重な情報」が増え、対立候補に対する攻撃が減ったという調査結果が出ている。[9] 候補者が過半数の票を確保するために「第二選択」（もしくは第三選択、第四選択）の票を勝ち取る必要がある場合、対立候補を攻撃するだけでは効果が限られる。

RCVを採用すれば、当選者はかならず、最大限幅広い層の有権者の支持を得ていることになる。とくに重要な点だが、RCVを導入すれば、相対多数投票で生じる巨大な参入障壁を取り払うことができる。上位5人を選ぶ党派を超えた予備選挙と組み合わせて「ファイナル・ファイブ投票」制度を創設すれば、これは転機になるはずだ。

ファイナル・ファイブ投票のメリット

本書の前半では、読者に政治家になったと想像してもらった。私利私欲を追求する政治産業のルールで身動きが取れず、板挟みになった政治家だ。ここでも政治家になったと想像してもらおう。ただし、今回は「自分の最優先課題である公共の利益につながる法案を可決するためには、所属政党に造反するか、政治産業のルール・しきたりに背くしかない」と考える必要はない。今回は状況が違う。試合のルールが変わったのだ。法案への賛否を決める際に、特別利益団体や、極端に党派心の強い予備選の投票者、また自分の運命を握り立法について指図する党指導部の顔色をうかがう必要はない。今回も議会には同じ超党派の法案が提出されている。だが、あなたには頭の切れる情熱的なスタッフがついており、公式に記された法案の項目について自由に議論し、各項目が有権者の目標、所属政党の目標、国全体の広範な目標とニーズに合致しているかを点検できる。報復で政治生命が脅かされるという不安に駆られることなく、自由に賛成票を投じられる。決断を左右する問いは、ようやく正しい問いになる。「これはよいアイデアだろうか」「地元選挙区の幅広い支持者の生活改善につながるだろうか」「国にとって適切な政策だろうか」

政治産業に根づいた文化に背く議員が罰を受けるというゆがんだインセンティブ構造はもはや存在せず、あなたが進むべき道には、新たな指針が掲げられている。公共の利益のために行動すれば、再選される可能性があり、再選される可能性が高まる（図5・3）――。有権者は結果を期待でき、結果に対してあなたが説明責任を果たすことを求める。そうであってほしい。

健全な競争を実現すれば、結果を出し、説明責任を果たす動機が働く。それだけでも、ファイナル・ファイブ投票を採用する意義は十二分にある。だが、それだけではない。政治産業にファイナル・ファイブ投票を持ち込めば、以下のような側面・次元で追加のメリットを得られる。

図5・3

ファイナル・ファイブ投票を通じた健全な政治の競争

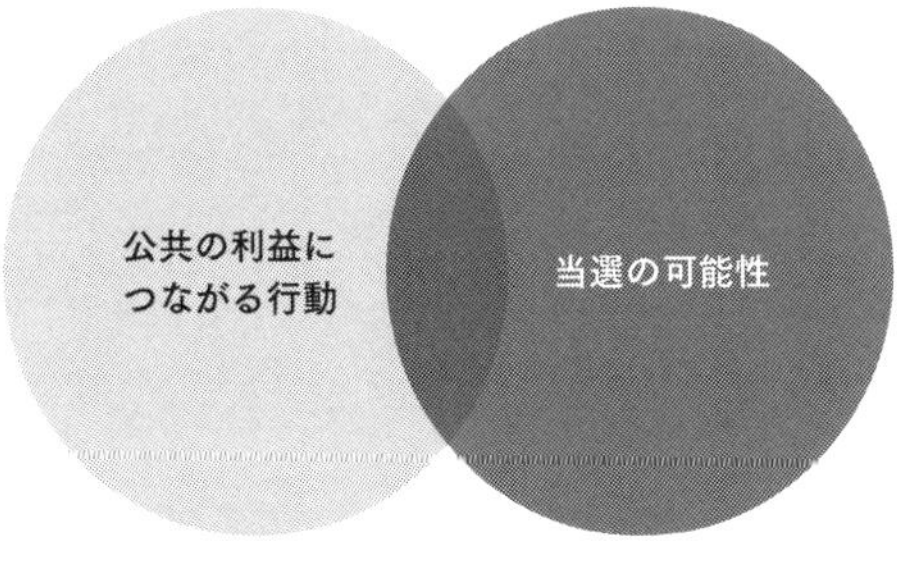

顧客（有権者）の力関係が変わる

投票に行く有権者がもっとも重要な顧客になる。これは本来あるべき姿だ。予備選に代わって本選挙がもっとも重要な選挙になる。これも本来あるべき姿だ。最大多数の有権者にもっとも幅広くアピールできた候補者が当選する。候補者には、予備選が主戦場だったときよりも幅広い層の有権者にアピールする動機が働く。選挙区内の一人一人の有権者が潜在的に重要だと考える候補者が増えるためだ。5人の枠があるため、少数派だけでなく、大半の有権者が、自分の支持する候補を11月の本選で選べるようになる。RCVを導入すれば、有権者は自分の本当の優先順位に応じて5人すべてに投票できる。「自分の票が無駄になる」「もっとも支持しない候補の当選に手を貸すことになるのではないか」と不安に思う必要はない。有権者は束縛を解かれ、本当に好きな候補に投票できるのである。戦略上の理由から二大政党の候補者への投票を求められることもない。最後に、「カネ」という通貨に対する「票」という通貨の価値が高まるため（本選の結果が予断を許さないものになるケースが増えるためだ）、ファイナル・ファイブ投票は、選挙のカネのあり方について、私たちを正しい方向に導いてくれる。

参入障壁が劇的に下がる

ファイナル・ファイブ投票では、「選挙戦を妨害することになる」「票が無駄になる」という主張が成り立たなくなる。こうした主張があるから、二大政党内の競争や二大政党外からの出馬が抑制されているのだ。５人の枠があれば、幅広い候補者が本選に臨め、前段階の党の予備選で敗退しがちだった候補者も一般の有権者にアピールすることができる。報道機関にも５人全員を「注目候補」として取材する動機が働く。すべての候補が投票結果に影響を及ぼす可能性があるためだ。

有権者を分断する動機が薄れる

重要なのは、党派心の強い有権者が投じてくれる第一選択の票だけではない。選挙によっては、幅広い層の有権者から第二選択、場合によっては第三選択の票の争奪戦を繰り広げることが必要になる。事実無根の誤った攻撃を仕掛けるネガティブ広告は、有権者にそっぽを向かれれば、勝利への道にはつながらず、足かせになる可能性がある。50％を超える票を確保する必要があれば、幅広い層の有権者を無視できる余地が狭まる。

もちろん、ファイナル・ファイブ投票を導入したからといって、選挙戦が魔法のように健全で責任あるものになるわけではない。厳しく熾烈な選挙戦は続くだろう。候補者は他の候補との差別化を適切に図るだろうし、またそうあるべきだ。他の候補との違いをこれまで同様、センセーショナルに訴えることもすくなくないだろう。ただ、新制度の導入で一票の力が増せば、現在ふつうになっている泥仕合や際限のないネガティブ広告を抑制する力が働く。勝者総取り型の相対多数選挙では、一般にネガティブ戦略が用いられ、それで不利益を被らないケースが多い。というのも、対立候補より一票多い票を集められる限り、選挙戦で他の何人の有権者にそっぽを向かれても支障はないからだ。ファイナル・ファイブ投票を採用すれば、選挙陣営の戦略の方向性が変わり、「有権者にそっぽを向かれることなく差別化する」という新たな計算が働くことになる。

イノベーションが増え、多様性が増し、アイデアが膨らむ

筆者の考えでは、国の問題に対する解決策を編み出し、実行に移す上では、歩み寄りを目指す穏健な政治家が貴重な存在になる。ただ、穏健派が唯一貴重なタイプの政治家だと言っているわけでない。それは違う。歴史を振り返れば、奴隷解放、女性参政権、社会保障、公民権など、アメリカの改革は、どうみても穏健派とは言えない「非主流派」から始まったケースが多い。だが、民主主義の体制では、最終的には改革を過半数の支持で法制化する必要がある。この段階――現実的な解決策を実行に移す段階――で、欠かせない存在になるのが、党派を超えた問題解決と総意の形成を目指す穏健派だ。いまの政治の競争で絶滅の危機に瀕しているのが、まさにこうしたタイプの行動である。

すべての本選挙に5人の候補者が進めれば、どれほどのインパクトがあるか想像してほしい。（1992年の大統領選に出馬したペローのように）公的債務の削減を公約に掲げる候補や、（2020年の民主党予備選に出馬したジェイ・インスレーのように）気候変動対策を訴える候補が、一回目の集計で2

桁の得票率を獲得した場合、それを目の当たりにした政治家にどんな影響が及ぶか想像してみてほしい。イノベーションに富んだアイデアが公開討論の議題になる可能性が高まるはずだ。最初は「非主流派」とみられていたかもしれない候補者の参入障壁も低下する。ファイナル・ファイブ投票は、いいことずくめなのである。

議員が仕事にやりがいを感じるようになる

ファイナル・ファイブ投票を採用すれば、議員が本来の目標――世の中を変えるという目標に取り組むことができる。この新たな制度は保身ではなく行動を促すため、公共サービスに関心を持ち、立候補して当選した勇敢な人材が実際に成果を出すことが可能になる。仕事に満足感を得られ、選挙戦も二つの悪から害のすくない方を選ぶものではなくなるため、既存の人材を有効活用でき、頭の切れる優秀な人材をさらに呼び込むことができる。シンクタンク「ニュー・アメリカ」で政治改革を研究するシニア・フェロー、リー・ドラットマンが述べているように、「(……)いまの政治家は現状にうんざりしており、党派間の確執に延々と愚痴をこぼしている。有害きわまりない政治の駆け引きで議会の権限が集中し、多くの議員が脇に追いやられていることに不満を感じているのだ。退任する議員は、ほぼ例外なく、いまの状態で議員を務めることがいかに苦しいか、党派政治がどこまで堕落しているか、議員の仕事が、希望を胸に初めてワシントンに到着したときに思い描いていた仕事といかにかけ離れているか、不満を口にしている」[10]。ファイナル・ファイブ投票を導入すれば、有権者にプラスになるだけではなく、大半の議員が仕事にやりがいを感じるようになる。

想定以上に早く、しがらみにとらわれずに結果を出せる

第3章で説明したが、選挙で選ばれた公職者を評価する際は、市民が望む結果を出せるかという点を基準にすべきだ。解決策を編み出せるか、行動に移せるか、時間をかけて幅広い総意を形成できるか、短期と長期の国のニーズのバランスを取れるかといった基準だ。いまのインセンティブ構造では、こうした結果を出すために働けば、落選のリスクが高まる。こうした構造を変えない限り、歩み寄りは実現せず、膠着状態が続く。ここで胸が躍るような、何とも心強い事実を紹介しよう。ワシントンDCの改革を始めるには、50州全州でルールを変える必要はない。たった10州がファイナル・ファイブ投票で選出した代表をワシントンに送り込めば、新たな重要きわまりない支柱となる上院議員20人と下院議員約100人を直ちに確保できるのだ。こうした議員が政界で問題を解決し、歩み寄り、党派政治の牙城に挑むことになる。ごく一部の州が動くだけで、国全体にとって望ましい結果を出せる可能性が高まり始める。この総合的な対策を（ほぼ）そのままの形で最初に採用するのはアラスカ州かもしれない。同州では2020年11月にファイナル・フォー投票を導入する提案について住民投票が行われる［訳注：その後、この提案は可決された］。

…

合衆国憲法の起草者は、政治家を選ぶ投票制度については沈黙を守り、州政府に決定を委ねた。アラバマ州からワイオミング州まで、選択をするのは私たちだ。ファイナル・ファイブ投票を採用すれば、アメリカはよりよい結果を出すという点で飛躍的な進歩を遂げ、さらなる政治のイノベーションに向けた道が開ける。革新主義の時代で見たように、政治のイノベーションは伝播して、次から次に実現する可能性がある。イノベーションがイノベーションを生むのだ。新たに束縛を解かれた政治家にとって、そして政治家に説明責任を求める力を新たに獲得した有権者にとって、次なる未開拓分野《フロンティア》は立法機構だ。ファイナル・ファイブ投票は強力な発射台となるが、効果的な立法過程と組み合わせれば、政治家が結果を出し説明責任を果たす動機がますます強まる。

立法機構を再構築する——模範的でしがらみのない立法

ニューヨーク・タイムズ紙のおそれ知らずの記者ロバート・ペアは、2020年、年間数トンのソーセージを製造している工場の社長スタンレー・A・フェダーのもとを訪れた。ペアが調べていたのはドイツの宰相オットー・フォン・ビスマルクが言ったとされる言葉――立法過程を手厳しく批判された政治家が言い逃れのため涼しい顔で使う言葉だ。「法律とソーセージが好きなら、製造過程は見ないほうがよい」。実際に肉詰め作業が行われている現場を取材したペアは、事の真相を突き止める。「連邦議会議事堂から10マイルほどに位置するソーセージ工場を訪ねてみたが、ビスマスクといまの政治家は間違っている。この言葉は、多くの点でソーセージメーカーに失礼だ」[11]

いまこそ立法過程を改善すべきだ。すでに示したように、議会のルール・しきたりはどうみても効率的とは言えない。立法機構は、二大政党の利益のために細心の注意を払って時間をかけて構築されており、問題の解決ではなく、党の目的にかなうように設計されている。こうした党利重視の法律製造ラインで最終的に出来上がるものは、往々にして、イデオロギー色が濃く、長期と短期のバランスが取れていない、持続不可能な法律だ。たった一つの政党が対立政党の反対を押し切って可決した法律である。新しい議会が始まるたびに、法律の施行と手直しではなく、法律の撤廃と新法の制定が公約に掲げられる。あるいはむしろ、完全な膠着状態に陥り、何も行動しないケースのほうが多い。繰り返しになるが、こんな状態を維持する必要はない。

だから、こんな状態はもう終わりにしよう。本書では、模範的で、しがらみのない（そして党派を超えた）立法機構を提唱する。

思い出してほしいが、合衆国憲法には下院と上院の運営について短い6つの段落しかない。だが、下院と上院の規則集は、それぞれ何百ページにも及ぶ。すべて政治家が書き上げたものだ。私たちはこれを正常なものとして受け入れている。政党がみずからの手続きと説明責任のあり方を自由に規定することを正常だと受け入れているのである。このような設計と最適化の過程を経て出来上がった規則集は、退屈かつ不可解で形式張っており、何と言えばいいのか、ときに投げ出したくなるほどつまらない。このため、それが便利な口実となって、不健全な競争が育まれている。私たちはこうした水の中で泳いでいるのだ。

多くのベテラン議員でさえ、日々の空転にあまりにも慣れてしまい、疑問を抱かなくなっているか、すくなくとも完全にあきらめている。その結果、立法作業が停滞する。原因は政党の利益を最大化するルールだ。たいていの議員は対立政党を批判するのに忙しく、巨大な機構が政治の行方を決めていることに目を向けない。だが、新人議員にははっきりジレンマが見えている。マイク・ガラハー下院議員（共和党、ウィスコンシン州選出）は一期目の早い時点で、議会のルールを変えなければならないと感じた。「議会内の手続きと権力構造を変えない限り、また同じことの繰り返しだ。二極化、非難合戦、扇動。候補者は2年ごとの選挙で、泥沼の現状を手厳しく批判するが、当選するとすぐに現状に呑み込まれてしまう。アメリカのような偉大な国には、機能する議会がふさわしい。それは構造改革なしには実現できない[12]」。

市民にとってよりよい結果を出したいなら、議会を再設計し、本当の意味で党派を超えた立法機構をつくる必要がある。党利党略ではなく問題解決のために設計された立法機構だ。合衆国憲法では、議会の内部運営については規定しおらず、「両議院は各々その議事規則を定めることができる」とされている。つまり、私たちは、これまでとは違うルールをつくるよう政治家に働きかけることができるのだ。選挙だけでなく、立法にも関与することが市民の務めだと言ってもいい。健全な選挙を実現しても、健全な立法を実現できなければ、何の意味もない。

では、立法機構を再構築（リエンジニアリング）するために具体的に何をすればよいのか。

ここで登場するのが、ピーター・ファイアーが１９７０年代に考案した「ゼロベース予算」という改革理論だ。この実績のある管理手法を使って、立法機構をゼロからつくり直す。この予算計上の手法は官民双方で使われており、前年度を踏襲して予算を決めるのではなく、すべての経費について費用対効果を検証し、承認するかどうかを決める。各年度の初めにゼロから予算を編成するのである。組織内のすべての仕事について、必要性とコストを分析し、それに応じて予算を割り振る。各項目にこれまでいくら予算が計上されていたかは関係がない。「ゼロベース設計」も、これと同じで、既存の考え方に縛られずに、問題解決に向けて新たな可能性を模索する。

本書で提唱する議会改革の処方箋が「ゼロベースのルールづくり」だ。「下院規則」「上院議事規則」「上院委員会権限・規則」「下院委員会採用規則」「議事運営委員会規則」をいったん廃止しよう。これは規則に関する膨大な規則であり、何十年にもわたって最適化され駆け引きの武器となってきた。非公式のルールもいったん廃止しよう。ハスタート・ルールといったしきたりだ。そして、民主・共和で別々の演壇、別々の議員控室、別々の食堂を設ける慣習や、議員が座る議席を政党別に分ける慣習もいったん廃止しよう。すべてをいったん廃止して、何もないまっさらな状態からつくり直すのである。

いまのルール・しきたりの多くが重要な役割を果たしていることに気づくかもしれない。そうしたルール・しきたりは今後も続ければよい。だが、肝心なことだが、機能していないものはそうと認め、創意工夫を通じて新しいものを自由に創造することも必要だ。

ゼロベース予算の目標を達成できない組織はすくなくないが、ポイントはそこではない。重要なのは、細部をいじくり回すのではなく、顧客である市民のために成果を出せるよう設計された模範的でしがらみのない立法府を描き始める自由を確保することだ。それが大胆にして必要不可欠な一大目標である。

立法機構イノベーション委員会

そうした目標を達成するには時間がかかる。おそらく設計に3〜5年、その後、議会で可決するための時間も必要だ。だからこそ、いま始めなければならない。本書では「立法機構イノベーション委員会」の設置を提唱する。模範的でしがらみのない立法を設計する独立した超党派の取り組みである。国の現状について協議し、意思疎通を図り、問題を解決する最良の手法を取り入れ、本当の意味で結果を出せる議会を構築する。委員会の作業が終われば、まとまった結果を上下両院に送付して審議する。問題を解決しようという動機が働くファイナル・ファイブ投票で選ばれた議員が、議会内でいずれ十分な数に達すれば、過去の党派色の濃い立法機構を捨て、問題解決のために設計された新しい立法機構を導入しようという機運が盛り上がるはずだ（同時に、この新しい立法機構では、議員の仕事がやりやすくなり、議員も有権者も満足感を得られる）。

立法機構イノベーション委員会は、どのような課題に直面するのか。下院に435人、上院に100人の議員がいるとしよう。各議員は出自も、視点も、イデオロギーも、選挙区の有権者から託された責任も異なる。そうした違いがあるにもかかわらず、議員はこの国を愛しており、よい結果を出して次の選挙に向けて実績をつくりたいと考えている。議員は法案を可決し、大統領に送付して署名を求める必要がある。議員はどのような段取りで仕事を進めるべきなのか。どんな手続きを提唱すればよいのか。どんなスタッフ、どんな手法、どんな物理的構造が望ましいのか。意思疎通を図る仕組み、技術・データ面のサポートのあるべき姿はどのようなものか。協力と交渉のための最良の手法をどのような形で実現するのか。一言でいえば、しがらみのない模範的な立法機構とはどのようなものなのか。

立法機構イノベーション委員会は、このような考えのもと、超党派の専門家集団を動員する。

多様な分野・組織を代表する有力な専門家が、国の最重要課題に取り組む上でふさわしい立法機構の再構築を提唱するのだ。議会を熟議・交渉・歩み寄りの場に変えるためのアイデアは、すでに多数存在する。2019年に超党派で設置された「議会現代化特別委員会」でも、そうしたアイデアが浮上している。だが、この特別委員会や他の同様の取り組みは、ゼロベースの負託を受けていない（また、改革を目指す制度そのものに内在する勢力に恩義を感じていることは言うまでもない）。滅茶苦茶に壊れた制度の修復は、きわめてやりがいのある仕事になる。「現状を変えてはならず、せいぜいのところ周辺部しか調整できない」という誤った考えに縛られなければ、どれだけの進歩を期待できるのか、想像してほしい。現状はまったく馬鹿げている。

イノベーション委員会の役割

立法機構イノベーション委員会には、おもに三つの役割がある。第一に、ゼロベースのアプローチを採用して、模範的でしがらみのない立法機構の設計図をゼロから作成する。大きなテントを立て、議会内の仕組みを長年研究してきた政治学者や研究者、現役の上院・下院議員、元議員、また議会とは通常ほとんど縁のない分野の専門家を結集させる。こうした場がぜひとも必要だ。行動科学、紛争解決、交渉、テクノロジー、組織運営といった分野の専門知識を持つこの異種混合チームは、画期的な研究成果を活用して、問題解決型の模範的な立法機構の設計に多大な貢献をする。いまこそ、本書で取り上げた数々のひどいルール・しきたりを批判するだけでなく、増え続ける膨大な知識を活かして、本当の意味で問題を解決できる議会を取り戻す必要がある。

第二に、立法機構イノベーション委員会は、調査結果を公表する。市民の利益ではなく、党の利益を重視するいまの立法機構の姿を国民に伝える。１９４６年の立法府改革法は、議会の既得権益を脅かされる勢力から猛反対にあったが、改革を求める世論が高まっていたため、超党派の過半数の支持を得て成立した。実際、市民が求めない限り、このような改革が実現することはまれだ。立法機構イノベーション委員会は成果を広く公表することで、議会の空転の原因となっている隠れた機構を明らかにする。国民を鼓舞して、大変革を訴えるのである。

第三に、立法機構イノベーション委員会は、議会現代化特別委員会のような、問題解決を目指すよりよい組織の構築に尽力する議員と手を組む。結局のところ、改革は議会で起こさなければ実現しない。議会の仕組みを定めた新しい戦略を議会が採用し、順応していく必要がある。議会では何かがそのままの形であっさり採用されることは、たとえあったとしても滅多にないが、外部からの提案という形で制度のイノベーションに大きく貢献することは可能だ。とくに議員が初めからこの取り組みに関与している場合はそう言える。アメリカ政治学会（ＡＰＳＡ）の「議会に関する委員会」の例でわかるとおり（これについてはすぐ後述する）、熱意のある議員団が大掛かりな内部改革を訴えれば、制度を改革できる。委員会を議会の外部に設置する場合は、議員と協力してアイデアを出し、世論の圧力を高めて大胆な行動に出る必要がある。

多くの議員、とくにファイナル・ファイブ投票で選出された議員は、新しい立法機構を歓迎するはずだ。というのも、いろいろな意味で有能な人材が活用されておらず、チャンスが無駄になっているから、こうした改革を提唱しているのである。ルールを改良すれば、仕事がスムーズに進み、結果を出せる。仕事の魅力が高まれば、有能な人材が関心を寄せる。シリコンバレーやウォール街のような健全な競争が行われている最先端の専門領域と同じ原理が働いて、人材を引き寄せられる。優れたルールはビジネスの役に立つ。立法と議員にとっても優れたルールは有意義なものになるだろう。

過去の成功モデル

過去に大掛かりな議会改革を巻き起こした際には、立法機構イノベーション委員会のような委員会が活用されている。[13] ニューディール期の終わりにかけては、行政府の急激な膨張への懸念が強まる一方、有権者の間で議会に対する不満が過去例のないほど高まった。[14] これを受けて、大学・シンクタンク・省庁で働く政治学者から成るグループが、大掛かりな議会改革を実施できないかと議論を始める。議論のかじ取り役になったのが、1941年1月に設置されたアメリカ政治学会（APSA）の「議会に関する委員会」だ。APSAは世紀の変わり目に発足した権威ある専門家組織である。[15]委員会では、無党派の独立した専門家グループが中心となって、議会の「機構と手法」を分析し運営上の改革を提唱するという大胆な課題に取り組んだ。[16]

委員会では、大半の委員が専門家として進めてきた研究結果をすでに公表していた。このため、委員会は研究をさらに進める場ではなく、議論に「弾みをつける」ことをおもな目的とした。委員はさまざまな議員と会い、問題点をまとめた文書を直接手渡して、新しい考え方への支持を呼びかけ、全米の学者にも意見を求めた。おそらくもっとも重要だったのは、ラジオ番組、公開討論会、新聞の論説記事を通じて、全国的な議論を始めたことだ。[17]委員会の取り組みは、大胆なアイデアをまとめた短い報告書に結実した。[18]委員会制度の再編、ロビイストの登録義務化、議員の職務効率化に向けたスタッフの大幅な増強。こうした構想は、まさに議会の変革を促すものだった。

もちろん、報告書がほこりをかぶったまま棚ざらしになる可能性は大いにあった。だが、委員会は先を見越して考えていた。議会の健全性に重大な懸念を抱いていた両党の改革派議員と、早い段階から協力していたのである。[19]1945年にはこうした議員がAPSAからバトンを引き継ぎ、「議会再編合同委員会」を設置。[20]2年も経たないうちに、APSAの提言の多くを盛り込んだ1946年立法府改革法が成立した。それまでは、非効率な委員会が乱立し、強大な力を持つ委員長の私的な領地と化していたが、同法の成立で光景は一変し、上院の委員会の数は33から15に、下院の委員会の数は48から19に削減された。議会は初めて、各委員会の所管を明確にし、複雑な政策立案を助ける専門スタッフに有意義な投資を行えるようになる。[21]この改革は、アメリカ史上もっとも広範な議会の組織再編と言って差し支えないだろう。[22]

よみがえる民主主義

民主主義の理想郷をつくる最適なルールの組み合わせは一つではない。イギリスの首相ウィンストン・チャーチルの有名な言葉だが、「民主主義は最悪の統治形態だが、これまで試されてきた他の一切の形態よりはましだと言われている」。民主主義は面倒で困難だ。それは今後も変わらないだろう。アイデアが議論され、集団の意見は分かれ、どの集団も、どちらの側も、ほしいものすべてを手に入れることはできない。民主主義の理想郷を定義するとどうなるか。やはり面倒で困難だが、目に見えるよい結果を出せる。これが国民全体の願いであるはずだ。

選挙機構の再構築――ファイナル・ファイブ投票――と立法機構の再構築――模範的でしがらみのない立法――は、強力な組み合わせだ。これは、いま私たちがたどっている自滅の道から抜け出し、進歩と繁栄の共有という新しい道に踏み出すまたとない機会になる。いまの政治の現状を受け入れる必要はないと考えれば、胸が躍る。市民としての務めは、実行に移すこと――市民のためになる健全な政治の競争という構想を現実のものとすることだ。心強いことに、メーン州からカリフォルニア州まで、全米各地ですでに成果が出始めている。そしてファイナル・フォー投票の是非を問うアラスカ州からも目が離せない！

第6章 実験とガイドライン

Laboratories and Principles

大恐慌のさなか、連邦最高裁判所は、製氷メーカーに免許の取得を義務づけるオクラホマ州法は違憲だとの訴えを審理した。さして取り上げるほどもない訴訟手続きで、ルイス・ブランダイス判事が反対意見のなかで連邦制のメリットについて言及していなければ、とうの昔に忘れ去られていたはずだ。同判事はこう述べた。「州民が選択すれば、勇気あるたった一つの州が実験場としての役割を果たすことができる。これは連邦制に付随するうれしいメリットの一つだ」[1]。

どんな新しいルール・手続きがベストなのか、アメリカでは個別の州で実験を行える。とくに本書の第一の優先課題である選挙のイノベーションについてはそうだ。20世紀初め、発明王トマス・エジソンに引けを取らない発明品を生み出したのが、革新主義時代の「民主主義の実験場」だ。この実験場は、秘密投票、直接民主制、政治献金の規制など、数多くの政治のイノベーションを相次いで起こした。

現在、全米では再び州が活気を取り戻し、21世紀のイノベーションを次々に起こしている。相対多数投票と党の予備選というアメリカの民主主義、経済、生活の質を圧迫している政治産業の構造問題に取り組んでいるのだ。立法機構については、連邦議会に直接イノベーションを働きかける必要があるが、州レベルでも、あまり知られていない立法イノベーションの指導者の事例があり、研究に値する。首都ワシントンでもわずかながら運動が起きつつある。

本章では、こうしたイノベーションに早い段階から携わった人々の取り組みを検証し、まとめていく。素晴らしい成功例や重大な失敗例に学びながら、選挙・立法のイノベーションのガイドラインと譲れない点について説明していきたい。読者は、アメリカで稼働中の実験場が今後数年で右肩上がりに増えていくことを念頭に置いて読み進めてほしい。また、本章で提唱し説明するガイドラインと譲れない点は、まだまだ荒削りで、活動を続けながら、最良の方法を編み出して改良していく必要があることも付け加えておきたい。

選挙のイノベーションの実験場
――ワシントン州からメーン州まで

すでに指摘したように、合衆国憲法では、選挙に関するルールの大半、連邦議会選挙に関するルールでさえも、州に決定を委ねている。もちろん、ファイナル・ファイブ投票については、連邦議会が強く望めば、連邦レベルでルールを変えることも可能だ。[2] だが、読者も予想されるように、筆者はその可能性がきわめて高いとは考えていない。このため、州レベルで活動を進め、現地の事情に応じて戦術を調整し、順位づけをしている[*]（本章の後段で指摘するように、重要なガイドラインは「ローカライズ（現地の事情に合わせる）、ローカライズ、ローカライズ」だ）。

選挙については、各州固有の事情に応じて、州議会の立法活動と住民投票という二つの大きなアプローチを政治のイノベーションに利用できる。

＊　おそらく全米の半分の州が独自に行動した時点で、連邦議会が総仕上げとして、このイノベーションをすべての州の連邦選挙に適用する日が来ると、心待ちにしている。連邦議会にはその権限がある。

・【州議会での立法】どの州でも、政治のイノベーションは州議会の立法活動を通じて実現できる。他の法律と同様、政治の「試合のルール」を再編する法律も、法案を起草した上で州議会で可決し、知事が署名する必要がある。州の政治家が自分の当選につながった選挙制度を根底から変えることに二の足を踏む可能性はあるが、最終的には市民のために行動することになる。重要な選挙区で十分な数の有権者が改革を要求すれば、政治家は対応せざるをえない。また、多くの政治家はワシントンが壊れていることを認めているし、議員の仕事がやりやすく楽しくなる点も魅力だ。このため、支持が高まれば、その分、行動を期待できる。

・【レファレンダムとイニシアティブ】26の州では、政治のイノベーションを実現する追加の手段がある。直接民主制だ。これも革新主義時代の成果である。[3]直接民主制では、有権者は政治家を迂回して、法制化の是非を問う投票に直接参加できる。手続きはシンプルだ。(1)次の二つの方法のいずれかで提案を投票にかける。「レファレンダム」では、まず州議会議員が法案を提出するが、議会で法案を採決するのではなく、法制化の是非を問う住民投票を実施する。「イニシアティブ」では、市民がみずから提案をまとめ、住民投票にかける。署名を集めるケースがもっとも多い。[4](2)提案が住民投票にかけられれば、有権者は投票日に支持する候補への投票だけではなく、住民投票にかけられた提案に賛成票か反対票を投じることを求められる。過半数の支持が集まれば、法律になる。住民投票は特定の政策の是非を問うものがほとんどだ。たとえば、カリフォルニア州の１９７８年の提案13号では、不動産税に制限を設けた。現在、住民投票は、制度を変える政治のイノベーションを実現する上で重要な手段となっている。

選挙機構については、一部の州が投票制度の改革という点ですでに大勝利を収めている。[5]前述したように、本書が提唱する総合対策の二本柱のうち「上位５人を選ぶ予備選」は、まだ実現していないが、ワシントン州とカリフォルニア州は、第一段階として、上位２人が本選に進める政党の垣根を超えた統一予備選（トップ・ツー予備選）に移行している。両州の制度は、本書の提言と似通っているが、本選に進めるのは５人ではなく２人だけだ。[6]

先陣を切ったワシントン州

選挙のイノベーションで先行するワシントン州は、１９３５年に「包括予備選」を採用した。[7]この制度は、党の予備選と同じく、各政党で最多票を獲得した人が党の指名候補として本選に進める。ただ、閉鎖型の党の予備選とは違って、「民主党候補にしか投票できない」「共和党候補にしか投票できない」という制約がない。有権者が望めば、知事選の予備選では共和党候補に、州上院の予備選では民主党候補に、州下院の予備選では民主党候補、連邦下院の予備選では共和党候補に投票することが可能だ。

だが、この制度が導入されてから70年近く経った2003年、裁判所は直近の判例にならい、ワシントン州の予備選制度を無効と判断した（ワシントン州民主党対リード判決）[8]。閉鎖型の党の予備選への逆戻りを迫られたワシントン州は二の矢を放つ。各党の最多得票者が本選に進むのではなく、所属政党にかかわらず、予備選の上位2人が本選に進める制度――トップ・ツー予備選を編み出したのである[9]。

トップ・ツーの導入を目指した初の法案は、ワシントン州上院を通過したものの、下院で行き詰まった。州下院議長が採決を拒否したのである。その後、法案は2004年に州議会の上下両院を通過したが、今度は民主党知事が4月1日に拒否権を発動した。拒否権発動のニュースを聞いたトップ・ツーの支持者は、最初、エイプリルフールのジョークだろうと思ったが[10]、まったく笑えない話だった。

だが、ありがたいことに、市民が主導権を握った。まず住民投票でトップ・ツー改革を可決し、その後、二大政党が起こした訴訟にも勝訴した（ワシントン・ステイト・グランジ対ワシントン州共和党判決）[11]。2008年には、連邦最高裁のお墨付きも得た。トップ・ツー予備選は、政党が主張する自党の候補を選ぶ権利を侵害していないとの判断を示したのだ。多数意見として政党の主張に反論したクラレンス・トーマス判事は、予備選改革を無効にすれば「市民の意思が異常かつ軽率な形で無視されることになる」と表明した[12]。この判決を受けて、トップ・ツー予備選への道が開かれ、太平洋岸ハイウェイを南下して、全米最多の人口を誇るカリフォルニア州に到達したのである。

選挙のインセンティブ構造を改善したカリフォルニア州

カリフォルニア州は２０００年代を通じて危機的な状況に陥っていた。州内で山積する課題を政府が解決できなかったのである。失業が蔓延し、インフラは老朽化していた。財政赤字は膨らみ、州債の格付けは全米でもっとも低い。電力不足にも悩まされた。州議会はその間もずっと、予算案を可決して政府機関の運営を続けるという基本的な役割をたびたび果たせない状態だった。イデオロギーの二極化と、果てのない党利党略の追求というダブルパンチに見舞われていたのだ。

当時、カリフォルニア州議会は、全米でも有数の二極化に陥っていた。[13] 党の方針に沿った投票が当たり前になり、歩み寄りの記憶は薄れていた。[14] 問題解決を目指す二大政党の州下院議員は、州内の山積する課題を協力して解決するため、小さな作業部会を設置したが、両党の確執は異常なほど根深く、極秘の会合を強いられたほどだ。[15] 敵と共謀している場面を目撃されれば、党指導部や予備選の投票者から罰を受けると誰もが恐れたのである。その結果、市民が苦しむことになった。カリフォルニア州議会は、ピュー慈善信託の「政府実績プロジェクト」で全米最下位にランクされた。[16] 州議会の支持率は２０１０年には過去最低の14％に低下している。[17] ロサンゼルス市のアントニオ・ビラレイゴウサ市長は「(カリフォルニアは)統治不能だ」と宣言した[18]。たしかに「試合のルール」を考えれば、統治不能だった。二大政党が2000年の国勢調査後に決めた選挙区割りは、現職議員を守り、本当の意味での競争を排除するものだった。各選挙区は、共和党もしくは民主党いずれかの党員が圧倒的に多く、選挙の80%近くは、投票率の低い党の予備選で結果が完全に決まった。この党の予備選は、連邦最高裁判所が「包括予備選」制度に無効判断を示した後に導入されたものである[19]。11月の本選は戴冠式にほかならない。この制度では、予備選投票者の極端な意見ですべてが決まるため、政治家も極端に走る。平均的な市民に力はなかった。政治は結果を出せず、有権者の不満も強まったが、2002年から2010年のすべての州議会・連邦議会選挙で敗北した現職議員は2人だけだった[20]。

このため、カリフォルニア州の有権者はルールを変えた。先行するワシントン州の例にならい、新たな党予備選制度を廃止する取り組みを開始したのである。まず2004年にイニシアティブを通じてトップ・ツー予備選を住民投票にかけたが、54%対46%で否決された。その後、無党派の政治組織「無党派有権者プロジェクト」に参加するサクラメント市の団体が、敗北の原因を探るため、複数年にわたる調査に乗り出した[21]。同じ過ちを繰り返さないよう決意を固め、2008年の新たなイニシアティブに向けて、活動を開始したのである。

署名集めを通じた住民投票の実現には、時間とコストがかかる可能性があった。だが、政治力のある強力な助っ人が現れた。2009年にまたもや予算交渉が決裂した際、多数派の民主党は州上院の穏健派共和党議員アベル・マルドナードに助けを求めた。マルドナードは、民主党が予備選改革を次回の住民投票にかければ、予算案を支持すると提案した。これが実現すれば署名集めの手間が省ける。行き詰まっていた民主党は、マルドナードの提案をのんだ[22]。

民主党からすれば、小さな妥協に見えた。住民投票を実施しても、どうせ否決されると踏んでいたのである。マルドナードの取り組みを支持したエコノミスト誌も、２００９年初めにこう予測している。「（マルドナードの）取り組みは、おそらく失敗に終わるだろう。現行制度の恩恵を受けている特別利益団体は多く、ありとあらゆる団体が反対運動に資金を投じるはずだ[23]」。ハードルが高いことは間違いなかった。だが、こうした政治的な計算は、公共の利益を訴える改革派の動きを見逃していた。活動を始めた「無党派有権者プロジェクト」は、政党への所属意識が低い無党派層の選挙教育に乗り出す。とくにカリフォルニア州の閉鎖型予備選では、無党派層は投票さえできず、政治家から無視されることが多かった。当時のアーノルド・シュワルツェネッガー州知事（共和党）やグレイ・デイビス元州知事（民主党）など、著名な政治家・元政治家も応援に駆けつけた。ロサンゼルス・タイムズ紙、サンフランシスコ・クロニクル紙といった主要メディアもトップ・ツー予備選を支持。商工会議所、アメリカ退職者協会、コモン・コーズのカリフォルニア州支部など、市民団体も力を貸した。二大政党は結束して改革に反対していたため、ありとあらゆる支援が必要とされていたのである。二大政党は公の場での意見表明や密室での駆け引きを通じて、改革を阻止しようとしていた。

2010年6月、すべての票が開票されると、結果は6年前と同じく、またしても54%対46%だった[24]。だが、今回は形勢が逆転し、提案は可決された。提案の可決以降、二大政党はいまも政党の垣根を超えた予備選に冷ややかな視線を送っている。

だが、有権者の見方は違う。第5章で指摘したように、党派を超えた予備選はメリットが明らかになり、支持者が増える一方だ[25]。予備選改革後、カリフォルニア州の選挙は全米有数の激しいものとなった[26]。共和、民主いずれかの地盤だった無風区では、多くの現職が11月の本選で敗れた。超党派の予備選で2位につけた同じ党の候補者が、党の支持基盤を超えた票を集め、本選に勝利したのである[27]。たとえば、新たな予備選制度が初めて導入された際、民主党現職のマイケル・アレンは、同じ民主党のマーク・レバインに敗北した。レバインは穏健な公約を掲げ、民主党員、共和党員、無党派層から票をかき集めて当選につなげたのだ[28]。

ただ、選挙で選ばれる政治家を変えることよりも重要なのは、選ばれた政治家の任期中の実績を変えることだ。この点の効果は抜群だった。サクラメント市では、トップ・ツー予備選に加え、無党派の選挙区割り改革や、政治献金者団体「ガバーン・フォー・カリフォルニア」の支援を受けた問題解決志向の強い候補者の勢力拡大で、インセンティブ構造が変わり、行動に変化が生じた。全米では依然として二極化が進んでいたが、カリフォルニア州では、極端なイデオロギーや党の方針に沿った投票が減った[29]。選挙で新たなインセンティブができたため、排ガス基準、銃規制、移民改革などについて、超党派の合意に道が開けたのである[30]。ある共和党議員は予備選改革の成果について「私たち共和党議員に勇気をくれた。以前は予備選される（予備選で劣勢になる）ことを恐れていたが、いまは（所属政党の）支持基盤以外にもアピールしなければならない」と述べている。[31]

ニューヨーク・タイムズ紙はこう報じた。「民主党も変わりつつあるのではないか。州の商工会議所の先月の報告によると、会議所が雇用の喪失につながると考えた40本の法案のうち39本が今年否決された。民主党が賛成することの多かった規制法案だ。昨年、州下院議員に選出された民主党のアンソニー・レンドン議員は『新人議員の多くは穏健派の立場で投票をしている』と話しており、民主党の支持基盤を超えたアピールが多くの議員に必要となっていることが浮き彫りになっている」。[32]

だが、カリフォルニア州で政治のイノベーションを起こした人々は、まだ仕事が残されていることを自覚している。本書で提唱した総合対策「ファイナル・ファイブ投票」に近い構想を実現する取り組みが新たに進んでおり、２０２４年の住民投票実施への期待が高まっている。[33]

政産複合体の妨害と戦ったメーン州

メーン州には党派政治を避け、因習を打破する穏健派（ジョージ・ミッチェル、オリンピア・スノーなど）や無所属（アンガス・キングなど）の政治家を支持してきた長い実績がある。だが、このメーン州でも相対多数投票が問題になっている。直近11人の知事のうち９人が得票率50％未満で選ばれたのだ。[34] 好戦的なポール・ルパージュ知事は、得票率38％未満で2010年に初当選を果たし、2014年にも過半数の票を確保することなく再選された。[35]

これは民主的な過半数ルールに対する冒瀆と言え、改革派は州議会でたびたび「優先順位つき投票」(RCV)の法制化を提案したが、可決には至らなかった。メーン州の地元紙サン・ジャーナルは2010年にこう嘆いている。「RCVは興味深い選択肢だが、伝統的な二大政党が支配する州議会では、事実上可決される見込みがない。(……)過半数未満の得票で当選できる勝者総取り型のルールは、あらゆる欠点を抱えながら、今後も長期にわたって続くだろう」[36]。

だが、この気が滅入るような予測は、メーン州市民が活用できる完全に民主的な手段を見逃していた。選挙運動員から政治のイノベーターに転身したキャラ・ブラウン・マコーミックは、ルパージュが再選を目指した知事選の結果が判明する前から、もうたくさんだと感じていた。マコーミックは、左右両派の選挙運動専門家や地元の有力者、そして平均的な市民を束ねた組織「チェンバレン・プロジェクト」を結成し、RCVの是非を問う2016年の住民投票実施に向け、協力して6万人以上の署名を集めた。[37]

チェンバレン・プロジェクトは、「優先順位つき投票委員会」という草の根組織とも協力して、党派を問わず、現役の政治家や元政治家のほか、財界・宗教界・学界の有力者、数百人の支持も集める。バーモント州元知事で大統領選にも名乗りを上げたハワード・ディーンも支援に乗り出し、ニューヨーク・タイムズ紙にこう寄稿した『あるべき姿の生活を』というメーン州のモットーにぴったりだ。ＲＣＶは今後の民主主義の象徴になるだろう。どのようにして過半数ルールを守り、有権者の発言権を高めていくか。この問題を、有権者に3つ以上の選択肢を提示するという形で解決するのがＲＣＶだ[38]」。こうした世論の高まりを背景に、メーン州は2016年の住民投票でＲＣＶ導入を可決。ＲＣＶを採用する初の州となった。

有権者が政産複合体に民主的なクーデターを起こした形だが、政党側は敗北を認めず、直ちに反撃に乗り出す。マシュー・ダンラップ州務長官（民主党）はＲＣＶに猛反対し、そんなものを導入すれば「大惨事になる」と訴えた。メーン州最大の都市ポートランドは数年前にＲＣＶに移行し、圧倒的多数の市民の支持を得ていたが、ダンラップ州務長官は水面下でＲＣＶの阻止に動いた[39]。2017年2月、共和党主導の州上院は、メーン州最高裁に対し、ＲＣＶが州憲法に違反していないか審理し、法的な見解を示すよう請求した。州憲法の条項には「相対多数」で公職者を選出すると明記されていると指摘したのである[40]。この州憲法のルールは、金メッキ時代の混乱期に端を発している。3人が争った知事選で49％以上の相対多数票を獲得した共和党候補の当選を多数派の民主党が認定しなかったことを受けて、党派色の濃い市民軍が内戦突入寸前までいったという事情があったのだ[41]。時代が下り、現代の混沌とした政党政治では、メーン州の市民を代表しているはずの議員が、二大政党を市民から守るためにこのルールを持ち出した。

州最高裁は議会の求めに応じ、州選挙をＲＣＶで行うことはできないという拘束力のない判断を示した。二大政党にとっては天の恵みだった。議会はＲＣＶ導入という市民の決定を守るために州憲法を修正するのではなく、最高裁の見解を政治的な口実に使い、市民の決定を握りつぶしたのである。

メーン州の上下両院は、会期が終了した4ヵ月後の10月23日深夜にひっそりと特別議会を招集した。議案はたった一つ。ＲＣＶの導入を延期し、２０２１年末までに憲法修正案が可決されなければＲＣＶの全廃を義務づけるという法案だ[42]。この法案は、州選挙だけでなく、すべての選挙を対象にしていた。予備選や連邦議会選挙は、州憲法上の問題がないにもかかわらずだ。点呼投票の結果、市民の決定は覆され、事実上ＲＣＶは廃止された。政党によるあからさまな権力奪取であり、傍聴席で投票の行方を見守っていたマコーミックにとっては、屈辱的な出来事だった。何年もかけて集めたメーン州市民数十万人の票が、党益を優先する数十人の議員によって、ものの数分で無効にされたのである。

だが、マコーミック陣営は負けを認めなかった。活動を強化し、「市民の拒否権」運動を始めたのである。この運動は、州議会で成立した法律に有権者が拒否権を発動できるという革新主義時代のイノベーションを利用したものだ[43]。実際のところ、マコーミックは州議会で法案が可決された直後に傍聴席で「市民の拒否権」を発表するプレスリリースの草案を書き上げていた。

最初の作業は、ＲＣＶをもう一度住民投票にかけるため、90日間で6万１０００人の署名を集めることだった。メーン州では投票所で署名を集めることが認められている。投票所は、政治に参加する意思のある有権者が大挙して押し寄せる、またとない場だ。同州でイニシアティブ(住民提案)を行う場合、11月の投票日までに署名集めを開始する準備を整えなければ、実現の見込みが薄れることがすくなくない。

「市民の拒否権」運動には一つ問題があった。10月23日の特別会期はでたらめに設定されたわけではない。対抗措置を取る時間的な余裕を市民に与えないタイミングで招集されたのである。11月の投票日までわずか2週間しかなく、それまでに「市民の拒否権」を起草し、州務長官の認定を得る必要がある。時間との戦いで大慌てで作業を進めたが、ダンラップ州務長官は重い腰を上げず、投票日前日の午後4時45分になってようやく認定した。時間は押し迫っていた。投票所が開くまであと14時間しかないのだ[44]。

マコーミックによれば、その後は「魔法のように」事が進んだ。その夜、活動メンバーは請願書を州内全域のコピーセンターに運び込み、何時間もかけて車を運転して高速道路の料金所やフェリーの船着き場でメンバーに署名ページを手渡した。朝までにすべての投票所に送り届けるのである。翌日、投票が締め切られたときには、何と3万3000人の署名が集まっていた[45]。

だが、それでも必要な署名の半分しか集まっていない。その後3ヵ月かけて、2000人近いボランティアが寒さをものともせず、スーパーマーケットやショッピングセンターの前で署名集めを進めた。ボランティアは2月までに8万人以上の署名を集めた。「市民の拒否権」を住民投票にかけるには十分すぎるほどの署名で、6月の予備選もRCVで行われることが決まった[46]。

しかし、二大政党は、またもや全力で反撃を仕掛けてきた。ダンラップ州務長官は住民投票で有権者を混乱させるため、複雑きわまりない質問文を書いた。長官は6月の予備選でRCVの採用を拒否する意向を示したとして法律違反で提訴もされている。一方、メーン州の共和党はRCVの導入を阻止する独自の訴訟を州裁判所と連邦裁判所に起こした。運動の最終段階では、有権者の投票が行われる直前、ルパージュ知事が「(RCVは)世界でもっとも恐ろしいものだ」と発言し、住民投票の結果を認定しない可能性を示唆した[47]。二大政党の戦術はあまりにも乱暴なもので、当初RCVの導入に反対していた地元紙も、5月の社説で二大政党をこき下ろした。「RCVに反対するのは、けっして悪いことではない。これは複雑な問題だ。だが、もうたくさんだ。有権者が(……)声を上げているのだ[48]」。

もうたくさんだった。RCVを実現する時が来たのである。多くのノーベル賞経済学者に加え、ニューヨーク・タイムズ紙も「市民の拒否権」に支持を表明した。ソーシャルメディアにも人気女優ジェニファー・ローレンスが支持を訴える広告が大量に流れた[49]。2018年6月12日、メーン州の有権者は、初めてRCVを使って候補者に投票したうえ、RCVの導入を(再び)可決した。投票結果は54%対46%で、カリフォルニア州と同じ。票差は2年前のメーン州の住民投票の二倍に拡大した[50]。

効果は直ちに現れた。ＲＣＶを初めて使った選挙では、連邦下院第2選挙区の初回の集計結果で現職議員が相対多数票を確保した。従来のルールであれば、これで選挙は終わり、大半の有権者が他の候補を支持していたにもかかわらず、現職が当選していた。今回の新ルールでは、二回目の集計が行われ、海兵隊出身で36歳のジャレド・ゴールデンが過半数の支持を得て選出された。[51] 反対派は選挙結果に異議を唱え、最後の抵抗で連邦裁判所に提訴したが、敗訴した。敗訴後、ルパージュ知事は「選挙が盗まれた」と言いながらも、渋々と議会選挙の結果を認定せざるをえなかった。[52] おそらく二大政党から選挙が盗まれたのだろうが、メーン州の市民の手で民主主義が取り戻されたのである。素晴らしいことだ。

この無党派層の大きな勝利は、スタンフォード大学の政治学者ラリー・ダイアモンドの目を引いた。「投票の選択肢を増やしたくない二大政党と選択肢を増やしたい有権者の溝が、これほどはっきり露呈した政治闘争は近年のアメリカ史上まれに見るものだ。（……）多くの改革が必要だが、ＲＣＶはアルキメデスのテコの原理になりうる。小さな力で重たいものを動かせるのだ[53]」。

メーン州で実現できたなら、この国でも実現できるだろうか。序盤戦では心強い報告が届いており、運動が勢いづいている。本書で見たように、政治のイノベーションでは勢いが強力な力を発揮する。ＲＣＶを広げようという取り組みは、すでに全米各地で進んでおり、[54] ２０２０年の大統領選の予備選では、６つの州がＲＣＶを通じて民主党候補を選出する計画だ。[55] メーン州が最初で最後の例になることはない。

メーン州、カリフォルニア州、ワシントン州の成功と失敗を検証すれば、政治のイノベーションに立ちはだかる壁と、その乗り越え方が見えてくる。理想的には、3州で旗振り役となったイノベーターが、意欲あふれる後進のイノベーターのためにチェックリストをまとめてくれればよいのだが、政治改革に携わる多くの人が重々承知しているように、ミネソタ州でうまくいった手法が、オクラホマ州でうまくいくとは限らない。ましてやカリフォルニア州でうまくいくだろうか。各州の土地柄と歴史はアメリカの大きな強みだが、各州固有の事情を考慮して正しく理解しなければ、長続きする制度は実現できない。すでに政治の改革で素晴らしい成果を上げている州もあれば、まだ改革が始まったばかりの州もある。民主党と共和党が果てのない争いを繰り広げている州もあれば、二大政党のいずれかが完全に実権を掌握している州もある。

州によってこうした微妙な差はあるが、ファイナル・ファイブ投票を実現するための包括的なガイドラインを提示しておく意義はあるだろう。このガイドラインは、事細かな指示を示したものではなく、大きな決断から重要な戦術まで、運動を前進させる上でもっとも勝算が高い基本原理をまとめたものだ。また、3万フィート上空の高みからこのガイドラインを投下するつもりもない。私たちには独自の地上部隊がある。著者のキャサリンは、ファイナル・ファイブ投票を実現する党派を超えた取り組み「デモクラシー・ファウンド」(ウィスコンシン州)の共同創設者兼共同議長だ。私たちはこのガイドラインを提言するだけでなく、日々戦いながら実践している。

選挙のイノベーションのガイドライン

政治のイノベーションの有効フロンティア（もっとも効率的な組み合わせ）とは何だろう。筆者は「最大限の効果を発揮でき、なおかつ実現可能なイノベーション」と定義している。この点は、あらゆる決断を下す際に重要になる。有効フロンティアの形は、州によってさまざまだ。すでに指摘したように、適切なイノベーションの構想だけでは――適切なアイデアだけでは不十分である。アイデアをどう実現するかを考え、必要最低限の支持を集めなければならない。そのために、本書では選挙のイノベーションの３つのガイドラインを提唱したい。

党派を超えた運動にする

党派的な考え方を持ち込めば、政治のイノベーションは失敗に終わる。イノベーションのプランはもとより、指導部、スタッフ、理事会、出資者のどのレベルでも党派的な偏りは禁物だ。共和党支持者、民主党支持者、無党派層を巻き込むこと、誰も仲間外れにしないことがポイントだ。党派を超えた総合対策であるファイナル・ファイブ投票に党派的な要素を加えてはならない。

２０１８年5月、著者のキャサリンは、さまざまな政治思想を持つウィスコンシン州ミルウォーキー市の著名なリーダーとイベントを主催した。政治の試合のルールを変えるべきだというプレゼンテーションを行った後で登壇したのが、リンド・ユーラインとアンディ・ナンメーカーだ。ユーラインは民主党一筋で、ウィスコンシン州ではリベラルな政策や候補を強く支持する人物としてよく知られている。ナンメーカーは筋金入りの共和党員で、２０１６年の大統領選では、ウィスコンシン州で唯一、ドナルド・トランプのための資金集めパーティーを主催した。ユーラインはその晩、「私たち2人は、投票や政策、選挙で意見が違う」と認めた上で、「アンディも私も、自分たちにとって何が貴重か、何が大切か、どんなふうに投票するかについて、意見を変えたことはない」と語った。

ナンメーカーはこう続けた。「それでも、次の点について私たちは一致している。いまの制度では、アメリカという素晴らしい国のよさを十分に発揮できない。政治の最重要課題に長期的な解決策を編み出せず、国が分断されてしまう」。

ユーラインとナンメーカーは、４００人近い参加者の前でウィスコンシン州の選挙制度を協力して変えていくと宣言した。そして、いまも全力を尽くしている。立ち上げ当初からグループに参加しているメンバー、そしてはるかに大所帯になったいまのグループの全メンバーと同じように。

コロラド州の初期のイノベーターで、フォーチュン５００企業の最高経営責任者（ＣＥＯ）を務めるケント・ティリは「ノアの箱舟」作戦で成功を収めた。[56] ティリはコロラド州に無党派の選挙区改正委員会を創設する運動に乗り出したが、右寄りの組織と左寄りの組織を巻き込んだだけではなく、シンプルなルールを守った。共和党員１人が運動に加われば、民主党員１人を新たに勧誘するというルールだ。こうしたバランスを取ったことで、ティリは政治の荒波を乗り越えることができた。有権者の間に「選挙区改正は、一方の政党が対立政党に対して有利に立つことを目指したものではない」「市民が政産複合体から権限を取り戻すことを目指したものだ」との見方が広がったのである。政治のイノベーションの目的は、分断ではなく結束をこれまで以上に強く促す政治制度を支えることだ。そうしたイノベーションを実現する過程でも、運動を始める第一歩から、同じことをすべきだ。

ローカライズ、ローカライズ、ローカライズ

民主主義の数あるルールを変えるのは州であり、その州に住む人々だ。成功を収めた州の取り組みの中心には、その州に住み、その州に愛着を感じながら改革を進める核となる熱意あふれる市民がかならずいる。それはメーン州のキャラ・マコーミックのような経験ゆたかな選挙運動員であったり、ミシガン州のケイティ・フェイヒィのような新しい草の根タイプの指導者

だったりする。指導部は地元の特性を理解して、州内各地の地域社会とつながりを持ち、さまざまな有権者に働きかけ、有権者を動かす必要がある。

繰り返しになるが、全米50州の独特な土地柄と歴史はアメリカの大きな強みの一つだが、それぞれの個性を尊重しなければ、反発を招く可能性があるし、反発を招くことになる。それに加えて、地方第一主義という大きな流れが、全米各地で根を下ろしつつある。こうしたボトムアップ型の運動は、私利私欲を図り機能不全に陥っている政産複合体が生み出した副産物でもある。ニューヨーク・タイムズ紙のコラムニスト、デヴィッド・ブルックスはこう書いている。「今日、地方第一主義が広がっている背景には、アイデンティティの面で多くの都市が国全体よりもまとまりがあるという事情もある。国政は過熱したメディア報道というフィルターを通じて進められるが、地方政治はおおむねそうではない。だからこそ地方第一主義が広がっている。地方第一主義が広がっているのは、社会への信頼が薄い時代だからだ。人々は自分のすぐ周りにある関係、現場にいる改革の旗振り役にしか信頼を寄せていない」[57]

地方のリーダーはどんな組織づくりをすべきだろうか。州のイノベーションを実現する取り組みを全国的な改革グループに丸投げすることはお勧めしないが、一部の全国組織には州支部があり、すでに確立した信頼のおけるプラットフォームを地方のリーダーに提供してくれる。とくに運動を立ち上げる際や、ガイダンス、資金調達の面で頼りになるだろう。たとえば、カリフォルニア州の選挙区改正では、コモン・コーズのカリフォルニア支部が大きな役割を果たした。とはいえ、組織を新たに立ち上げる地方のリーダーもいる。その上で、全国組織や全国の専門家と協力することも可能だ。

4層構造の連合をつくる

勝利を収める連合は、４つの重要な層で構成する必要がある。

- 【一般市民】現場で活動する組織化されたボランティア。
- 【上位の支援者】献金者。企業や市民のリーダー。金融資本、インフラ、専門的な助言、コネを提供してくれる全国組織。
- 【政治指導者】運動の信頼性を確立できる人々。立法上・法律上のハードルを乗り越える上で助けになる人々。
- 【著名なオピニオンリーダー】運動の注目度を高め、支持してくれる団体や個人（編集委員など）。

惰性と政治的な雑音を打破するのは、難しいこともあるが、この4つの層がそれぞれの役割を果せば、それが可能になる。イニシアティブ（住民提案）と立法府への働きかけは、現場の活動が根本的に違うように見えるが、共通点はある。成功を収める運動は、幅広い連合を形成した上で、有権者を説得して動かしたり（住民提案の場合）、政治家にロビー活動を行ったりしている（立法府への働きかけの場合）。

最後に、これは選挙のイノベーションのガイドラインというより世の中の現実といえるが、権力者からの抵抗を覚悟する必要がある。政治のイノベーションでは、政産複合体が生み出す不健全な競争と党利党略を優先する利益マシーンを打破することになる。そうなれば、当然、二大政党の多くの政治家が全力でこの作業を妨害しようとする。その一方で、一部の政治家や元政治家からなる強力な指導層――制度がいかに機能不全に陥っているかを認識し、勇気をもって「王様は裸だ」と宣言することを事実上選んだ人々――は、頼もしい存在にもなる。

抵抗を覚悟するということは、往々にして、トップクラスの運動を組織して運営する決意を固めることを意味する。目標を達成するには、相手よりもハードに、スマートに動く必要がある。抵抗勢力は本書では書ききれないほど数多くの強みを持っているのだ。そして、たとえ選挙のイノベーションを可決できたとしても、それは第一歩にすぎない。メーン州のケースで見たように、イノベーションを実行に移すのは、まったく別の話なのである。メーン州の事例は特異な例ではない。二大政党は、さまざまな州でイノベーションを廃止し、市民の意思を抑圧するため、法的な措置や立法上の措置を講じている。どんな運動も、こうした長期戦を覚悟する必要があり、最初の運動が終わっても何年も戦いが続く可能性がある。とはいえ、長期戦は絶対に避けられないわけではない。ティリはコロラド州の住民投票で成功を収めたが、その後、二大政党の反撃には遭わなかった。ティリ陣営が進めた運動では、先を見越して最初からすべてのサイドの政治家を巻き込んでいたため、そうした抵抗を防げたのである。したがって、抵抗には備えるべきだが、政治制度の内部から了承を取りつけて未然に抵抗を防ぐことが、ベストな対策だといえる。

立法機構——進行中の改革

選挙制度を再編するため、何百万人という市民が行動し、成功を収める事例が増えている。筆者の優先課題は、この動きに弾みをつけ、ファイナル・ファイブ投票に焦点を絞ること、また民主主義というハイウェイに起きている大渋滞を州から州へと解消していくことだ。次の目標は何だろう。すでに指摘したとおり、政治のイノベーションはイノベーションを生み、効果的で実現可能という点で最高の効果を見込める領域にさらに多くのアイデアが投入されていく。本書では、立法機構の改革を政治のイノベーションの第二幕として温存してきたが、議会の運営に詳しい市民はあまりいない。世間の注目を集める選挙戦に比べれば、立法過程が不透明である（また退屈だと思われている）ことが一因だ。

だが、立法の試合のルールを変える一世代に一度のチャンスが到来しつつある。ファイナル・ファイブ投票を通じて多数の新しい政治家を選出できれば、次にエネルギーを注ぎ込んで支えるのは「議事手続きの起業家」という新しいグループだ。こうしたグループが議会のイノベーションという次の波に乗れるよう、動機づけをして支援していくのである。

政治学者のロジャー・デヴィッドソンはこう書いている。「どの時代も、すくなくとも一部の議員が制度自体に強い関心を呼び起こす。議会はどう運営されているのか、議会の長所をどう伸ばしていくのか、議会の機能をどのように向上できるのかといった問題だ。こうした議員を『議事手続きの起業家』と呼べるかもしれない[58]」。たいていの議員は、制度の運営方法に縛られて、現状をそのまま受け入れる。いまのルールの縛りのなかでベストを尽くす術を学んでいくのである。だが、ルールを変えようという議員も出てくる。こうした内部からの改革の動きは、たいてい失敗に終わる。議会には、素晴らしいアイデアを実行に移せなかった善意の取り組みの残骸が散乱している。委員会を設置して重要な問題を提起しても、膠着状態に陥る、もしくは報告書がほこりをかぶったまま棚ざらしになるというパターンだ。

議会に挑戦状を突きつけるそうした取り組みの一つが2019年に始まった。その年の1月、「議会現代化特別委員会」が設置された。「議会はなぜここまで国民の期待に応えられないのか」「この問題にどう対処すればよいのか」という点を調べることが目的だ。ワシントン・ポスト紙によると、「議会現代化特別委員会は議会でも最重要の委員会の一つだが、仮の事務所スペースしか与えられていない。フルタイムの議会スタッフはたった2人だ。公聴会を開くときは、他の委員会の部屋を借りている」。だが「そうした不利な状況にもかかわらず、議会現代化特別委員会は超党派のアプローチを進めており、第116議会でとくに重要な成果をあげる可能性がある」[59]。

この特別委員会には、超党派の合意で幅広い裁量権が与えられており、議会が国のために本当の成果をあげる上で障害になっているルールや手続きをあぶりだすことができる。これまでのところ、50件近い提言を全会一致でまとめた。どうすれば最良の基本的な体制を構築できるのかといった提言（スタッフの数、研修、事務手続きの効率化など）のほか、議会調査局の拡充に向けた投資、議会技術評価局の再設置といった野心的な提言も盛り込んでいる。議会調査局と議会技術評価局は、ニュート・ギングリッチ下院議長が進めた議会の無党派インフラの解体で縮小・廃止された議会の補助機関だ。こうした一連の提言は、すべての議員が政党を問わず仕事を円滑に進められるよう、問題点について落としどころを探る取り組みといえる。

この特別委員会は、すくなくとも、立法機構の改革が理論上は可能であることを示したという点で評価できる。筆者も提言の大半を支持している（もっとも、本書の執筆時点では、どの提言もまだ採用されていないが）。ただ、この委員会が立法機構を再構築して、大変革を起こすと期待すべきではないだろう。改革派の有力議員が主導する控えめな取り組みであり、議会全体を巻き込んで議会のルールを書き換える運動に結実するものではない。この委員会の設置自体が内部の妥協の産物であり、いまの議会で最高権力を握る党指導部が、党派色の濃い立法機構を根底から変える必要性を認識しているわけではない。立法機構の合理化を目指すいまの動きは、まだ揺籃期にある。ただ、そうした現代の「議事手続きの起業家」が存在するということ自体、学べる点があるし、心強いことだ。また、ネブラスカ州のジョージ・ノリスのような無所属の指導者からも学ぶことができるし、ヒントを得られる。遠い昔、ノリスは身をもって知った腐敗した立法機構を――連邦レベルでも州レベルでも――変えることを要求した。

革新派の造反者だったノリスは下院議員を10年にわたって務めたが、任期の終わりが近づいた1910年、いわゆる「キャノンへの反乱」を主導し、当時の党派的な立法機構を解体した（第4章参照）。この取り組みは、後にジョン・F・ケネディのベストセラー『勇気ある人々』でも取り上げられている[60]。ノリスは、党派的な立法機構に代えて、超党派委員会を中心とする新たな立法機構の基礎を築いた。先任者優位制を通じて政党の圧力を遮断したのである。この構造はその後数十年かけて手直しされ、「教科書通りの議会」が誕生した（先に述べたように、アメリカ人にとっては、子供向けの教養番組「スクールハウス・ロック」で教わったとおりの議会といったほうがわかりやすいかもしれない）。

ノリスは1913年から1943年にかけて30年間、上院議員を務めたが、ワシントンDCだけでなく、地元ネブラスカ州でも優れた統治を目指して改革を続けた[61]。ネブラスカ州の住民は、何十年にもわたって、州議会を再編して統治の過程から（トウモロコシの皮をむくように）党派性を剝ぎ取ろうとしていたが、結果を出せなかった[62]。だが、1930年代の大恐慌で市民の不満が最高潮に達すると、ノリスは地元に戻って運動を主導する。[63]「模範的な立法委員会」を共同で立ち上げた州内各地の有力市民のグループと協力し、新しい州議会の設計図を書き上げたのである。[64]アメリカ法曹協会、アメリカ銀行協会といった有力組織や、元議員・現職議員、大半の主流派メディアから幅広い反発を招いたが、この設計図は１９３４年11月に住民提案の形で可決された。[65]革命的だが思慮深い設計は、いまなお健在だ。

たいていのアメリカ人はネブラスカ州の政治についてほとんど何も知らない。（もちろん、ネブラスカ州の住民は別だが）すこし覗いてみてはどうだろう。ネブラスカ州議会は一院制だ。ノリスは、この一院制が必要不可欠だと考えた。上下両院の意見をすり合わせる非公開の両院協議会が利権争いの温床になると感じていたためだ。

ただ、本書の立場からすると、ネブラスカ州議会でもっとも興味深いのは、この一院制ではない。本当の意味でのイノベーションは、一院制が超党派の立法機構を体現している点にある。[66]政治家を少数党と多数党に分けるのではなく、すべての政治家が対等な一つの集団として仕事をする。ネブラスカ州の一院制議会にも、連邦議会同様、共和党議員と民主党議員がいるが、[67]連邦議会とは違って、ネブラスカ州議会は、そうした分断を中心に設計されてはいない。政党には公認の院内総務も院内幹事もおらず、[68]委員会の委員と委員長のポストは、党派色の濃い運営委員会ではなく、超党派の「委員会に関する委員会」で決められる。[69][70]議長は多数党のプランを実行に移す党派的な政治家ではなく、すべての議員の仲介者である。一院制議会の初代議長チャールズ・ワーナーは「私たちは、いかなる政党や団体にも忠誠を誓う必要はない。私たちはネブラスカ州の市民全員に対して責任がある」[71]と述べた。いまのワシントンとは天と地ほどの差がある。

こうした独特な構造が、よりよい成果を生み出している。ネブラスカ州では、党の方針に沿った投票が他の州に比べて格段にすくなく[72]、個々の問題に応じて党派を超えた連合が結成される傾向がある[73]。法案をめぐって議員が所属政党から離反することは珍しくない[74]。たとえば、２０１４年には一院制議会の過半数議員が共和党議員として登録していたが、予算案に対して共和党知事が発動した拒否権を覆している[75]。２０１５年にも、死刑廃止法案に対する知事の拒否権を覆した[76]。２０１６年には、不法移民に専門職資格の取得を認める法案に対する拒否権を覆している[77]。党への忠誠心が欠けることに嫌気が差した知事は、党派心のある「政党綱領を守る共和党議員」を選ぶよう有権者に呼びかけたが、これに対し両党議員は共同声明を発表し「特定の政党ではなく、ネブラスカ州憲法を支持する」意向を再確認した[78]。

市民としてのいまの私たちの務めは、こうした精神と制度をワシントンＤＣに取り戻すことにある。ネブラスカ州のように、政党支配を排して、公共の利益につながる問題解決を促す過程をつくるため、連邦立法機構を再構築するのだ。そこで歩みを止めてはならない。ネブラスカ州をお手本に政党による政治支配を排した後は、さらに先に進み、議会を再設計して最良の問題解決手法を導入する必要がある。第５章で提唱したように、この再設計には連邦議会の新たな設計図を描くネブラスカ州の「模範的な立法委員会」のような新しい委員会が必要だ。[79]

アメリカをもう一度つくり直す

「私たちには世界をもう一度つくり直す力がある」。思想家のトマス・ペインが1776年にフィラデルフィアで発行した小冊子『コモン・センス』には、当時の気風を示すこんな言葉がある。アメリカ植民地の人々がペインの言葉に共感し、行動を起こさなかったら、この大胆な発想《アイデア》は単なる野心的な言葉として記憶されていたかもしれない。ことによると、忘れ去られていた可能性もある。

それから250年近く経つが、アメリカ独立革命の精神は、いまも多くの人々の共感を呼ぶ。メーン州やカリフォルニア州などの取り組みが成功をしたことを受けて、私たちの心の奥底にある民主的な反逆精神が再び刺激されている。だが、ここで懐疑心が頭をもたげる。ファイナル・ファイブ投票が本当にそれほど効果的なら、とうの昔にその点が理解され、実現しているはずではないか。すくなくとも、どこかで耳にしたことがあるはずだ——。だが、政治でも他のどんな産業でも、イノベーションとはそのようなものではない。アイデアが生まれる瞬間はあるが、それが定着するには、往々にして長い時間がかかる。のちにアップルやグーグルとなるスタートアップ企業は、かつてのある時点では、ガレージや学生寮で数人がはじめたプロジェクトにすぎなかった。政治のイノベーションの場合は、すでに定着した政産複合体が新しいアイデアを潰して普及を妨げようと画策している。

革新主義の時代を思い出してほしい。イノベーションは最終的には急速に広がったが、それはある程度の勢いがついた後の話だ。成功は熱意ある市民の絶え間ない努力の上に成り立っていた。グループを立ち上げ、情報を広め、構想を実行し、政治家に働きかけた人々だ。アイデアだけでは不十分だ。実行に移さなければならない。

今後はファイナル・ファイブ投票のアイデアを広める必要がある。全米で採用して実行に移すため、東海岸から西海岸まで旗振り役となる一部のイノベーターを投入していく。勝利への道、敗北への道を示してくれた民主主義の実験場の先行事例のおかげで、行動が成果を出しつつあることはわかっている。今後もいばらの道は続くだろう。とくに二大政党が定着している現状ではそうだ。転機をもたらすには、各州独自の歴史、政治的風土、政党への忠誠度、民主的なルールを踏まえた上で、多くの州の多くの関係者が賢明な決断を下し、持続的な取り組みを進める必要がある。だが、大きな州でも小さな州でも、共和党が優勢な州でも、民主党が優勢な州でも、転機をもたらす政治のイノベーションは実現可能だ。合衆国には50の州があり、政治のイノベーションの口火が切られることを待っている州がたくさんある。

一緒に口火を切ってみませんか。

口火を切るには、「どうせ駄目だ」という政治に対する無力感を振り払い、懐疑心をリーダーシップに変える必要がある。私たちは民主主義の下で無力ではない。傍観者でもない。つくり上げていく人間だ。「戦うボブ」として知られたウィスコンシン州のロバート・ラフォレット元上院議員が素晴らしい言葉を残している。「アメリカは出来上がったものではない。まだつくっている最中だ。政府に代表を送り込んで維持するという戦いに終わりはない。受け身の市民では駄目だ。間違ったことを積極的に進める人間から政府を守りたいなら、正しいことを積極的に進める必要がある」[80]。

私たちには「代表なくして課税なし」とイギリスに抵抗し、「すべての人は生まれながらにして平等だ」という画期的な発想《アイデア》を基に新国家を建設するという大胆さがあった。町の公会堂で声を一つにするのであれ、ワシントンDCの抗議デモで一斉に声を上げるのであれ、アメリカを新しくつくり直すため、市民は何度も結集してきた。私たちがつくり上げているのは、ジョン・マケインの胸を打つ言葉で言えば、「激しいエネルギーに満ち溢れ、体当たりで戦う、大胆不敵で、美しく、ゆたかで、勇敢な、堂々たる大国」なのである[81]。

いま、私たちはアメリカの民主主義をもう一度つくり直すことを求められている。現状にうんざりした市民の間には、運動のエネルギーがみなぎっている。現時点では、戦略を定めた統一運動ではなく、問題の発生を受けた散発的で衝動的な反応がみられることが多いが、そうしたアプローチは変えなければならない。問題の根本原因――不健全な競争で腐敗した政治制度――の是正にそうしたエネルギーを振り向けなければならない。第一の優先課題がファイナル・ファイブ投票だ。投票方法を変えることで競争のあり方を変えるのである。

　アメリカの政府は過半数による政府ではなく、参加する過半数による政府だとよく言われる。従来は、投票することで参加すべきだという考え方が多かった。一部の有権者はさらに一歩進んで、候補者に献金をしている。さらに少数の人は特定の候補や政策への支持を熱心に呼びかけている。だが、そのいずれでも十分でないことが明らかになっている。試合のルールの設計自体に参加する必要もあるのだ。

　いまの私たちの共通課題は、政治制度を改革して、公共の利益につながる健全な競争を取り戻すことだ。党派心という殻に閉じこもっているわけにはいかないし、政治の場から完全に身を引くこともできない。民主主義のために戦う必要がある。これまで見てきたように、この戦いには多数の有権者の協調した取り組みが不可欠だ。

　いまこそ投資すべきだ。

結論

政治のイノベーションへの投資

Invest in Political Innovation

本書は重要な特徴を示すことから始めた。まずは政産複合体が公的制度の内部に存在する民間産業だと指摘した。この特徴を踏まえれば、いまの問題の根本原因が見えてくる。私たちはもう「世界の模範となる『光り輝く丘の上の町』に住んでいる」と胸を張れなくなっているし、「誰にもアメリカンドリームのチャンスがある」とは信じ切れなくなっている。もはや「偉大なアメリカの実験が色褪せることはない」と断言できる状況ではない。

それでも、私たちはいまなお愛している。アメリカを愛しているし、アメリカ人であることを愛している。仲間のアメリカ人を愛し、アメリカという考え方を愛している。不完全だが努力を怠らないアメリカの可能性を愛している。

この壊れかけた国に対する愛をどうすればよいのだろうか。愛を生かすのである。

私たちは選挙機構のイノベーションから始める。全米のすべての州でファイナル・ファイブ投票を法制化しよう。それが実現すれば、連邦政府の政治家は再び有権者に説明責任を果たすようになるし、「公共の利益につながる結果を出せば再選される」という関係が取り戻される。その次は、健全で超党派の議会立法制度をゼロからつくり直さなければならない。歩み寄りと問題解決を実現する、模範的でしがらみのない立法府だ。こうした政治のイノベーションを組み合わせれば、健全な競争と歩み寄りが政治に戻り、制度が再び民主主義の原理に沿ったものになる。そうすれば、私たちの誰もが切実に必要としている重要きわまりない結果を出せることになる。私はこれを「自由市場型の政治」と呼びたい。

だが、結論を出す前に（そして読者に行動を呼びかける前に）もう一つの特徴を指摘しておかなければならない。現在設計されている形のアメリカの政治産業は、大半のアメリカ人にとって問題だが、ほぼすべての市民にはそれを変える個人的な力がない。すくなくとも初めのうちはそうだ。力があるというのは、自分の周囲にある構造を変える能力とリソースがあるという意味だ。社会科学者は、どちらが卵でどちらが鶏かという問題を長い間論じてきた。力が構造を決めるのか、構造が力を決めるのか。ただ、そうした問題は脇に置くとして、私たちは、民主主義と経済と社会が何十年にもわたって衰退した結果、国内の資産格差とチャンスの格差だけではなく、力の格差も拡大していることに気づいている。

多くのアメリカ人は苦しい生活を送っている。自分の周囲に高く聳え立つ制度という構造に立ち向かうため、生活を賭けてみずからの力を発揮できる市民はまれだ。たとえ度胸があったとしても、力と行動を実際に目に見える改革につなげられる世界に入場する切符を手にするには、現在、とてつもない費用がかかる。

しかし、この本の読者はそうではないかもしれない。

私もマイケルも、読者の皆さんがどんな方なのか、支持者から話を聞いて、イメージができている。ビジネスマン、技術者、慈善家、場合によっては政治家。読者がどんなキャリアを歩まれてきたのであれ、おそらく、いますぐに活用できる力とリソースをお持ちのはずだ。時間、専門知識、資金、人脈を組み合わせて、すでにご自分の周りの世界に影響を与えていらっしゃる。ご自分の力を積極的に投資されているからには、十中八九、ある程度の見返りを期待されているはずだ。卒業率を上げる、温室効果ガスの排出量を下げる、現代的な規制を導入する、もしくは古い規制を撤廃する――自分の取り組みの正しさを証明する目に見える成果という見返りである。

これまでは、政治を魅力的な投資先と考える人はすくなかった。また、政治に投資妙味があると考える人は、すでに定着している二大政党の政治家や政党に投資することが多い（はるかに少数だが、政治的に苦しい立場にある「選挙戦を妨害する」第三の候補、無所属の候補に象徴的な投資をする人もいる）。一部の投資家は腕を競い合い、投資で何かを「勝ち取って」いる。減税を手にしたり、自分に有利な判事を選出したり、新たな社会保障を受け取ったりといった具合だ。その一方で、優れた統治改革を目指す取り組みに力の一部を捧げている政治の投資家もいる。筆者はそうした改革の多くをすくなくとも基本的には支持する。

だが、本書で明らかにしたように、そうした優れた統治を目指す一般的な改革は、効果が乏しかったり、実現不可能だったり、もしくはその双方だったりする。そうした政策を「勝ち取った」ところで、せいぜいのところ、慰めにもならぬ慰めを得られるだけだ。というのも、全体で見れば、私たちは完全に負けているのだ。

読者には選択肢がある。ご自分の力を引き続き従来の分野で発揮し、皆さんがばらばらに(そして間違いなく高い志を持って)追い求めている理念を蝕む政産複合体の存続に間接的に手を貸すのか。それとも、21世紀の政治のイノベーションの波をさらに起こす方向にご自分の力を振り向け、党派的な膠着状態を打破して、私たちの民主主義を救うのか。後者の場合は理念をひとつ残らず追求していくことになる。大転換を起こさなければ、いまの政治制度は教育、環境、経済など諸々の分野にさらに悪影響を及ぼし続ける。政治産業に大変革を起こせば、一人で実行するよりも多くのことを実現でき、民主主義というアメリカの神聖な領域を守ることができる。

「多くを授かっている人には多くのことが求められる」。少女時代、私は父からそう言われるようになった。父はウィスコンシン州で私がのちに後を継ぐことになる会社を経営していた。アメリカには十分なチャンスを授かっていない人があまりにも多い。地域社会と仲間を助けていけるほどのチャンス、この戦いをリードしていけるほどのチャンスを授かっていない人々だ。歯止めの利かない巨大な政治制度が生み出す帰結は、たいていのアメリカ人には既成事実となっている。私たちが何年もかけてこの運動を進めてきたのは、アメリカという偉大で多彩な社会を構成する母親たち、父親たち、娘、息子、友人、同僚の生活と未来のためにほかならない。だが、そうした人々に対して、限られた個人的な力を政治のイノベーションに振り向けてもらうようお願いするのは、公平ではないし、現実的でもない。

私たちが振り向けてもらいたいと願っているのは、あなたの力なのです。

私が初めて自分の力を振り向けたとき、周りの人からどんなプランがあるんだと聞かれた。政治のイノベーションのプランの大枠を説明すると、みんな同じような顔をして皮肉交じりに「うまく行くといいね」と言われることが多かった。一緒になって笑うのは簡単だった。資産がある私たちは、あきらめて受け入れるというぬるま湯につかることができる。

だが、この運動は真剣きわまりないものだ。何世代にもわたる社会・経済の失敗を踏まえた、国の安全保障を踏まえた、世界の行く末を踏まえた真剣なものだ。もし政治のイノベーションについて話をし、戦っていくのはリスクが大きすぎるというなら、全米を支えている海外駐留兵、先生や消防士、二つの仕事を掛け持ちしているシングルマザーは、間違いなくリスクについて私に言いたいことがあるはずだ。私だけでなく、悩める評論家にも。

セオドア・ローズベルトもそうだろう。私はローズベルトにあやかって息子の名前をつけた。

2017年の夏、生まれたばかりの息子を何週間も膝の上で寝かせながら、私は政治に関する私たちの最初のリポートを書き上げた。「大切なのは『力のある男もつまづく』とか、何かを実行した人に『もっとうまくできた』と指摘する評論家ではない。称えるべきは、現場に身を投じ、ほこりと汗と血にまみれた顔で（……）大切な理念のためにみずからを捧げる人々だ。そうした人々は、最高の場合、最後には偉業という勝利の味をかみしめる。最悪の場合、失敗しても、すくなくとも果敢に挑んだ上での失敗であって、勝利も敗北も知らない冷淡で臆病な人間とはまったく別の人間になれる」。

読者の皆さんには単純な質問に答えて頂きたい。機能不全に陥った政治産業が今後もアメリカの医療、繁栄、安全保障の行方を決めていくのか。それとも、あなたが決めていくのか。もし答えが「あなた」なら——ぜひともそうあってほしいと私は願っている——どのようにして、この世界に足を踏み入れ、政治のイノベーションにご自身の力を投資するのが最適なのか考えて頂きたい。

投資の仕方——伝える、参加する、創設する、そして資金について

政治のイノベーションへの投資は、メリットを伝えることから始まる。それが進めば、今度は地元の州のイノベーション運動に参加することになる。そうした取り組みがまったく行われていないなら、ご自分で創設するために重要な一歩を踏み出すこともできる。

伝える

本書は政治の世界に一石を投じた。本書のメッセージが波紋を広げるためには、読者も一石を投じなければならない。とくに、つてのある有力な個人に働きかけてほしい。地元の州知事と知り合いなら、この本を渡してほしい。地元紙の編集者と知り合いなら、ファイナル・ファイブ投票を支持する論説を寄稿してほしい。候補者に献金しているなら、「政治のイノベーションのために戦ってくれなければ献金をやめる」と伝えてほしい。

多くの人は政治に不満を持っているが、政治を変えることはできないと思い込んでいる。そうした人には、解決策があるのだと伝えてほしい。会話で政治の話になったら（混迷が深まれば、そうした機会はますます増える）、「現状はあるべき姿ではない」「機能不全は仕組まれたものだ」「私

たちにはよりよい結果を出せる新しい制度を設計する力がある」とはっきり主張してほしい。話をし、ツイートし、メールを送り、それを繰り返してほしい。www.GehlPorter.com にアクセスして、記事やポッドキャストや動画など、私たちが提供しているものを一切合切シェアしてほしい。

政治的に正しいかどうかを気にして口を閉ざしてはいけない。おかしなことに、現在では政治的な会話を慎むことが政治的に正しいことになっている。政産複合体が二極化を生み出したから、政治の話を避けるようになったことを忘れないでほしい。あなたの言葉が対抗手段になる。あなたが伝えることで、どんな本よりも大きな影響を及ぼせる。本だけでは限界がある。

次の点を考えてみてほしい。親しい友人や家族が困り果てていたとする。もしあなたが解決策を思いついたら、何が何でも伝えるはずだ。民主主義にも同じ情熱が必要になる。家族の集まりや企業のイベント、カクテルパーティーで、いまこそ、もう一度、政治の話をしよう。本当にどんな場所でも構わない。私はこの1年間、飛行機に乗るたびに隣になった人と話をして(ほぼ)100%成功を収めてきた。嫌々ながらも話を聞いてくれる人を逃してはならない。

参加する

直接民主制という選択肢がある26州のいずれかに住んでいるなら、次の選挙期間にも「上位5人を選ぶ予備選」と「本選での優先順位つき投票」の是非を問う超党派の住民投票実施に向けて、支持を訴えていくことができる。残りの24州に住んでいるなら、連合を結成し、集団としての市民の力を活用したロビー活動を行い、政治家に議会での法案可決を要求することができる。

あなたは一人ではない。あまり知られていないが、政治のイノベーション産業は何年にもわたって重要な成果を出しており、存在感を増し成長を続けている。私たちのサイトでは、イノベーションの実現に向けてノンストップで活動を続ける全米各地のたくさんの素晴らしい組織を参考のために詳しく紹介している。マイケルと私も、いくつかの組織と手を組んでいる。ユナイト・アメリカ、リーダーシップ・ナウ、ビジネス・フォー・アメリカ、デモクラシー・ファウンドといった組織だ。大規模な組織はたいてい州支部があるので、あなたの地域社会でもイノベーターがすでに活動している可能性が高い。揺籃期にあるこの政治のイノベーション産業は、驚くほど流動的で、新しい組織や新しい運動が絶えず生まれている。最新動向をチェックしたい場合や、地元の州で活動している組織を探したい場合、また運動に参加する方法を知りたい場合は、私たちのウェブサイトwww.GehlPorter.comにアクセスしてほしい。FAQ（よくある質問）も大量に用意してあり、随時更新している。

創設する

地元の州でファイナル・ファイブ投票を目指す積極的な運動が行われていない場合は（この運

動はまだ初期段階なのでその可能性は高い)、ご自分で創設してほしい。すでに指摘したとおり、どんな運動も、熱意のある地域のリーダーが結束して立ち上げる必要がある。あなたはそうしたリーダーになれる。政産複合体を前にすると自分は無力だと思われるかもしれないが、やる気に満ちた市民であるあなたには、あなたが思う以上の力がある。改革を目指す全国組織の多くは、新しい運動の立ち上げを喜んで支援してくれる(オープン・プライマリーズ、フェアボート、レプレゼントアスなど)。投資の対象とする政治のイノベーション運動を積極的に探している個人・組織も増えている(私が理事を務めているユナイト・アメリカ・ファンドのほか、アーノルド・ファンデーションなど)。文化人類学者マーガレット・ミードの言葉を思い出してほしい。「知識があり覚悟を決めたからといって少人数の市民では世界を変えられないと絶対に思ってはいけない。実際に世界を変えてきたのはそうした人々にほかならない」。www.GehlPorter.com まで連絡してほしい。私たちが立ち上げを支援できる。

資金

アメリカには慈善活動という素晴らしい伝統がある。ウォーレン・バフェットとビル・ゲイツ、メリンダ・ゲイツが大富豪に寄付を呼びかける「ギビング・プレッジ」を立ち上げて以降、何百人もの世界の富裕層が自分の資産のすくなくとも半分を慈善活動に寄付する意向を表明した。総額にして数千億ドルにのぼる。ただ、これはほんの一部にすぎない。アメリカ人による年間の慈善寄付は2017年に総額4100億ドルに達した。これに加えて、数えきれないほどの理念を掲げて社会のさまざまな課題に取り組むアメリカ人が、ボランティア活動に時間とエネルギーを費やしている。だが、慈善活動は有意義で心温まるものだが、連邦政府や州政府の予算に比べると、金額は雀の涙ほどだ。両政府は2017年度に毎月ほぼ同じ額（約4050億ドル）を支出している。[1] 慈善活動が優れた政府の代わりになることはない。

世界最大の慈善団体を運営するメリンダ・ゲイツは、この点を痛感している。「財団を始めて最初に学んだ教訓の一つは、惨めなものだった。私たちの資産は、世界中のニーズに応えるには、あまりにもすくなすぎる。政府がそうしたニーズに毎年費やしている資金のごくわずかな比率を占めるにすぎない」[2]。わずかな比率とは具体的にどの程度の比率なのか。全体像を把握してみると、ビル&メリンダ・ゲイツ財団の基金は500億ドルを超えている。これは巨額にみえるが、ビル・ゲイツが言うように「カリフォルニア州は公立学校を1年間運営するだけで私たちの基金全額を超える資金を支出している」[3]。

アメリカ経済・社会の発展を実現する上で単一で最大の障害になっているのが、いまの政治制度だ。問題は山積し、国はさらなる分断と危機に陥っており、これまでと同じアプローチに頼るわけにはいかない。新しい形の慈善活動――「政治を変える慈善活動」が必要だ。政治を変える慈善活動では、今日実現可能な最大限の投資収益率を期待できる可能性がある。理由は単純で、とてつもなく高いレバレッジをかけられるためだ。

ヘッジファンドの有能な運用担当者なら、レバレッジとは力を増幅するものだと説明してくれるだろう。すべての社会問題を民間の寄付だけで必死になって解決しようとするのではなく、政治を変える慈善活動を通じて限られた資金にレバレッジをかけて、政府が出す結果を改善するのである。ガバーン・フォー・カリフォルニアの共同設立者デヴィッド・クレインが主張するように、政府の運営、政策の選択、政策の施行を改善すれば、はるかに効率的に資金を活用できる。そうした改善を進めれば、医療、公共教育、貧困対策など、数えきれないほどの分野で大きく進展を後押しし、市民の生活を実際に変えることができる。[4] 現状を憂慮する慈善活動家は、いまこそリソースの一部を民主主義の再活性化という理念のために振り向けるべきだ。

また、企業経営者がこの理念のために立ち上がり、役割を果たすべき時でもある。

皮肉なことに、企業はアメリカの競争力低下に苦しんでいるが、一般市民は競争力低下の原因が企業にあると批判することが多い。ただ、企業をそう簡単に許すわけにもいかない。多くの企業は、二大政党の党派的な駆け引きに関与することで、国力の低下を招いているのだ。

しかし、ここで指摘すべき点がある。結果を出せる健全な民主主義は公共の資産であり、インフラ、教育制度、環境よりも価値がある。というのも、アメリカのこれらの重要な側面は、政治の行く末と盛衰をともにするからだ。この重大な関係と向き合い、この病んだ公共資産を保護する上で、ほかにはは真似のできない独自の役割を果たせる立場にあるのが、企業と企業経営者だ。

イノベーションの素晴らしさを企業以上に巧みに伝えられる人はいるだろうか。健全な競争の力と不健全競争のリスクを企業以上に理解し、専門知識を力に変えられる人はいるだろうか。問題解決と説明責任を促す組織活動の価値を企業以上に認めている人がいるだろうか。

もしかすると、「政治に一番期待できるのは自社に有利な条項を一括法案に盛り込んでもらうことだ」と考えていた企業経営者も、この本を読んで見方が変わったかもしれない。企業経営者は別の役割も果たせる。政治のイノベーションのために、創設し、リーダーシップを発揮し、資金集めをするという、もっと刺激的で社会に転機をもたらす役割である。その点をご理解頂ければ幸いだ。

企業経営者が、本書で提唱した政治制度のイノベーションを公の場で精力的に支持し、いま急成長している企業市民としての責任を果たす連合に参加すれば（これは新しい規範と最良の手法を目指す運動で、筆者も奨励している）、すべての市民のために壊れた政治を改革できると同時に、事業環境全般を改善でき、しかも「企業が所有する特別利益団体が問題の根本原因だ」という一般的な見方に反論することができる。これは一石二鳥にも三鳥にもなる。

企業は、いまこそ新しい役割を担うべきだ。損益だけを考える視点から、アメリカという偉大な国の健全性も含めたバランスシート全体を考える幅広い視点に移行する必要がある。

企業経営者と政治を変える慈善活動家の場合は、かならずしも地元の州の取り組みに活動を制限する必要はない。すでに指摘したように、ファイナル・ファイブ投票は、全50州で導入されるかなり前の段階で効果を発揮する。一握りの州が健全な競争を取り戻すだけで、問題を解決する議員という支柱を建てることができ、そうした議員が政治制度の生み出す結果を変えていく。政治を変える慈善活動家はユナイト・アメリカの全国基金に寄付してもいいし、全米で一番有望な政治のイノベーション運動を探して地元住民と一緒に投資してもいい。よく言われるように、運動が起きているところに資金を投じるのである。

一体いくら必要になるのかという質問をよく受ける。これは重要な問題だ。私の考えでは、政治を変える慈善活動――「全体の利益を目指す特別利益団体」――は、今日行われているどんな慈善投資活動よりも高い絶対投資収益率を上げられる可能性がある。必要となる資金が、それほど巨額ではないことも理由の一つだ。[5]

投資額を見積もってみよう。ファイナル・ファイブ投票を実現するためのコストは、小さな州の議会で可決する場合は約５００万ドル、カリフォルニア州など大きな州で住民投票を実施する場合は２０００万～２５００万ドルだ。多めに見積もって平均すれば１５００万ドルで、20州で3億ドルとなる。この3億ドルは、２０１６年の連邦選挙に投じられた金額の５％弱だ。ファイナル・ファイブ投票の普及に投じるこの3億ドルは、総額4兆ドルにのぼる政府支出の効果を長期にわたって左右し、民主主義の行く末を変えることができる可能性がきわめて高い。これは効果的で実現可能だ。政治のイノベーションを実現する慈善活動に関心のある方は、私まで連絡してほしい（katherine@katherinegehl.com）。

……将来のことを考えると胸が高鳴る。民主主義の実験場は、そうした考えが正しいことを――もしくは、正しくするためには何が必要かを――教えてくれるだろう。私たちは、アメリカ人にふさわしい成果を出す政府を実現するため、必要な制度改革を進めていく。私の高揚感は脇に置くとしても、アメリカの重要きわまりないイノベーションの歴史の一コマを振り返らずにはいられない。

１７８７年夏、フィラデルフィアの議事堂に数十人の代議員が集まった。代議員の多くは、わずか10年ほど前、同じ場所でアメリカの独立を宣言していた。場所は同じだったが、今回はムードが違った。わずか10年ほど前に不可能を可能にし、イギリスに勝利したばかりのアメリカは崩壊の瀬戸際にあった。

連邦政府が破綻し、戦争で累積した債務の返済に必要な資金を調達できない状態に陥っていたのである。各邦《ステイツ》も似たような危機に見舞われていた。一部の邦は通貨を増発し、インフレで負債を減らそうとしたが、経済繁栄ではなく混乱を招いただけだった。増税に踏み切ったことで武装蜂起が起きた邦もあった。問題が山積するなか、跳ね橋を上げて、近隣の邦との通商を停止する例が相次いだ。国内の保護主義は不況を悪化させる一方で、のちの大恐慌よりも深刻な状況に陥った。建国間もないこの国が存続できるかどうか、予断を許さない状態だった。

このフィラデルフィアで開かれた憲法制定会議に出席した代議員は、政治制度の設計に問題があることに気づいていた。独立戦争時に急いで起草した連合規約では、新しい国を前進させるどころか、13邦をまとめることすらできなかったのである。憲法起草者は酷暑のフィラデルフィアで、4ヵ月間、議論し、争い、歩み寄った。

その年の9月に合衆国憲法の最終案への署名が行われたとき、最高齢の代議員だったベンジャミン・フランクリンは、ジョージ・ワシントンが座っていた椅子の背後にかけてある太陽を描いた版画を見つめていた。フランクリンはこう述べている。「議長の背後を（……）よく見ていたが、朝日なのか夕日なのか判然としなかった。だが、嬉しいことに、ようやく、夕日ではなく朝日だとわかった」[6]。

もっともフランクリンは、アメリカが朝日のように確実に上り続けるかどうか定かではないことも知っていた。式典が終わり、痛風に苦しんでいたフランクリンが足を引きずって、いまは独立記念館となっている建物を出ると、外では非公開で起草されていた新しい憲法を一目見ようと、大勢の見物人が集まっていた。ある女性が「先生、結果はどうでした？　共和制ですか、君主制ですか」と問うと、フランクリンは重い足取りとは対照的に、素早い機転を利かせてこう答えた。「共和制だ。維持できればの話だが」[7]。

私たちは維持できるのだろうか。これが現代の課題だ。

私たちは一緒に課題に向き合わなければならない。マイケルも私も仲間に加わった。

あなたは、どうしますか？

――キャサリン・ゲール

2016, http://www.foxnews.com/politics/2016/04/21/ nebraska- lawmakersoverride-veto- to- allow-undocumented-to-obtain-state-licenses.html.

78. Press Release, Nebraska State Legislature, accessed February 2018, https://bloximages.chicago2.vip.townnews.com/journalstar.com/content/tncms/assets/v3/editorial/7/59/7593b6c2-5e4a-5718-9024-6e0329d85f8f/574db362c5137.pdf.pdf.

79. ワシントンの立法機構を再構築する案については、すでに多くのエネルギーが注がれている。超党派委員会の「プロブレム・ソルバー」のほか、非営利団体「イシュー・ワン」とハーバード・ネゴシエーション・プロジェクトの複数年にわたる取り組み「リビルド・コングレス・イニシアティブ」の呼びかけで、超党派の「議会現代化特別委員会」が設置された。シンクタンクの超党派政策センターが立ち上げた「機能する議会」プロジェクトでは、議会の効率を高め成果を出すためのルール改正を提言している。非営利団体の「Rストリート・インスティテュート」や「コングレッショナル・インスティテュート」なども、議会の制度を変えるイノベーションを促すため積極的に活動を進めている。

80. Nancy C. Unger, "Passive Citizenship Is Not Enough," *Origins,* March 29, 2007, http://origins.osu.edu/history-news/passive-citizenship-not-enough.

81. "Liberty Medal Ceremony," CNN, October 16, 2017, https://www.cnn.com/2017/10/16/politics/mccain-full-speech-liberty-medal/index.html.

結論

1. 州政府の歳出は連邦政府からの交付金を除く。州の歳出データ（2017年度）は以下を参照。National Association of State Budget Offi cers, State Expenditure Report (Washington: National Association of State Budget Offi cers, 2018), "Archive of State Expenditure Report," National Association of State Budget Offi cers, accessed June 2019, https://www.nasbo.org/ reports- data/ state-expenditure-report/stateexpenditure-archives; 著者の分析（連邦政府からの交付金の支出を除く）。連邦政府の歳出データ（2017年度）は以下を参照。Congressional Budget Office, "The Budget and Economic Outlook: 2017 to 2027," January 24, 2017, "The Budget and Economic Outlook: 2017 to 2027," Congressional Budget Offi ce, January 24, 2017, https://www.cbo.gov/publication/52370; 著者分析。

2. Melinda Gates, "The Best Investment America Can Make," CNN, April 20, 2017, https://www.cnn.com/2017/04/20/opinions/ melinda- gates- the-best-investment-america-can-make/index.html.

3. Seema Chowdhry, "Bill and Melinda Gates: The World Needs to Adapt to What's Happening and What We Know Is Coming," livemint, February 14, 2018, https://www.livemint.com/Companies/6XSuKEMMkD81F1Be6WJ04K/ Bill- and- Melinda- Gates- The- world- needs-toadapt-to-whats-h.html.

4. David G. Crane, "Tithe to Democracy— Donate to Well- Meaning Candidates," SFGATE, May 17, 2014, http://www.sfgate.com/opinion/article/ Tithe- to- democracy-donate-to-wellmeaning-5484784.php.

5. Crane, "Tithe to Democracy."

6. "Benjamin Franklin: Founding Father Quote," Founding Father Quotes, http://www.foundingfatherquotes.com/quote/913.

7. Suzy Platt, ed., "Respectfully Quoted: A Dictionary of Quotations Requested from the Congressional Research Service," in *Washington: Library of Congress, 1989, no. 1593,* via Bartleby.com, accessed March 2017, http://www.bartleby.com/73/1593.html.

数派も公式な議員総会がない。院内総務も院内幹事もいない。議長と常設委員会の委員長は議員の秘密投票で選出される」。以下参照。Masket and Shor, “Polarization without Parties,” 4.

69. Michael Dulaney, “Committee Structure of the Nebraska Legislature,” Nebraska Council of School Administrators, accessed February 10, 2018, http://legislative.ncsa.org/ nebraska-unicameral/ committee-structure-nebraska-legislature.

70. ネブラスカ州の第35代副知事を務めたキム・ロバクは「議長は政党に忠誠を誓わず、議員全体に忠誠を誓う」と述べている。以下参照。Kim Robak, “The Nebraska Unicameral and Its Lasting Benefi ts,” *Nebraska Law Review* 76 (1997).

71. *Lincoln Star,* January 5, 1937, as cited in Berens, *One House,* 45.

72. ネブラスカ州の点呼投票に関する調査では、一貫して政党の基盤が確認されていない。Welch and Carlson はネブラスカ州の点呼投票に関する研究でネブラスカ州議員の投票行動は「ランダム」だと指摘した。(議会が党派的だった) 1927年や (党派的な議会で活動した経験のある議員が過半数を占めていた) 1937年と比べると、1947年以降は政党と点呼投票の関係性が著しく低下している。データは以下を参照。Eric H. Carlson and Susan Welch, “The Impact of Party on Voting Behavior in the Nebraska Legislature,” in *Nonpartisanship in the Legislative Process,* John C. Comer and James B. Johnson (Washington, DC: University Press of America, 1978), as cited in John C. Comer, “The Nebraska Nonpartisan Legislature: An Evaluation,” *State & Local Government Review* 12, no. 3 (1980), 101. すくなくとも賛否が多少割れた1999～2000年の点呼投票を検証した Wright and Schaffner も「ネブラスカ州議員はさまざまな問題でそれぞれほぼランダムに投票している」と指摘した。以下参照。Gerald C. Wright and Brian F. Schaffner, “The Influence of Party: Evidence from the State Legislatures,” *American Political Science Review* 96, no. 2 (2002), 374. 同様に、すくなくとも賛否が多少割れた1999～2000年の点呼投票を検証した Schaffner によると「ネブラスカ州の政党の議員のイデオロギーにはばらつきがあり、両党の分布はほぼ完全に重なっている」。以下参照。Brian F. Schaffner, “Political Parties and the Representativeness of Legislative Committees,” *Legislative Studies Quarterly XXXII,* no. 3 (August 2007), 489. だが、1993～2013年の州議員の点呼投票を調べた Shor and McCarty によると、ネブラスカ州議会は他に例がないほどイデオロギー上の二極化が見られないわけではない (1990年代半ばは除く)。以下参照。Masket and Shor, “Polarization without Parties,” 5. これは2000年から始まった任期制限が関係している可能性が高い。任期制限が最初に発効した2006年には、法律により大量の現職議員が引退を余儀なくされた。政党は同年、議員の大量引退を利用して、政党の方針に従う可能性が高い候補を起用して訓練し、資金を提供した。

73. Masket and Shor, “Polarization without Parties,” 6–10.

74. 近年は任期制限の不適切な履行で状況が悪化している。Masket and Shor によると、州議会議員の任期を2期連続4年に制限する措置が2000年に可決されたことを受けて、一院制議会の二極化に大きな影響が出ている。同法の成立により、任期制限が最初に発効した2006年には大量の現職議員が引退を余儀なくされたが、政党は同年、議員の大量引退を利用して、政党の方針に従う可能性が高い候補を起用して訓練し、資金を提供した。ネブラスカ州議会は1990年代半ばには全米でも有数の二極化がすくない州だったが、これを受けて二極化のレベルは平均的な水準に向かっている (依然として平均を下回ってはいるが)。以下参照。Masket and Shor, “Polarization without Parties.”

75. “Unicameral Update,” accessed February 25, 2018, http://update.legislature.ne.gov/?p=15429.

76. Mark Berman, “Nebraska Lawmakers Abolish the Death Penalty, Narrowly Overriding Governor’s Veto,” *Washington Post,* May 27, 2015, https://www.washingtonpost.com/news/ post- nation/ wp/2015/05/27/ nebraska- lawmakers-offi cially-abolish-the-death-penalty/.

77. “Nebraska Lawmakers Override Veto to Allow Undocumented to State License,” Fox News, April 12,

応させる」という革新主義時代の理想に端を発している。以下参照。John P. Senning, *The One- House Legislature* (New York: McGraw- Hill Book Company, 1937), 42.

62. 革新主義の理想を実現する政治改革を検討していたネブラスカ州の合同議会委員会（議長ジョン・N・ノートン下院議員）は1915年、一院制議会を勧告したが、実行には移されなかった。ノートンらが提案した一院制議会の制定案も、1917年、1919〜20年のネブラスカ州憲法制定会議、1923年、1925年、1933年に否決されている。だが、議会が1933年の会期で「税制、酒類規制、議席配分改正で大失態を犯し」予算法案を可決できなかった後は、構造改革を求める世論が高まった。以下参照。James R. Rogers, "Judicial Review Standards in Unicameral Legislative Systems: A Positive Theoretic and Historical Analysis," *Creighton Law Review* 33 (1999) 69–70; Nebraska Legislature, "Inside Our Nation's Only Unicameral," (2018) 13; Charlyne Berens, *One House: The Unicameral's Progressive Vision for Nebraska* (Lincoln: University of Nebraska Press, 2005).

63. Seth Masket and Boris Shor, "Polarization without Parties: Term Limits and Legislative Partisanship in Nebraska's Unicameral Legislature," *State Politics & Policy Quarterly* (2014).

64. Berens, *One House,* 36; Senning, *The One- House Legislature.*

65. Berens, *One House;* Senning, *The One- House Legislature.* アメリカ議員協会が1934年秋に実施した世論調査によると、以下のグループでは過半数（50％超）が一院制議会に反対した。ネブラスカ州下院議員、連邦下院議員、州上院議員、連邦上院議員、アメリカ銀行協会、アメリカ法曹協会、新聞社編集委員、企業幹部。過半数が一院制議会に賛成したグループは以下の通り。アメリカ大学婦人協会、アメリカ労働総同盟、女性有権者同盟、政府調査協会、アメリカ政治学会。以下参照。"Two Houses— or One?" *State Government,* 207–208, as cited in *Unicameralism in Practice: The Nebraska Legislative System,* compiled by Harrison Boyd Summers, vol. 11, no. 5 (1937).

66. ミネソタ州では1913年から1973年まで超党派の議会があった。ネブラスカ州とは異なり、ミネソタ州は草の根運動の結果として超党派の選挙を採用したのではなく、州議員の発案で導入を決めた。興味深いことだが、ある種の偶然でこのシステムが採用されたのである。ミネソタ州では1913年に地方自治体と裁判所の選挙で超党派の選挙を義務づける法制案が提出された。20世紀初頭の革新的な州では一般的な提案だった。これに対し、保守共和党のグループを率いるA・J・ロックニーは、法案の可決を阻むため、州議会選も超党派の選挙とする「毒薬」修正案を提出した。これが大方の予想に反し可決された。法案は超党派の取り組みを意図したものだったが、1930年代後半には、州議会にリベラル派と保守派の二大イデオロギー派閥が形成されている。Seth Masket によると、議会外の利益団体がこうした議会の党派を維持する原因になっていた。結果的にミネソタ州の超党派立法機構は長続きせず、「公式」には1973年に政党投票に戻ったが、これは現状を追認したにすぎなかった。以下参照。Seth E. Masket, *The Inevitable Party: Why Attempts to Kill the Party System Fail and How They Weaken Democracy* (New York; Oxford: Oxford University Press, 2016), 84–104. ネブラスカ州とミネソタ州で異なる結果が出たのは、超党派の議会が設立された経緯の違いが原因である可能性が高い。ネブラスカ州では複数年にわたる市民運動があったが、ミネソタ州ではおおむね州議会の内部に限定された急激な動きだった。ここからは、歴史的意義のある改革には時間と透明性と市民の支持が必要だという教訓を学べるかもしれない。

67. 超党派の選挙手続きにもかかわらず、議員は依然として民主党か共和党に所属しており、有権者は別の手段で所属政党を確認できる。たとえばデンバー大学の Seth Masket とジョージタウン大学の Boris Shor によると、選挙戦を取材する新聞やオンラインの報道で候補者の所属政党が明示されることが多い。研究者や政治活動家は、メディア、州議会の投票記録、州政府が公表する名簿からこうした情報を容易に入手できる。以下参照。Masket and Shor, "Polarization without Parties," 4.

68. Masket によると「議会（一般には「ユーニキャム（一院制議会）」と呼ばれている）では多数派も少

49. Dennis Hoey, "Oscar Winner Jennifer Lawrence Lends Support to Ranked- Choice Voting," *Press Herald*, June 7, 2018, https://www.pressherald.com/2018/06/07/ oscar- winner- jenniferlawrence-lends-support-to-ranked-choice-voting/.
50. "Maine Question 1, Ranked- Choice Voting Delayed Enactment and Automatic Repeal Referendum (June 2018)," Ballotpedia, https://ballotpedia.org/Maine_Question_1,_Ranked-Choice_Voting_Delayed_Enactment_and_Automatic_Repeal_Referendum_(June_2018).
51. Larry Diamond, "A New Age of Reform," *American Interest*, November 16, 2018, https://www. the-american- interest.com/2018/11/16/a-new-age-of-reform/.
52. "Maine Gov. Signs Off on Congressional Race Results, But Calls the Election 'Stolen,'" CBS News, December 28, 2018, https://www.cbsnews.com/news/ maine- congressional- racegovernor-paul-lepage- signs-off-on-jared-golden-winner/.
53. Diamond, "How to Reverse the Degradation of Our Politics."
54. 2019年時点で7つの州(メーン、カリフォルニア、コロラド、メリーランド、マサチューセッツ、ミネソタ、ニューメキシコ)には、地方自治体の選挙でRCVをすでに導入している都市がある。これに加え、さらに4つの州(フロリダ、ミシガン、オレゴン、テネシー)には、地方自治体の選挙でRCVを採用したが、まだ実施していない都市がある。ユタ州では2018年、地方自治体に2019年の選挙でRCVの利用を認める試験制度が承認された(参加した都市はコットンウッドハイツ、リーハイシティ、ペイソンシティ、ヴァインヤードシティ、ウエストジョーダンシティ)。以下参照。"Ranked Choice Voting," Ballotpedia, accessed April 2019, https://ballotpedia.org/Ranked-choice_voting_(RCV)#Ranked_choice_voting_in_the_United_States.
55. アイオワ州とネバダ州では期日前投票でRCVを認める計画だ。ハワイ州、アラスカ州、カンザス州、ワイオミング州ではすべての投票者にRCVの利用を認める計画。"Where Ranked Choice Voting Is Used," FairVote, https://www.fairvote.org/where_is_ranked_choice_voting_used.
56. 以下参照。USC Price, "Terminate Gerrymandering: Engineering Victories in Michigan, Colorado, Utah, Missouri and Ohio," YouTube, January 15, 2019, https://www.youtube.com/watch?v=vWUXpMO3-88&t=102s.
57. David Brooks, "The Localist Revolution," *New York Times*, July 19, 2018, www.nytimes.com/2018/07/19/opinion/national-politics-localism-populism.html.
58. Roger Davidson, "The Advent of the Modern Congress: The Legislative Reorganization Act of 1946," *Legislative Studies Quarterly* 15, no. 3 (1990): 360.
59. Paul Kane, "Against the Odds, Select Committee Aims to Push Congress into the 21st Century," *The Washington Post*, May 25, 2019, https://www.washingtonpost.com/powerpost/ against- the- odds- select-committee- aims- to- push- congress-into-the-21stcentury/2019/05/24/3dff17f6-7d97-11e9-8bb7-0fc796cf2ec0_story.html.
60. John F. Kennedy, chapter 8, in *Profiles in Courage* (1956)(邦訳はジョン・F・ケネディ著、宮本喜一訳『勇気ある人々』英治出版). ジョージ・ノリスは自伝(1945年)で「下院のルールで議長に与えられた独裁的な権限」に困惑したと書いている。ノリスは初めて出席した下院公有地・公共建築物委員会の会合で、委員会が公共建築物に関する一括法案を起草するかどうかは下院議長が決めることを知り、理由が理解できなかった。「その時、まさにその時、私には初めて事の真相がわかり始めた。共和党は、思うに民主党と同じものの支配下にあった。この点で共和党も民主党も違いはないとすぐにわかった。どちらもマシーンに支配されており、民主党と共和党のマシーンは多くの場合、完璧に調和し、兄弟愛で動いていた」。以下参照。George Norris, *Fighting Liberal: The Autobiography of George W. Norris* (New York: Macmillan, 1945), 96.
61. ネブラスカ州の一院制議会の設立に向けた動きは、おもに「州政府の機構を社会・経済の変化に適穏健派がやや増えていると指摘している。以下参照。Eric McGhee and Boris Shor, "Has the Top Two Primary Elected More Moderates?" *Perspectives on Politics* 15, no. 4 (2017): 1053–1066.

30. Schwarzenegger and Khanna, "Don't Listen to the Establishment Critics"; Li Zhou, "Washington Has a Top- Two Primary. Here's How It Works," Vox, August 7, 2018, https://www.vox.com/2018/8/7/17649564/washington-primary-results.
31. Zhou, "Washington Has a Top- Two Primary."
32. Adam Nagourney, "California Sees Gridlock Ease in Governing," *New York Times,* October 18, 2013, https://www.nytimes.com/2013/10/19/us/ california- upends-its-image-oflegislative-dysfunction.html?%20r=1&amp.
33. "California Top- Four Primary Initiative (2018)," Ballotpedia, https://ballotpedia.org/California_Top-Four_Primary_Initiative_(2018); "FairVote California," FairVote, https://www.fairvoteca.org/.
34. Marina Villeneuve, "AP EXPLAINS: Maine Tries Ranked- Choice Voting," *U.S. News,* June 11, 2018, https://www.usnews.com/news/ best- states/maine/articles/2018-06-11/ap- explains-maine-tries-ranked-choice-voting.
35. Jessie Scanlon, "Could Maine's New Ranked- Choice Voting Change American Elections?" *Boston Globe Magazine,* October 17, 2018, https://www.bostonglobe.com/magazine/2018/10/17/ could- mainenew-ranked-choice-voting-change-american-elections/6VqNC73bQzMrPd0RSepA8L/story.html.
36. Editorial Board, " Ranked- Choice Voting Unlikely to Gain Traction in Maine," *Sun Journal,* November 11, 2010, https://www.sunjournal.com/2010/11/11/ ranked- choice-voting-unlikely-gain-traction-maine/.
37. "Spotlight: Maine," FairVote, https://www.fairvote.org/spotlight_maine#portland.
38. Howard Dean, "Howard Dean: How to Move Beyond the Two- Party System," *New York Times,* October 7, 2016, https://www.nytimes.com/2016/10/08/opinion/ howard- dean- how- tomove-beyond-the-two-party-system.html.
39. "Portland: Ranked Choice Voting in Portland, Maine," FairVote, https://www.fairvote.org/portland; Matt Dunlap radio interview, 100.5 WLOB News Talk Maine, September 15, https://wlobradio.com/index.php/2017/09/15/09-15-17-matt-dunlap/.
40. "Spotlight: Maine," FairVote, https://www.fairvote.org/spotlight_maine#portland.
41. Colin Woodard, "Maine's Radical Democratic Experiment," *Politico Magazine,* March 27, 2018, https://www.politico.com/magazine/story/2018/03/27/ paul- lepage- maine-governorranked-choice-voting-217715.
42. "Timeline of Ranked Choice Voting in Maine," FairVote, https://www.fairvote.org/maine_ballot_initiative.
43. Larry Diamond, "How to Reverse the Degradation of Our Politics," *American Interest,* November 10, 2017, https://www. the-american-interest.com/2017/11/10/reverse-degradation-politics/.
44. Larry Diamond, "A Victory for Democratic Reform," *American Interest,* June 15, 2018, https://www. the-american- interest.com/2018/06/15/a-victory-for-democratic-reform/.
45. 著者が2019年5月に行ったキャラ・マコーミックとのインタビューより。
46. Diamond, "A Victory for Democratic Reform."
47. Edward D. Murphy and Peter McGuire, "As Mainers Vote in First Ranked- Choice Election, LePage Says He 'Probably' Won't Certify Referendum Results," *Press Herald,* June 12, 2018, https://www.pressherald.com/2018/06/12/ voters- turn-out-for-historic-election-day/.
48. "Enough's Enough," *Ellsworth American,* May 9, 2018, https://www.ellsworthamerican.com/opinions/editorials/enoughs-enough/.

March 18, 2008, https://www.seattletimes.com/ seattle- news/ supreme- court- rulesin-favor- of-washington-state-top-two-primary/.

13. Eric McGhee, "Political Reform and Moderation in California's Legislature," Public Policy Institute of California, May 2018, https://www.ppic.org/wp-content/uploads/r-0517emr.pdf.

14. Phillip Reese, "California Legislators Rarely Break from Party Line in Floor Votes," *Sacramento Bee,* October 11, 2012.

15. Arnold Schwarzenegger and Ro Khanna, "Don't Listen to the Establishment Critics. California's Open Primary Works," *Washington Post,* June 18, 2018, https://www.washingtonpost.com/news/posteverything/wp/2018/06/18/ dont- listen- to- thc- cstablishment-critics-californiasopen-primary-works/?noredirect=on&utm_term=.42066db02666.

16. "Grading the States 2005: A Look Inside," Government Performance Project, Pew Charitable Trust, 2004–2006, http://www.pewtrusts.org/~/media/legacy/uploadedfi les/pcs_assets/2004-2006/GPPReport2005pdf.pdf.

17. "Californians and Their Government," Public Policy Institute of California, March 2010.

18. Schwarzenegger and Khanna, "Don't Listen to the Establishment Critics."

19. Jason D. Olson and Omar H. Ali, "A Quiet Revolution: The Early Successes of California's Top Two Nonpartisan Primary," OpenPrimaries, August 2015, https://www.openprimaries.org/research_california.

20. Olson and Ali, "A Quiet Revolution."

21. "California Proposition 62, 'Modifi ed Blanket' Primaries Act (2004)," https://ballotpedia.org/California_Proposition_62 ,_%22Modifi ed_Blanket%22_Primaries_Act_(2004).

22. Christopher Caen, "The Consequences of California's Top- Two Primary," *Atlantic,* December 29, 2015, https://www.theatlantic.com/politics/archive/2015/12/california-top-twoopen-primary/421557/.

23. "The Unforgivable State," *Economist,* February 19, 2009, https://www.economist.com/united-states/2009/02/19/the-ungovernable-state.

24. Jesse McKinley, "Calif. Voting Change Could Signal Big Political Shift," *New York Times,* June 9, 2010, https://www.nytimes.com/2010/06/10/us/politics/10prop.html.

25. "USC Dornsife/Los Angeles Times California Poll," USC Dornsife/Los Angeles Times, May 25, 2018, https://drive.google.com/fi le/d/1g5uibGxcEuknURkZZvT4Ah4Q9-IvalVz/view.

26. 以下参照。http://schwarzeneggerinstitute.com/ institute- in- action/article/ californiastop-two-primary-a-successful-reform. ルーシー・バーンズ研究所も、改革の導入後にカリフォルニア州の選挙の競争が激化したと指摘している。以下参照。Carl Klarner, "Democracy in Decline: The Collapse of the 'Close Race' in State Legislatures," Lucy Burns Institute, May 6, 2015, http://ballotpedia.org/Competitiveness_in_State_Legislative_Elections:_1972-2014.

27. 本選で同じ政党の候補が接戦を繰り広げた選挙区の34%では、以前の予備選制度では党の予備選を通過できなかったとみられる候補がトップ・ツー予備選を通過している。http://schwarzeneggerinstitute.com/ institute- in- action/article/ californias- top-two-primarya-successful-reform.

28. Olson and Ali, "A Quiet Revolution."

29. Christian Grose, "Political Reforms in California Are Associated with Less Ideological Extreme State Legislators." カリフォルニア公共政策研究所（PPIC）は「他の州の民主・共和両党は二極化が進んでいるが（……）カリフォルニア州では議員が極端な方向に向かっていない、もしくは、やや穏健派の方向に傾いているという事実が際立っている」と書いている。以下参照。https://www.ppic.org/wp-content/uploads/r-0517emr.pdf. Eric McGhee and Boris Shor も、カリフォルニア州議会で近年

民が政治のイノベーションを実現する際に、政治家を完全に迂回することはできない。以下参照。Initiative & Referendum Institute, " State- by- State List of Initiative and Referendum Provisions," http://www.iandrinstitute.org/states.cfm.

5. "Movement by State," Open Primaries, https://www.openprimaries.org/movement_by_state; "2019 Legislation Advancing Ranked Choice Voting," FairVote, https://www.fairvote.org/2019_legislation_advancing_ranked_choice_voting.
6. 本稿で取り上げるカリフォルニア州とワシントン州に加え、ネブラスカ州とルイジアナ州でも、ある種のトップ・ツー予備選が導入されている。ネブラスカ州は超党派の州議会（後述）でトップ・ツー予備選を利用している。一方、ルイジアナ州では、トップ・ツーに非常によく似た構造の決選投票を採用している。「予備選」では有権者が政党を問わず、好きな候補を選ぶが、トップ・ツーとは異なり、この段階で50％を超える票を集めた候補がいた場合は、その候補が当選する。過半数を獲得した候補がいない場合は、トップ・ツーのように、上位2人が本選に進める。ノースカロライナ州では2019年にマルシア・モーレイ、ザック・ホーキンス、レイ・ラッセル各州議会議員（民主党）が、「トップ・フォー公開型予備選と3回の選挙を実施するプロセスを確立し、そのために、適切な予算を割り当てる」法案を州下院に提出した。この法案には、本選挙で優先順位つき投票（RCV）を利用する条項も盛り込まれている。以下参照。https://www.ncleg.gov/Sessions/2019/Bills/House/PDF/H994v0.pdf. ワイオミング州でもクリス・ロスファス上院議員が2019年1月に同様の法案を提出した。予備選でRCVを利用し、上位4人が本選に進める制度で、本選でもRCVを利用する。以下参照。https://wyoleg.gov/Legislation/2019/SF0065.
7. 包括予備選は、非営利団体の「ワシントン・ステイト・グランジ」が1935年に住民提案（イニシアティブ）を通じて実現した。"History of Washington State Primary Systems," https://www.sos.wa.gov/_assets/elections/historyofwashingtonstateprimarysystems.pdf; "Initiative 872," *Spokesman- Review,* July 1, 2009, http://www.spokesman.com/stories/2004/oct/26/initiative-872/.
8. 連邦地裁は当初、ワシントン州の包括予備選を2002年に合憲と判断した。その後、政党側が第9巡回裁判所に控訴し、同裁判所が結社の自由の権利に反するとして包括予備選を違憲とした。これを受けて、ワシントン州と非営利団体の「ワシントン・ステイト・グランジ」が最高裁に上告したが、最高裁は2004年2月に訴えを退けた。これにより、包括予備選を違憲とした第9巡回裁判所の判決が確定した。"History of Washington State Primary Systems," accessed November 2019, https://www.sos.wa.gov/_assets/elections/historyofwashingtonstateprimarysystems.pdf.
9. サム・リード州務長官はまず、州議会の2001年会期にトップ・ツー構想を提案。非営利団体の「ワシントン・ステイト・グランジ」のロビー活動の支援もあり、法案を支持する民主・共和の議員連合を結成できた。法案は上院を通過したものの、下院議長が最終的に採決を拒否した。2019年4月に著者が行ったリード州務長官との電話インタビューより。
10. 著者が行ったリード州務長官との電話インタビューより。
11. 知事による拒否権発動を受けて、住民投票の機運が本格的に盛り上がった。リード州務長官は両党の主要議員、非営利団体の「ワシントン・ステイト・グランジ」と記者会見を開き、トップ・ツーの住民提案（イニシアティブ）を発表した。著者が行ったリード州務長官との電話インタビューより。ワシントン・ステイト・グランジは、同じ週に州内全域で開始した第一弾のラジオ広告キャンペーンで知事を非難し、住民にイニシアティブ第872号を支持するよう呼びかけた。2004年6月、イニシアティブ第872号は、30万8402人の有効署名を集めて11月に住民投票を実施する条件を満たした。以下参照。http://blanketprimary.org/pressroom/release-2004-04-05.php. イニシアティブ第872号は2004年11月2日の住民投票で承認され、ワシントン州は連邦議会と州の選挙でトップ・ツー予備選を採用する初の州となった。https://ballotpedia.org/Top-two_primary.
12. Susan Gilmore, "Supreme Court Rules in Favor of Washington State Top- Two Primary," *Seattle Times,*

nytimes.com/2010/12/05/weekinreview/05pear.html.

12. Mike Gallagher, "How to Salvage Congress," *Atlantic,* November 13, 2018, https://www.theatlantic.com/ideas/archive/2018/11/gallagher-congress/575689/.
13. 以下を参照。Judy Schneider, Christopher M. Davis, and Betsy Palmer, "Reorganization of the House of Representatives: Modern Reform Efforts," CRS Report for Congress, 2003; Congressional Institute, "Joint Committees on the Organization of Congress: A Short History," October 15, 2015; Donald R. Wolfensberger, "A Brief History of Congressional Reform Efforts," February, 2013; Casey Burgat, "Congressional Reorganization Acts," R Street Institute, 2018; Lee Drutman and Kevin R. Kosar, "The Other Biggest Problem in Washington," *New York Times,* September 11, 2018, https://www.nytimes.com/2018/09/11/opinion/congress-senate-housewashington-.html.
14. 1946年4月の全国調査では、議会が「よい仕事」をしていると回答した有権者は14%にとどまった。以下参照。Donald R. Matthews, "American Political Science and Congressional Reform," *The Reorganization of Congress: A Report of the Committee on Congress of the American Political Science Association* (Washington, DC: Public Affairs Press, 1945).
15. Matthews, "American Political Science and Congressional Reform," 92–93.
16. *The Reorganization of Congress: A Report of the Committee on Congress of the American Political Science Association* (Washington, DC: Public Affairs Press, 1945), 10.
17. *The Reorganization of Congress,* 4.
18. *The Reorganization of Congress.*
19. Matthews, "American Political Science and Congressional Reform," 95–98.
20. H. R. 18. 70th Cong., Sec. 2 (February 19, 1945).
21. Roger H. Davidson, "The Advent of the Modern Congress," *Legislative Studies Quarterly* 15, no. 3 (August 1990): 365–370.
22. Davidson, "The Advent of the Modern Congress," 365.

第6章

1. "New State Ice Co. v. Liebmann," 285 U.S. 262, 311 (1932) (Brandeis, J., dissenting).
2. 連邦議会選挙については、連邦議会が連邦法に基づき国内の選挙制度を変更することができる。第115議会（2017～18年）では、ドナルド・ブレイヤー下院議員（バージニア州選出）が、すべての連邦議会選で優先順位つき投票（RCV）を実施する「公正代表法案」を提出。ジョン・ディレーニー下院議員（メリーランド州選出）も、すべての連邦議会選でトップ・ツー予備選を導入する「オープン・アワ・デモクラシー法案」を提出した。こうした優先順位の高い二つの政治のイノベーションのほかにも、同議会では、ゲリマンダー（特定候補に有利になるような恣意的な選挙区割り）に関する法案が12本提出されたほか、政治資金の問題を取り上げた法案も数多く提出された。立法機構を再編して熟議と歩み寄りを増やす法案や、連邦選挙委員会（FEC）を本格的な規制機関に衣替えする法案など、イノベーションに富んだ法案も提出された。だが、これまでのところ、こうした法案は、二大政党に義理がある連邦議会で審議がほとんど進んでいない。ただ、十分な数の州で成果が出始めれば、連邦議会がそうしたイノベーションを国全体の連邦議会選に広げる可能性はある。
3. 以下参照。John Matsusaka, " State- by- State List of Initiative and Referendum Provisions," Initiative & Referendum Institute, http://www.iandrinstitute.org/states.cfm.
4. 24州にはレファレンダムとイニシアティブの両方の制度がある。メリーランド州とニューメキシコ州の2州は、レファレンダムの制度はあるが、イニシアティブの制度はない。この2州では、市

90. Jynnah Radford, "Key Findings About U.S. Immigrants," Pew Research Center, June 17, 2019, https://www.pewresearch.org/ fact- tank/2019/06/17/ key-fi ndings-about-u-simmigrants/.
91. "The Effects of Immigration on the United States Economy," Penn Wharton University of Pennsylvania, June 27, 2016, https://budgetmodel.wharton.upenn.edu/issues/2016/1/27/ the- effects- of-immigration-on-the-united-states-economy.

第5章

1. Jason D. Olson and Omar H. Ali, "A Quiet Revolution: The Early Successes of California's Top Two Nonpartisan Primary," Open Primaries, August, 2015, https://d3n8a8pro7vhmx.cloudfront.net/openprimaries/pages/418/attachments/original/1440450728/CaliforniaReportFinal8.24small.pdf?1440450728.
2. Louis Jacobson, "The Six Most Dysfunctional State Governments," *National Journal*, July 13, 2009. http://www. nationaljour- nal.com/njonline/ the- six-most-dysfunctional-stategovernments-20090713.
3. Charles Munger Jr., "California's Top- Two Primary: A Successful Reform" (paper presented the USC Schwarzenegger Institute for State and Global Policy, February 22, 2019), http://www.schwarzeneggerinstitute.com/ institute- in- action/article/ californias- top-two-primarya-successful-reform.
4. カリフォルニア州では、トップ・ツー予備選の導入で、本選で同じ党の候補が争うケースが80回あった（2012年、2014年、2016年の州下院、州上院、連邦下院選挙の合計）。このうち、22回は現職が同じ党の名ばかりの対立候補を破って選出された。残りの58回は大接戦となり、合計で2億0500万ドルの資金が投じられた。10人の現職が敗退している。対照的に、党の予備選が実施されていた2002～10年の（3回ではなく）5回の選挙期間で現職が自党の対立候補に敗れたケースは、州下院選で1回、州上院選で1回、連邦下院選で1回と、10年間で3回にとどまっている。以下参照。http://schwarzeneggerinstitute.com/ institute- in- action/article/ californias- top-two-primary-a-successful-reform. ルーシー・バーンズ研究所も、改革の導入後にカリフォルニア州の選挙の競争が激化したと指摘している。以下参照。Carl Klarner, "Democracy in Decline: The Collapse of the 'Close Race' in State Legislatures," Lucy Burns Institute, May 6, 2015, http://ballotpedia.org/Competitiveness_in_State_Legislative_Elections:_1972-2014.
5. Taryn Luna, "State Legislature's Approval Rating Hits 50 Percent," *Sacramento Bee*, September 28, 2016, https://www.sacbee.com/news/politics-government/capitol-alert/article104797076.html.
6. Arnold Schwarzenegger and Ro Khanna, "Don't Listen to the Establishment Critics. California's Open Primary Works," *Washington Post*, June 18, 2018, https://www.washingtonpost.com/news/posteverything/wp/2018/06/18/ dont- listen- to- the- establishment-critics-californiasopen-primary-works/.
7. Nancy Lavin and Rich Robinson, "John McCain Understood How Ranked Choice Voting Strengthens Our Democracy," FairVote, August 27, 2018, https://www.fairvote.org/john_mccain_understood_how_ranked_choice_voting_strengthens_our_democracy.
8. Sarah John and Andrew Douglas, "Candidate Civility and Voter Engagement in Seven Cities with Ranked Choice Voting," *National Civic Review* 106, no. 1 (2017): 25–29.
9. Denise Munro Robb, "The Effects on Democracy of Instant Runoff Voting" (PhD diss., University of California Irvine, 2011).
10. Lee Drutman, *Breaking the Two- Party Doom Loop: The Case for Multiparty Democracy in America* (New York; Oxford: Oxford University Press, 2020).
11. Robert Pear, "If Only Laws Were Like Sausages," *New York Times*, December 4, 2010, https://www.

重要だと思われていた一部の修正条項は、実際には、社会が他の手段によって変わるまで、ほとんど効力がなかった。他の方法で起きていた変化を追認したにすぎない修正条項もある。もしこの説が正しければ（1）前例などの伝統が修正後の憲法の条文と同程度に重要であることがすくなくない（2）一般に政治活動では憲法修正案の審議に労力をかけるべきではない（3）合衆国憲法は主権を持つ国民が個別に意識的に進めた政治活動の結果というより、複雑な進化のプロセスの結果と考えるのが最適だ——ということになる。David Strauss, "The Irrelevance of Constitutional Amendments," *Harvard Law Review* (2001).

77. Moss, *Democracy,* "Chapter 13."

78. オレゴン州は1901年に、有権者が自分の支持する候補を表明できる初の上院「予備選挙」を実施した。当初、政党は予備選の結果を無視し、州議会議員が自分たちで選んだ候補を選出していた。だが、ウィリアム・サイモン・ユーレンを中心とする改革派が、州議会選に立候補する候補者に対し、上院予備選の結果を尊重するかどうか明示することを義務づける案を1904年に住民投票で可決した。候補者のスタンスは投票用紙の候補者名の横に記載することが義務づけられた。有権者からのプレッシャーが強まったことを受けて、ほぼすべての候補が予備選の結果を尊重することに同意し、予備選は実質的な上院選として投票率が高まった。オレゴン州の市民は、こうした手続きをさらに強固なものにするため、選挙公約に拘束力を持たせる案も1908年の住民投票で可決した。Henry, *Progressivism and Democracy,* Part Two.

79. Caroline J. Tolbert, "Direct Democracy as a Catalyst for 21st Century Political Reform," *Political Science Quarterly* (September 2003).

80. Jeffrey Jenkins, "The Evolution of Party Leadership," *The Oxford Handbook of the American Congress* (2011); Lawrence Dodd and Bruce Oppenheimer, "The House in a Time of Crisis: Economic Turmoil and Partisan Upheaval," in *Congress Reconsidered, 10th Edition,* ed. Dodd and Oppenheimer, 28.

81. Kenneth Shepsle, "The Changing Textbook Congress," in John Chubb and Paul Peterson, *Can Government Govern?* (Washington, DC: Brookings Institution Press, 1989).

82. Lawrence Dodd and Bruce Oppenheimer, "The House in a Time of Crisis," in *Congress Reconsidered 10th Edition,* ed. Lawrence Dodd and Bruce Oppenheimer.

83. Robert E. Mutch, *Buying the Vote: A History of Campaign Finance Reform* (New York; Oxford: Oxford University Press, 2014), chapters 1–2.

84. Mutch, *Buying the Vote: A History of Campaign Finance Reform,* chapters 3–4.

85. 政治産業の構造が激変したことについて、ウィリアム・アレン・ホワイトは1910年にこう書いている。「1884年や88年の選挙対策委員長に、四半世紀後には『全米で秘密投票が行われている』『全米の3分の2の州で党大会や党員集会の介入なしに市民の直接投票で候補者が指名されている』『候補者や政党の委員会が1ドル以上使えば、情報公開を義務づけられる』と言っていれば、馬鹿にしたように笑い転げ、そのうち真っ青になっていただろう」。William Allen White, *The Old Order Changeth* (CreateSpace Publishing, 1910), 241.

86. たとえば以下を参照。David Huyssen, *Progressive Inequality* (Cambridge, MA: Harvard University Press, 2014).

87. 「アメリカの世紀」は1941年に編集者のヘンリー・ルースが初めて使った言葉とされ、アメリカが政治・経済・文化で世界をリードしていたアメリカ優位の時代を指す。

88. "World Exports as Percentage of Gross World Product," Global Policy Forum, archived from the original on July 12, 2008, https://web.archive.org/web/20080712023541/http://www.globalpolicy.org/socecon/trade/tables/exports2.htm.

89. United States Census Bureau, *The Foreign- Born Population in the United States,* https://www.census.gov/newsroom/pdf/cspan_fb_slides.pdf.

71. 「直接立法連盟」の有力メンバーだったウィリアム・サイモン・ユーレンは、オレゴン州でサリバンの案に支持を表明し「直接立法共同委員会」を創設した。この共同委員会は農家や労働者の支持を集め、ユーレンは1896年に人民党のオレゴン州議会議員に選出された。だが、議員就任後、ユーレンの試みは頓挫し、みずからのプランを実現できなかった。そのため、ユーレンは戦略を変更する。構造改革を賛否の割れる政策と抱き合わせることをやめて、人民党を離党したのである。政党政治を離れたユーレンは、その後も政府関係者とのコネクションを利用して幅広い改革連合「無党派直接立法連盟」を1898年に組織する。住民提案(イニシアティブ)と住民投票(レファレンダム)を中立的な改革としたのである。企業寄りでも、労働者寄りでも、民主党寄りでも、共和党寄りでもない、ただ民主的な改革だ。こうした求心力のあるメッセージを発したことで、住民提案と住民投票は、オレゴン労働者連盟や労働組合連合だけでなく、地元の中間管理職や事業オーナー、有力新聞社の支持を集めた。住民提案と住民投票は州議会を通過、賛成6万2024・反対5668で有権者の支持を得た。オレゴン州が住民提案と住民投票を採用した1902年、ユーレンは全米に名を知られる存在となった。以下参照。Moss, "Chapter 13"; Henry, *Progressivism and Democracy,* Part Two.

72. John Matsusaka, State Initiative & Referendum Institute, http://www.iandrinstitute.org/states.cfm. だが、住民提案と住民投票の採用は、他の改革とは異なり、ほぼ西部だけの現象だったことを指摘しておく意義はある。1920年までに住民提案と住民投票を採用した22州のうち19州はミシシッピ州以西の州だ。 Thomas Goebel, "'A Case of Democratic Contagion': Direct Democracy in the American West, 1890–1920," *Pacifi c Historical Review* 66, no. 2 (1997). 東部の州は政党マシーンの力がはるかに強かったため、住民提案と住民投票の普及を阻止できた可能性が高い。住民提案と住民投票を採用したマサチューセッツ州などでも、長期にわたる戦いが続いた。同州では住民提案と住民投票を実現する取り組みが20年以上にわたって失敗し、その後1917年になってようやく憲法制定会議で可決された。Moss, "Chapter 13."

73. David Schmidt, *Citizen Lawmakers: The Ballot Initiative Revolution* (Philadelphia: Temple University Press, 1989), 25.

74. Tolbert によると「1904〜94年には、政治改革・政府組織の分野で58件の住民提案が有権者に承認された。革新主義時代の政治改革には、オーストラリア方式の投票用紙、州政府・地方自治体の自治、秘密投票、シティー・マネージャー制、無党派の地方選挙、判事に対する政治的な圧力の遮断、直接予備選挙、連邦上院議員の直接選挙、女性参政権(……)が含まれる。住民提案の手続きはまず、アーカンソー、メーン、モンタナ、オレゴン、サウスダコタの各州で予備選挙を通じた候補指名を実現するために利用された。Caroline J. Tolbert, "Direct Democracy as a Catalyst for 21st Century Political Reform"; Schmidt, *Citizen Lawmakers.*

75. 1888年までは下院の委員会を通過した法案さえなかった。Zachary Clopton and Steven Art, "The Meaning of the Seventeenth Amendment and a Century of State Defi ance," *Northwestern University Law Review* 107, no. 3 (2015).

76. シカゴ大学のデヴィット・ストラウス教授(法学)は「(合衆国憲法修正)第17条はせいぜいのところ、おそらくそう遠くない時期に改革されていたごく一部の例外的な事例を片づけたという意味合いしかない」と述べている。ストラウスはこの点を憲法修正条項全体にも敷衍した。革新主義時代の他の憲法修正条項——所得税の課税を認めた第16条、酒の販売を禁止した第18条、女性の参政権を認めた第19条——を検証したストラウスはこの点をこう一般化している。「だが、憲法修正条項は大きな注目を集めるが、正式な修正手続きがなかったとしても、憲法の秩序はほとんど変わっていなかっただろう。すくなくとも建国後数十年以降の憲法修正条項は、憲法を実際に変える重要な手段とはなっていない。修正条項なしに多くの変更が実現している。一部の事例では、たとえ修正条項が否決されても、否決された修正条項の内容に沿った形に法律が改正されている。

いるように、この投票用紙改革は、革新主義の運動の間に、党利を図る手段として、またアフリカ系アメリカ人・移民・貧困層の選挙権を制限するために利用されたことがあった。そうした行為は非難すべきだ。だが、そうした悪用にもかかわらず、この改革できれいな選挙が実現し、改革が可能であることも明らかになった。

66. Merriam and Overacker はこう書いている。「アメリカの直接予備選は、従来の党大会では代表が適切に選出されないとの批判を受けて導入された。代議員制度の悪用に対して不満が広がっており、候補者を決める党大会は党の意思を適切に反映していないとの見方が一般的だった。党大会は多くの場合ボスが支配権を握っており、そうしたボスは欲深い身勝手な企業に支配されているとみられていたのである」。以下参照。Charles Edward Merriam and Louise Overacker, *Primary Elections* (Chicago: The University of Chicago Press, 1928).

67. 従来の政党は独自に投票用紙を印刷していたため、表向きには民主的な手続きで役割を担っていないとみなされていた。だが、オーストラリア方式の投票用紙の導入で、政府が投票用紙を管理することになり、政党は候補者を投票用紙に記載するため政府への申請が必要になった。大政党は候補者を自動的に投票用紙に記載してもらう特権を得たが、その代わり政府との関係は新たな段階に入る。他の市民団体のようには扱われず、政府が党の内部運営を規制するという関係だ。この点は、投票用紙改革の直後に広がった予備選改革の運動で直ちに重要なポイントになる。ボストンのジョサイア・クインス市長（民主党）は政党の規制についてこう書いている。「(……) 党員集会の改革の問題は、オーストラリア方式の投票用紙の採用から直接、論理的に浮上した。(……) すくなくとも大半の人間は今日、以下の点を認識していると思う。(オーストラリア方式の採用は) 政党・党大会・党員集会の (1) 認識と (2) 規制に論理的に関わってくる。認識と規制につながり、認識と規制が必要になる。投票用紙を印刷して適切だと判断した候補者を提示するのは、すべての、あらゆる市民の権利だ。だが、オーストラリア方式の下では、それが通用しない。州は政党と政治マシーンの存在を認めざるをえない。そうした認識が論理的に政党・党大会・党員集会の運営規制につながるのは避けられない」。Ware, *The American Direct Primary,* 79. 多くの州は1890〜99年の10年間で、党大会の開催時期、構造、党員にとっての意義について、拘束力のある法律を導入した。こうした法律は、まずボストン、ニューヨーク、ボルチモア、デトロイト、クリーブランド、シンシナティ、セントルイス、シカゴ、サンフランシスコといった大都市の地方自治体レベルで施行され、その後、州レベルに改革が格上げされた。世紀の変わり目には、およそ3分の2の州が何らかの形の予備選法を施行していた。Merriam and Overacker, chapter 3, in *Primary Elections.*

68. Ware, *The American Direct Primary,* 81.

69. Ware, *The American Direct Primary,* 124. 1900年代初期の直接予備選改革の成功については、相反する二つの説がある。伝統的な説は、Merriam and Overacker (1928) で論じられたもので、改革派が政党のボスを打ち負かし、直接予備選が急速に広がったというものだ。この説を修正したのが Ware (2002) で、政党が手を尽くしたのに改革が実現したというよりは、政党の側に地方政治の時代に構築された党大会という制度では、工業化社会に対応できないという計算があったという説だ。Lawrence et al. (2013) はこの二つの説を検証するため、予備選改革で先行した州の政党マシーンの力を調査したが、政党に圧力がかかったという説のほうがうまくデータを説明できるという結論に達した。予備選改革など、革新派の多くの改革は、まず政党マシーンの力がもっとも弱かった西部の州で実現した。住民提案（イニシアティブ）と住民投票（レファレンダム）の採用についても同じ傾向が見られる。Eric Lawrence et al., "The Adoption of Direct Primaries in the United States," *Party Politics* 19, no. 1 (2013).

70. J. W. Sullivan, *Direct Legislation by the Citizenship through the Initiative and Referendum* (University of California Libraries, 1893).

が知る限り直接的な買収が行われなかった初の地方選となった。実際、買収しようという動きがまったくなかった」と述べている。David Moss et al., "An Australian Ballot for California?" (Harvard Business School paper, 2017). マサチューセッツ州の投票用紙改革はさまざまなグループが進めた。ボストンのエリートは選挙の混乱回避と腐敗した政党マシーンの抑制につながると期待した。フランク・フォスター率いるボストン中央労働組合は労働者の代表を政府に送り込む手段を改善できると考えた。成功の裏には州政府とのコネクションがあった。ボストンの有力改革派組織「ダッチ・トリート・クラブ」のメンバーだったH・H・スプローグは州上院選に出馬して当選を果たし、選挙法委員会の委員長となった。このクラブのもう一人のメンバー、リチャード・ヘンリー・ダナIII はマサチューセッツ州の政界の中心人物で、以前から改革を提唱していた。ダナが起草した投票用紙に関する法案は1888年5月に上下両院で大差で可決された。以下参照。Henry, *Progressivism and Democracy,* chapter 6.

62. Ware, *The American Direct Primary,* 31.

63. 投票用紙の改革に欠点がなかったわけではない。多くの改革派は投票を制限する手段としてこの改革を支持し利用した。新しい投票用紙は多数の移民や貧しい有権者の選挙権を奪う識字テストの役割を果たしたのである。二大政党も第三政党の参入障壁を高める投票用紙のルールを編み出した。オーストラリア方式の採用で、政党が票を買収したり(複数の政党の候補に投票する)分割投票を防ぐことは難しくなったが、教育水準の低い多数のアメリカ人が選挙権を奪われたほか、政党は新しい競争相手を抑圧する制限的な投票用紙のルールを編み出すことができた。David Moss は「これまで各政党が個別に印刷していた投票用紙は、州政府が印刷する統一されたオーストラリア方式の投票用紙に変わったが、英語を読めない有権者には利用が難しいことが多かった。その結果、投票権のある多くのアメリカ人が投票をやめたり、投票に行く回数を減らした。大統領選の投票率は1880〜90年代の75〜80%から1916年には60%前後まで低下した」と指摘している。David Moss, "Chapter 13: The Battle over the Initiative and Referendum in Massachusetts (1918)" in *Democracy* (Cambridge, MA: Harvard University Press, 2017); Henry はこの点について「新制度を提唱した人々はすぐに投票用紙改革の効果に幻滅するようになる。万能薬ではなく、マシーン政治家にあまりにも簡単に操作されると口をそろえて不満をこぼしたのだ。マシーン政治家は、第三政党を牽制できるように法律の条項を書き換えたり、統一候補を阻止するため同じ候補者名を複数の政党欄に記載することを禁止したほか、公式投票用紙に政党名を記載する要件を引き上げたりした。20世紀初めには、こうした新しい投票用紙が第三政党の支持者に悪影響を及ぼすとの批判が声高に叫ばれるようになり、一部では、改革を煽った人々が意図的に貧しい有権者の選挙権剝奪を計画したとの批判も出始めた。後世の歴史家も同じような批判をすることになる」と書いている。以下参照。Henry, *Progressivism and Democracy,* 43. 以下も参照。Ware, *The American Direct Primary.*

64. マサチューセッツ州で導入された新しい投票方式は、すぐに他の州のモデルになった。Evans (1917) は、ボストンの有力改革派組織「ダッチ・トリート・クラブ」が最終的には州議会に潜入することになったと書いている。「『ダッチ・トリート』のメンバーだったH・H・スプローグ氏は州上院選に当選して選挙法委員会の委員長となった。こうした成功で勢いづいたダッチ・トリート・クラブは法案を起草し、スプローグ氏が法案を提出した。ヘイズ氏も、スプローグ氏が提出した法案を支持した。法案に賛成する多くの請願書が寄せられ、1888年5月29日に法案は成立した」。Eldon Cobb Evans, *A History of the Australian Ballot System in the United States* (Ann Arbor, MI: University of Michigan Library, 1917), 19. Ware (2002) はこう書いている。「1891年には南部を除く33州のうち31州がオーストラリア方式に類似した投票法を採用していた。1893年には残りの2州(アイオワ州とカンザス州)も追随した」。Ware, *The American Direct Primary,* 32.

65. オーストラリア方式の投票用紙は、現在も投票の際に使われている。多くの人が的確に指摘してことが背景という。この説は政治史家のリチャード・ホフスタッターの著作『改革の時代――農民神話からニューディールへ』(清水知久訳、みすず書房)で有名になった。Richard Hofstadter, *The Age of Reform: From Bryan to FDR* (New York: Vintage, 1955). 革新主義の運動を主導したのは、反動的な保守派ではなく、工業化で生まれた中産階級だとの見方もある。こうした新興階級は、専門知識と科学的な知識を備えた有能な国家の建設を目指した。Samuel P. Hays, *The Response to Industrialism: 1885–1914* (Chicago: University of Chicago Press, 1957); Robert Wiebe, *The Search for Order: 1877–1920* (New York: Hill and Wang, 1967). こうした運動の多様性を踏まえ、革新主義をそもそも統一した一つの運動とみなすべきなのかという疑問も一部で浮上している。以下参照。Daniel T. Rodgers, "In Search of Progressivism," *Reviews in American History* (Baltimore: The Johns Hopkins University Press, 1982), 113–132; Peter G. Filene, "An Obituary for 'The Progressive Movement,'" *American Quarterly* (Baltimore: The Johns Hopkins University Press, 1970), 20-34; John D. Buenker, "The Progressive Era: A Search for Synthesis," in Eileen Tamura, *Americanization, Acculturation, and Ethnic Identity* (Champaign, IL: University of Illinois Press, 1994). だが、Peter Levine は運動には統一テーマがあったと指摘する。「世紀の変わり目前後に使われた『革新的 (*progressive*)』という言葉は、非常に曖昧で事実上、定義が不可能だ。だが、革新主義を自称したほぼすべての個人は、すくなくとも一つの信念を共有していた。特別利益団体や市場原理に勝る『国益』や『公共の利益』があると考えていたのだ」。Peter Levine, *The New Progressive Era* (Lanham, MD: Rowman & Littlefield Publishers, 2000), 18.

58. Robert Putnam, chapter 23 in *Bowling Alone: The Collapse and Revival of American Community* (New York: Simon & Schuster, 2001) (邦訳はロバート・パットナム著、柴内康文訳『孤独なボウリング――米国コミュニティの崩壊と再生』柏書房); Gerald Gamm and Robert Putnam, "The Growth of Voluntary Association in America, 1840–1940." *The Journal of Interdisciplinary History* (1999), 551–557; Theda Skocpol, *How Americans Became Civic* (Washington, DC: Brookings Institution Press, 1990); Richard McCormick, "Public Life in Industrial America, 1877, 1917" in Eric Foner, chapter 5 in *The New American History* (Philadelphia: Temple University Press, 1997).

59. Robert Putnam は、こうした変遷について「全体としては、19世紀の最後の30数年に波が起き始め、当時は(友愛組合や文化団体といった)組織が、娯楽や自立など、おもにメンバー個人の生活に関心を向けていた。19世紀最後の10年間から20世紀最初の10年間にかけては、こうした団体とこの時期に設立された新しい団体が、次第に地域社会の問題、最終的には政治改革に関心を寄せるようになった。社会のネットワークを形成する内向きの初期段階から、政治活動という外に目を向けた段階に進んだのである」と述べている。Robert Putnam, *Bowling Alone: The Collapse and Revival of American Community* (New York: Simon & Schuster, 2001),399 (邦訳はロバート・パットナム著、柴内康文訳『孤独なボウリング――米国コミュニティの崩壊と再生』柏書房).

60. 内部の分裂を踏まえ、統一された一つの運動ではなく、多くの革新主義運動があったとの説や、革新主義という概念を完全に否定する説も一部である。以下参照。Peter Filene, "An Obituary for 'The Progressive Movement.'" *American Quarterly*, 20–34; Daniel T. Rodgers, "In Search of Progressivism," *Reviews in American History* (1982), 113–132; Maureen Flanagan, *America Reformed: Progressives and Progressivism: 1890 s- 1920* (Baltimore: The Johns Hopkins University Press, 2007).

61. この新しい投票制度はフィラデルフィア改革協会が1882年に初めて提唱した。Eldon Cobb Evans, *A History of the Australian Ballot System in the United States* (1917), 18. その後1886年にニューヨーク市長候補のヘンリー・ジョージとジョージが所属する連合労働党が支持を表明した。Sarah Henry, *Progressivism and Democracy: Electoral Reform in the United States, 1888–1919*, 40. 成果はすぐに現れた。票の買収に対する市民の反発を背景に、まず1888年にケンタッキー州ルーイビル市で突破口が開けた。この改革に強い感銘を受けたルーイビル市のある地元市民はその後「先週火曜日の選挙は、私圧していた。運動に参加した多くの人は労働者階級に無関心だったか、労働者を見下しており、平均的な市民の声を操作して抑圧することを目指していた。公共の利益を実現し、汚職を撲滅するため、貧しい移民社会などで幅広い政治参加を促していた制度(都市部の「マシーン」など)を解体することもあった。すでに指摘したように、党派的な予備選など、革新主義の一部の改革は意図せざる結果を招いた。ただ、既存の文献の多くは、こうした欠点や限界にのみ目を向けており、いまの私たちが革新主義から学べる重要きわまりない素晴らしい教訓——「国民は無力ではない。国民は民主主義を変えられる。国民が試合のルールを変え、異なる結果を出すことができる」——という教訓が無視されている。私たちが受け継ぐべきは、この革新主義の遺産だ。Flanagan は「革新主義は資本主義の打倒を目指さなかった。正義と平等という民主主義の希望を復活させること、また資本主義のおぞましい行き過ぎに歯止めをかける(もしくはすくなくとも手直しする)という形で現代的で革新的な未来に国を前進させることを目指した。個人主義的な競争社会をより協力的な民主社会に変えようとしたのである。すべての国民のために一定の社会正義を実現すること、政治の汚職を撲滅すること、経済規制の導入を通じて企業・労働者・消費者の関係を再び均衡させることを目指した」と書いている。Maureen A. Flanagan, "Progressives and Progressivism in an Era of Reform," *Oxford Research Encyclopedia on American History* (New York; Oxford: OxfordUniversity Press, 2016). 運動の起源に関する詳細は以下を参照。Link and McCormick, *Progressivism,* Part One.

55. 複数の都市の政治マシーンの詳細を明らかにしたジャーナリストのリンカーン・ステフェンズは、1904年の著書『都市の恥』(New York: S. S. McClure, 1904)で、政界のボスよりも責められるべきは汚職で恩恵を受けた一般市民であり、さらに責められるべきは、恩恵を受けていないが、無関心、自己満足、冷淡な姿勢を貫いた人間だと主張した。以下も参照。Frank Norris, *The Octopus: A Story of California* (Leipzig, Germany: Bernhard Tauchnitz, 1901)(邦訳はフランク・ノリス著、犬田卯訳『オクトパス』暁書院); Ida Tarbell, *The History of the Standard Oil Company* (Mineola, NY: Dover Publications, 1901); Upton Sinclair, *The Jungle* (New York: Doubleday, 1904)(邦訳はアプトン・シンクレア著、大井浩二訳、巽孝之監修『ジャングル』松柏社); Lincoln Steffens, *The Shame of the Cities* (Bloomingdale, IL: McClure, Philips, and Co, 1904); David Graham Phillips, "The Treason of the Senate," *Cosmopolitan,* 1906. Link and McCormick は「アメリカの一般大衆が(革新主義の運動を)どう受け止め、どう反応したかに目を向けなければ、革新主義を理解することはできない。大量に発行された雑誌が、汚職という浅ましい現実を全米に知らせ、改革を求める声を全国津々浦々に伝えた」と述べている。 Link and McCormick, *Progressivism,* 9.

56. 以下参照。Link and McCormick, *Progressivism.*

57. Link and McCormick は「19世紀終盤の改革派が互いに関係を持たなかったことは驚きではない。改革派が進めた抗議活動や政策は大儀も目的も異なっていた。それぞれの改革派が個別の問題に取り組んだのである。当時の経済・社会の根本的な仕組みを理解した上で運動を進めていた改革派はごくわずかだった」と指摘している。Link and McCormick, *Progressivism,* 16. 一方、革新主義は複数の社会集団や階級にまたがる全国的な運動だった。Walter Lippmann は1921年に「アメリカ人は、革新的ではないという批判を除けば、まずどんな侮辱にも耐えられるだろう」と書いている。Walter Lippmann, *Public Opinion* (New York: Harcourt, 1922), 71. 革新主義運動のリーダーが誰だったのか、どのような動機が働いていたのかについては、さまざまな議論がある。以下参照。David Kennedy, "Overview: The Progressive Era," *The Historian* 37, no. 3 (1975): 453–468. 伝統的な「革新主義観」では「私的な利益のために政府を食い物にする特別利益団体から権力を取り戻し、民主主義を広めるために活動する幅広い連合体」が改革派だとされている。以下参照。Benjamin Parke DeWitt, *The Progressive Movement* (Seattle: University of Washington Press, 1915). 1950年代には別の見方が浮上した。革新主義の運動は、みずからの「地位に対する不安」にさいなまれた反動的な上流階級が主導したという見方だ。大物実業家や政党のボスの登場で上流階級の優位性が脅かされた

45. Charles Calhoun によると、立法活動は確かに党派間の分断で制約を受けたが、この時代は本格的な政策を通じたかなりの数の解決策が実現している。また、金メッキ時代の政府は、まだ現代的な規制国家ではなかったため、現在の基準を当てはめるのは不適切だとの指摘もある。以下参照。*The Gilded Age*, ed. Calhoun. 反トラスト法の発展の詳細については以下を参照。Wayne Collins, "Trusts and the Origins of Antitrust Legislation," *Fordham Law Review* (New York: Fordham University School of Law, 2013); William Letwin, "Congress and the Sherman Antitrust Law: 1887–1890," *The University of Chicago Law Review* (Chicago: The Law School, The University of Chicago, 1956).
46. Arnesen によると「この経済転換期に生活していた労働者は、スローモーションでジェットコースターに乗っているような感じを受けていたはずだ。19世紀終盤は経済が間欠的に成長した。アメリカでは1873〜77年と1893〜97年にかけて二回の大不況が起き、失業率はそれぞれ16%を超えた。かなりの数の労働者の間に不完全雇用が広がり、賃金が減少している。この時代は、まだ州政府が失業保険などの給付を行っておらず、失業すれば生きるすべを失うおそれがあった」。Arnesen, "American Workers and the Labor Movement in the Late Nineteenth Century," in *The Gilded Age,* Calhoun, 56.
47. Worth Robert Miller, "Farmers and Third- Party Politics," in chapter 13, *The Gilded Age,* ed. Calhoun et al.
48. Arnesen によると「19世紀終盤には一定の階級闘争が見られた。多くは暴力的なもので、工業国では例がない規模だった。労働統計局によると、1880年代のアメリカでは1万件近いストライキ、ロックアウトが起きた。『大混乱』の年という異名をとる1886年だけで、約70万人の労働者がストを行ったか、経営側からロックアウトされた。1890年代初期のきわめて大規模な衝突には、さらに多くの人が参加することになる」。以下参照。Arnesen, "American Workers and the Labor Movement in the Late Nineteenth Century," in *The Gilded Age,* ed. Calhoun.
49. 南北戦争前は「コモンスクール（公立初等学校）運動」で初期の進展が見られたが、その後、児童労働禁止法や義務教育を推進する動きが再開したのは、革新主義の時代になってからだ。これが最終的には「ハイスクール（中等学校）運動」として結実する。以下参照。Claudia Goldin and Lawrence Katz, *The Race between Education and Technology* (Cambridge, MA: Harvard University Press, 2008); James Marten, *Children and Youth during the Gilded Age and Progressive Era: Volume Two* (New York: NYU Press, 2014).
50. 当時、こうした状況を描いたのが Jacob Riis の作品だ。以下参照。Jacob Riis, *How the Other Half Lives* (New York: C. Scribners Sons, 1890). 近年の評価については以下を参照。Sean Dennis Cashman, *America in the Gilded Age, 3rd Edition* (New York: New York University Press, 1993), 146-150. 社会環境の貧しさを示す衝撃的な統計を挙げれば、ピッツバーグは腸チフスの発生率が世界でも有数の高さだった。以下参照。Arthur Link and Richard McCormick, *Progressivism* (Hoboken, NJ: Wiley- Blackwell, 1983), 29.
51. 民主党の派閥「タマニーホール」のボスだったツイードらがニューヨーク市から多額の資金を横領した容疑で逮捕されたときから、こうした時代が始まったとするのが適切だろう。以下参照。"'Boss Tweed,'" *New York Times,* March 27, 2005, https://www.nytimes.com/2005/03/27/books/chapters/bosstweed.html. この時代はそこで終わらなかった。
52. Henry Adams, *The Education of Henry Adams* (New York: Popular Edition, 1927), 294（邦訳はヘンリー・アダムズ著、刈田元司訳『ヘンリー・アダムズの教育』教育書林）.
53. このセクションは David Moss, Nancy Unger, Peter Levine, Robert Johnston, Jack Santucci, Maureen Flanagan, Walter Nugent, Hahrie Han の各氏の丁寧な助言と指導に負っている。
54. 革新主義の運動の精神を称える一方で、欠点にも目を向ける必要がある。革新主義運動の一面には偏見という汚点があり、改革派は「優れた統治」の名の下に人種的・民族的マイノリティーを抑

30. Mark Wahlgren Summers, *Party Games: Getting, Keeping, and Using Power in Gilded Age Politics* (Chapel Hill, NC: The University of North Carolina Press, 2004), 75; Cherny, *American Politics in the Gilded Age,* 11; Tim Groeling and Matthew Baum, "Partisan News Before Fox: Newspaper Partisanship and Partisan Polarization, 1881–1972," working paper, Harvard Kennedy School, Cambridge, 2013, https://ethics.journalism.wisc.edu/2011/04/20/ the- fall-and-riseof-partisan-journalism/.
31. Worth Robert Miller, "The Lost World of Gilded Age Politics," in *The Journal of the Gilded Age and Progressive Era* (New York; Cambridge: Cambridge University Press, 2002), 49–67; Calhoun, *The Gilded Age,* 254.
32. 実際、1896年の選挙がアメリカ史の転換点になったと指摘する歴史家は多い。実業家だった共和党全国委員長が強力な全国組織を立ち上げ、党の機構の中央集権化を進めたため、政治が全国政治となった。 Sidney Milkis and Anthony Sparacino, "Pivotal Elections," in, *A Companion to the Gilded Age and Progressive Era,* ed. Christopher McKnight Nichols and Nancy Unger (Hoboken, NJ: Wiley Blackwell, 2017).
33. Richard McCormick によると「主要政党は、組織として、忠誠を誓う対象として、19世紀最後の30年間に黄金期を迎えた。全国レベルでの連携は弱かったが、民主・共和各党は、地方では恐るべき集票マシーンとして君臨していた。激しく競争し、投票日には献身的かつ熱狂的な支持者を投票所まで連れていった」。以下参照。Richard McCormick, *The Party Period and Public Policy: American Politics from the Age of Jackson to the Progressive Era,* 171.
34. Worth Robert Miller, "Farmers and Third- Party Politics," chapter 13 in *The Gilded Age,* ed. Calhoun.
35. Alexander Keyssar, *The Right to Vote: The Contested History of Democracy in the United States* (New York: Basic Books, 2000), 103.
36. Summers, *Party Games,* 131–132.
37. Alan Ware, *The American Direct Primary — Party Institutionalization and Transformation in the United States* (New York; Cambridge: Cambridge University Press, 2002).
38. Thomas Mann and Norman Ornstein, *The Broken Branch: How Congress Is Failing America and How to Get It Back on Track* (New York; Oxford: Oxford University Press, 2002), 31; Steven S. Smith and Gerald Gamm, "The Dynamics of Party Government in Congress," in *Congress Reconsidered, 10th Edition*, ed. Lawrence Dodd and Bruce Oppenheimer (Washington, DC: CQ Press, 2013), 172–182; David W. Brady, *Congressional Voting in a Partisan Era: A Study of the McKinley Houses* (Lawrence, KS: University Press of Kansas, 1973); Eric Shickler, chapter 2 in *Disjointed Pluralism: Institutional Innovation and the Development of the U.S. Congress* (Princeton, NJ: Princeton University Press, 2001).
39. Congressional Record, April 22, 1880, 2661. 以下の文献で引用されている。Gary Cox and Matthew McCubbins, "Legislative Leviathan Revisited," University of California working paper, https://law.yale.edu/sites/default/fi les/documents/pdf/mccubbins.pdf.
40. Summers, *Party Games,* chapter 2.
41. Cherny, *American Politics in the Gilded Age,* chapter 2.
42. Summers は「共和国はつねに重大な危機に瀕していた。この際立った終末感は、政治の狂乱で生み出されたものだった」と書いている。Summers, *Party Games,* 4.
43. 以下参照。Mann and Ornstein, *The Broken Branch,* chapter 2.
44. この「猟官制」は金メッキ時代を通じて政治の競争の中心にあった（能力審査に基づく公務員制度の基礎を築いた1883年のペンドルトン法で段階的に縮小はされたが）。以下参照。Francis Fukuyama, chapter 10 in *Political Order and Political Decay* (New York: Farrar, Straus and Giroux, 2014)（邦訳はフランシス・フクヤマ著、会田弘継訳『政治の衰退：フランス革命から民主主義の未来へ』講談社）.

16. Eric Arnesen, "American Workers and the Labor Movement in the Late Nineteenth Century," in *The Gilded Age*, ed. Calhoun; Peter Lindert and Jeffrey Williamson, chapter 7 in *Unequal Gains: American Growth and Inequality Since 1700* (Princeton, NJ: Princeton University Press, 2016); Neil Irvin Painter, *Standing at Armageddon: The United States, 1877–1919* (New York: W.W. Norton & Company, 1989), xix-xxviii.
17. Michael McGerr, chapter 1 in *A Fierce Discontent: The Rise and Fall of the Progressive Movement in America, 1870–1920* (New York; Oxford: Oxford University Press, 2003).
18. 推定値には差があるが、経済成長はこの期間中を通じて力強かったという説がコンセンサスになっている。以下参照。Thomas C. Cochran and William Miller, *The Age of Enterprise: A Social History of Industrial America* (New York: Harper & Row, 1961), 230. N. S. Balke and R. J. Gordon, "The Estimation of Prewar Gross National Product: Methodology and New Evidence," *Journal of Political Economy* 97.1, 38–92; Christina D. Romer, "The Prewar Business Cycle Reconsidered: New Estimates of Gross National Product, 1869–1908," *Journal of Political Economy* 97.1, 1–37.
19. Arnesen, "American Workers and the Labor Movement in the Late Nineteenth Century," *The Gilded Age*, ed. Calhoun, 55–56.
20. Robert Cherny, *American Politics in the Gilded Age: 1868–1900* (Hoboken, NJ: Wiley- Blackwell, 1997), 60.
21. John Lewis and Archie E. Allen, "Black Voter Registration Efforts in the South," *Notre Dame Law Review* 48, no. 1 (October 1972).
22. B. E. H., and J. J. K., Jr. "Federal Protection of Negro Voting Rights," *Virginia Law Review* 51, no. 6 (1965): 1051–213, https://www.jstor.org/stable/1071533?read-now=1&refreqid=excelsior%3A4e762a1fd0ddbe8c6b81dfb52335a8a3&seq=15#page_scan_tab_contents.
23. C. Vann Woodward, *Reunion and Reaction: The Compromise of 1877 and the End of Reconstruction* (New York; Oxford: Oxford University Press, 1991).
24. Cherny によると「1830年代から1890年代の政党は、かつてなかったほど、そしてそれ以後もないほど、国内政治の決定権を握っていた。ほぼすべての官職の任命権と、選挙のあらゆる側面、政策決定のあらゆる側面を確実に掌握していた」。以下参照。Cherny, *American Politics in the Gilded Age*, 5.
25. Diner によると「アメリカ人の理想の上では国民の意思を代表することになっていた政府は、特別利益団体の奴隷となっていたようだ」。以下参照。Diner, *A Very Different Age*, 5. 以下も参照。Cherny, *American Politics in the Gilded Age.*
26. 1883年のペンドルトン法により、猟官制が縮小され、まずは連邦政府職員を対象に能力審査に基づく公務員制度が導入された。
27. David D. Kirkpatrick, "Does Corporate Money Lead to Political Corruption?" January 23, 2010, https://www.nytimes.com/2010/01/24/weekinreview/24kirkpatrick.html.
28. たとえば、1904年には、セオドア・ローズベルトの選挙資金の73%を企業が献金した。以下参照。Kathleen Dalton, *Theodore Roosevelt: A Strenuous Life* (New York: Vintage Books, 2002), 265.
29. 歴史家の James L. Baughman が指摘しているように「南北戦争前、政党は実際に多くの新聞の運営を助成していた。直接、助成金を支給することもあれば、政府の印刷物を発注することもあった。こうした助成の多くは間接的なもので、読者には知られていなかった。編集者や記者はパートタイムで州議会議員や連邦議会議員を務めた。こうした関係は一部、19世紀終盤まで続いた」。以下参照。James L.Baughman, "The Fall and Rise of Partisan Journalism," University of Wisconsin Center for Journalism Ethics, April 20, 2011, https://ethics.journalism.wisc.edu/2011/04/20/ the- fall-and-rise-of-partisan-journalism/.

二極化しておらず、政府の利権争いをめぐる分断のほうが多かったと判断する根拠もある。以下参照。Hans Noel's *Political Ideologies and Political Parties in America* (New York; Cambridge: Cambridge University Press, 2013). こうした限界や但し書きはあるものの、このデータでは、19世紀末と現代の歩み寄りの欠如が酷似しているという重要な点を見て取れる。

6. W. Bernard Carlson によると「1820年には1人の農場労働者で4.1人の生活に必要な食料を生産できたが、1900年には1人の農場労働者で7人分の食料を生産できるようになっていた。こうした食料生産の目覚ましい変化はどのようにして起きたのか。19世紀後半のアメリカでは耕作地の面積と農業で使う機械の数の双方が増えた」。以下参照。W. Bernard Carlson, "Industrialization and the Rise of Big Business," in *The Gilded Age: Perspectives on the Origins of Modern America,* ed. Charles Calhoun (Lanham, MD: Rowman & Littlefi eld Publishers, Inc., 2007), 31.
7. 以下参照。Richard White, *Railroaded: The Transcontinentals and the Making of Modern America* (New York: W.W. Norton & Co., 2012); Joshua D. Wolff, *Western Union and the Creation of the American Corporate Order, 1845–1893* (New York; Cambridge: Cambridge University Press, 2013).
8. Alfred Chandler, *The Visible Hand: The Managerial Revolution in American Business* (Cambridge, MA: Harvard University Press, 1977)（邦訳はアルフレッド・チャンドラー著、鳥羽欽一郎・小林袈裟治訳『経営者の時代――アメリカ産業における近代企業の成立』東洋経済新報社), Ch. 7–11; Glenn Porter, *The Rise of Big Business, 1860–1920* (Wheeling, IL: Harlan Davidson, 1992).
9. Naomi Lamoreaux, *The Great Merger Movement in American Business, 1895–1904* (New York; Cambridge: Cambridge University Press, 1985); Oliver Zunz, *Making America Corporate, 1870–1920* (Chicago: The University of Chicago Press, 1990); William Roy, *Socializing Capital: The Rise of the Large Industrial Corporation in America* (Princeton, NJ: Princeton University Press, 1997).
10. 以下参照。Robert Wiebe, *The Search for Order, 1877–1920* (New York: Hill and Wang, 1967).
11. Henry Adams は「1854年のアメリカの少年は西暦1900年よりも西暦1年に近かった」と書いている。以下参照。Henry Adams, *The Education of Henry Adams: An Autobiography* (New York; Oxford: Oxford University Press, 1961)（邦訳はヘンリー・アダムズ著、刈田元司訳『ヘンリー・アダムズの教育』教育書林), 53.
12. 「合衆国憲法が発効した1788年、この建国間もない国で都市に住んでいた人はわずか5%前後だった。今日、人口の約80%は都会とされる地域に住んでいる。このため、地方の農村社会から高度な都会への移行が、米国史の主要テーマになってきた。都市化、工業化、移住が相互に絡み合って移民が急増した19世紀最後の30数年間が、この移行で重要な時期といえる。(……) 南北戦争前夜の1860年に、都会とされる2500以上の都市に住んでいたのは620万人で、人口の20%弱にすぎなかった。それが19世紀末には人口の約40%に当たる3000万人が都会に住んでいた。したがって、国内の都会に住む人はわずか40年間で5倍近くに増え、全人口に占める比率は2倍になったことになる」。以下参照。Robert Barrow, "Urbanizing America," in *The Gilded Age,* ed. Calhoun. 1870年から1900年にかけては1200万人近い移民がアメリカに流入した。*Historical Statistics of the United States* (1975), 1:106. 移民の生活に関する概要は以下を参照。Roger Daniels, "The Immigrant Experience in the Gilded Age," chapter 4 in *The Gilded Age,* ed. Calhoun. 外国生まれの市民の比率が金メッキ時代の水準に戻ったのは、最近になってからだ。以下参照。https://www.census.gov/newsroom/pdf/cspan_fb_slides.pdf.
13. Calhoun, *The Gilded Age,* 2.
14. 以下参照。John Higham, chapters 3–4 in *Strangers in the Land: Patterns of American Nativism, 1860-1925* (Rutgers University Press, 2008); Steven Diner, chapter 3 in *A Very Different Age: Americans of the Progressive Era* (New York: Hill and Wang, 1997).
15. Jean Pfaelzer, *Driven Out: The Forgotten War against Chinese Americans* (New York: Random House, 2007).

roll_call_vote_cfm.cfm?congress=111&session=1&vote=00396.

34. Tessa Berenson, "Reminder: The House Voted to Repeal Obamacare More Than 50 Times," *Time,* March 24, 2017, http://time.com/4712725/ahca-house-repeal-votes-obamacare/.
35. 見せかけの採決に関する見事な分析が以下にある。Frances Lee, *Insecure Majorities: Congress and the Perpetual Campaign* (Chicago: The University of Chicago Press, 2016).
36. 元共和党上院議員のオリンピア・スノーが鋭く指摘している。「いまの議会で起きていることの多くは、いわゆる『政治的なメッセージの発信』だ。両党の議員は、筋の通った現実的な問題解決策を提示するのではなく、政治的な見解を表明するために法案を提出している。具体的には、ある争点について相手を悪者扱いするために法案や修正案が起草されており、実際に可決させる意図はまったくない」。以下参照。Olympia Snow, "The Effect of Modern Partisanship on Legislative Effectiveness in the 112th Congress," *Harvard Journal on Legislation* (2013): 27.
37. 共和党が唯一実現できたのは、2017年の減税・雇用法の一環で個人強制保険を事実上撤廃することだけだった。
38. The Lead with Jake Tapper, "Republican Health Care Bill Failure," CNN (March 24, 2017), http://www.cnn.com/TRANSCRIPTS/1703/24/cg.01.html.
39. シンプソン・ボウルズ委員会の話は以下の文献に基づく。Katherine M. Gehl and Michael E. Porter, "Why Competition in the Politics Industry Is Failing America: A Strategy for Reinvigorating Our Democracy," Harvard Business School, September 2017.
40. US Senate, "The National Commission on Fiscal Responsibility and Reform," December 2010, https://www.senate.gov/reference/resources/pdf/NationalCommissiononFiscalResponsibilityandReform_Dec012010.pdf.
41. National Commission on Fiscal Responsibility and Reform, "The Moment of Truth," December 2010, https://www.fi scalcommission.gov/sites/fi scalcommission.gov/files/documents/TheMomentofTruth12_1_2010.pdf, emphasis added.
42. 広く利用されている以下のデータから著者が分析。Brookings Institution, "Vital Statistics on Congress," January 9, 2017, tables 2-7 and 2-8, https://www.brookings.edu/ multi- chapter-report/vital-statistics-on-congress/.

第4章

1. "Washington's Farewell Address 1796," The Avalon Project, https://avalon.law.yale.edu/18th_century/washing.asp.
2. Joseph Stromberg, "The Real Birth of American Democracy," *Smithsonian,* September 20, 2011, https://www.smithsonianmag.com/ smithsonian- institution/ the- real-birth-ofamerican-democracy-83232825/.
3. ジェファソン記念館がまとめた引用集より。*Thomas Jefferson Encyclopedia,* https://www.monticello.org/site/ research-and-collections/quotations-jefferson-memorial.
4. "Waldorf- Astoria— Famous Dinners, Balls, and Guests, Yodelout! New York City History," https://web.archive.org/web/20181215173537/http:// new- york- city.yodelout.com/ waldorf- astoria-famous-dinners-balls-and-guests/.
5. 二極化の度合は議会の点呼投票で判断。これは二極化を測定する上でもっとも一般的な手法だが、重要な限界がある。第一に、点呼投票の結果を調べるだけでは、イデオロギー上の二極化なのか党の方針に従っただけなのか判断が難しい。第二に、立法上の議題の変遷を考慮に入れていないので、各期間を比較することが難しい。実際、金メッキ時代の政党が今日ほどイデオロギー面で

以下参照。Orman, *Declaration of Independents.*

22. 共和党は次期大統領にミット・ロムニーが就任すると期待していたが、2012年の大統領選は思惑通りには進まなかった。大きな敗因はヒスパニック票だった。ジョージ・ブッシュは8年前の大統領選でヒスパニック系有権者の40%以上の票を獲得していたのである。これを受けて共和党は動き出した。ロムニーの敗因を分析した共和党全国委員会は、全米レベルで支持を集めるには、包括的な移民改革を推進してヒスパニック票を取り込む必要があると主張した。この指示の下、上院の共和党議員は民主党と手を組み、超党派の「8人組」グループを結成。2013年に再度、包括的な改革を試みた。このグループの提案は、過去に失敗に終わった改革案に似ていた。市民権取得に道を開く、国境管理の施行を増やす、移民法制度を合理化するといった内容だ。法案が辿る運命も見えていた。法案は民主党議員ほぼ全員と共和党議員14人の賛成で上院を通過したが、下院で行き詰まった。ベイナー下院議長がハスタート・ルールを利用して「下院で可決するには、わが党（共和党）の議員の過半数の支持を得られる法案でなければならない」と主張したのである。下院全体では過半数が法案に賛成票を投じていたはずだが、下院ではついに採決にかけられなかった。下院の共和党議員は予備選の対抗出馬を恐れたほか、共和党全国委員会の敗因分析に懐疑的な見方を示していた。そのため、幅広い層へのアピールではなく、支持基盤内での集票を重視するもう一つの当選に向けた道のりを選んだのである。ベイナー下院議長によるハスタート・ルールの利用の詳細は以下を参照。Molly Hooper, "Boehner Commits to Hastert Rule on Immigration Reform," *Hill,* June 18, 2013, https://thehill.com/homenews/house/306179- boehner- commits- to-hastert-rule-on-immigration-reform.
23. たとえば以下を参照。Adam Liptak and Michael D. Shear, "Supreme Court Tie Blocks Obama Immigration Plan," *New York Times,* June 23, 2016, https://www.nytimes.com/2016/06/24/us/supreme-court-immigration-obama-dapa.html.
24. Jynnah Radford, "Key Findings about U.S. Immigrants," Pew Research Center, June 17, 2019, http://www.pewresearch.org/ fact- tank/2018/11/30/ key-fi ndings-about-u-s-immigrants/.
25. Michael E. Porter et al., "A Recovery Squandered: The State of U.S. Competitiveness 2019," Harvard Business School (2019).
26. さらなる詳細とデータについては以下を参照してほしい。Michael E. Porter, Jan W. Rivkin, Mihir A. Desai, with Manjari Raman, "Problems Unresolved and a Nation Divided: The State of U.S. Competitiveness 2016," Harvard Business School (2016).
27. Porter, Rivkin, Desai, with Raman, "Problems Unresolved and a Nation Divided."
28. Michael E. Porter, "America Traded One Recession for a Far More Serious One," *Boston Globe,* September 21, 2018, https://www.bostonglobe.com/opinion/2018/09/21/ america- tradedone-recession-for-far-more-serious-one/IIl10IwZ7DElJ5YDXJ7BjO/story.html.
29. 以下参照。2019 Social Progress Index scorecard, https://socialprogress.org.
30. Marc F. Plattner, "Illiberal Democracy and the Struggle on the Right," *Journal of Democracy* 30, no. 1 (2019): 5–19 https://www.journalofdemocracy.org/articles/ illiberal- democracy- andthe-struggle-on-the-right/.
31. 社会保障の歴史の概要については以下を参照。Larry DeWitt, "Social Security Administration," Social Security Administration Research, Statistics, and Policy Analysis, August 1, 2010, https://www.ssa.gov/policy/docs/ssb/v70n3/v70n3p1.html; and "Social Security," Social Security History, https://www.ssa.gov/history/briefhistory3.html.
32. "Social Security," Social Security History, https://www.ssa.gov/history/fdrsignstate.html.
33. 共和党のジム・バニング上院議員（ケンタッキー州選出）は投票しなかった。United States Senate. "Roll Call Vote 11th Congress – 1st Session," https://www.senate.gov/legislative/LIS/roll_call_lists/

Oxford: Oxford University Press, 2017).

12. Wong, *The Politics of Immigration.* 「(1996年の不法移民改革・移民責任法は)共和党主導の下院で賛成370、反対37で可決された。投票した共和党議員226人中、202人(89%)が賛成票を投じた。投票した民主党議員180人中、反対票を投じたのはわずか13人(7%)だった。つまり、何と93%の民主党議員が共和党議員に合流して同法を可決したのである」

13. 以下参照。Marc R. Rosenblum, "US Immigration Policy Since 9/11: Understanding the Stalemate over Comprehensive Immigration Reform," Regional Migration Study Group, Woodrow Wilson International Center for Scholars (August 2011), https://www.wilsoncenter.org/publication/usimmigration-policy- 911- understanding-the-stalemate-over-comprehensive-immigration.

14. ブッシュはメキシコと国境を接するテキサス州の元知事として、2000年の大統領選で移民問題を最優先課題に掲げ、就任初年度に積極的に対応を進めたが、9月11日の同時多発テロ事件で対外政策に軸足を移した。その後数年間はアフガニスタン、イラク問題が国の優先課題となったが、二期目の任期終了が近づいたころ、土壇場で移民政策を推進した。移民問題は政党による明確な色分けができない数少ない争点で、党派を超えた連合が結成された。保守タカ派がリベラルの労組と手を組み、施行の強化と合法移民の縮小を訴えた一方、共和党を支持する企業経営者が民主党の支持基盤と手を組み、開放的な政策を支持した。以下参照。Rosenblum, "US Immigration Policy Since 9/11."

15. 超党派のジョン・マケインとリベラル派の実力者テッド・ケネディは、包括的な移民改革の3本柱すべてに対応した超党派法案を提出した。国境警備を強化し、不法移民に市民権取得の道を開く一方、査証(ビザ)制度の改革を通じてスキルのある移民を増やし、一時雇用労働者の機会を拡大する内容だった。中間選挙を控えブッシュ大統領が政策面で大勝利を収めることになるとして、当初、民主党指導部のハリー・リード、チャック・シューマーが法案に反対したが、これを押し切り、上院で可決にこぎつけた。民主党議員ほぼ全員と共和党議員の半分近くが賛成票を投じた。以下参照。Rosenblum, "US Immigration Policy Since 9/11"; Robert Draper, "The Democrats Have an Immigration Problem," *New York Times,* October 10, 2018, https://www.nytimes.com/2018/10/10/magazine/ the-democrats-have-an-immigration-problem.html.

16. Wong, *The Politics of Immigration.*

17. Greg Orman, *A Declaration of Independents: How We Can Break the Two- Party Stranglehold and Restore the American Dream* (Austin, TX: Greenleaf Book Group Press, 2016).

18. オバマは、実績に基づいてグリーンカード(永住権)を取得できる新制度を5年後に廃止すべきだと主張した。この案は民主党の支持基盤が支持していたが、高スキル労働者の拡大を目指す共和党には受け入れられない内容だった。修正案は否決されたが、報道によると、オバマはケネディから叱責され「乱入してすべてを台無しにすることは許されない」と言われた。以下参照。Jake Tapper, "Obama Pushing Immigration Action Today, Said to Have Hurt Effort in the Past," CNN, November 24, 2014, https://www.cnn.com/2014/11/21/politics/obamaimmigration-fl ashback/index.html.

19. この修正案を提案したのは民主党のブライアン・ドーガン上院議員(ノースダコタ州選出)だった。修正案が通れば法案の成立が阻まれることを知っていたケネディは、やはりドーガンを攻撃し、「馬鹿な真似をしようとしているノースダコタの上院議員は誰だ」と述べたという。以下参照。Orman, *Declaration of Independents.*

20. Greg Orman, "Debaters Should Press Biden on Killing Immigration Reform in '07," RealClearPolitics, October 14, 2019, https://www.realclearpolitics.com/articles/2019/10/14/debaters_should_press_biden_on_killing_immigration_reform_in_07_141490.html.

21. オバマは法制化を阻止した数ヵ月後の選挙遊説で、就任初年度に移民法改革を進めると公約した。

ことが多い。たとえば、2018年統合歳出法は2232ページある。政府閉鎖を避けるために可決する必要があったので、何から何まで詰め込まざるをえなかったのだ。法案の最終版が発表されてから採決まで24時間もなく、議員はこの重要な法案を読まずに採決に臨んだ。立法の重要な過程が完全に無視された格好だ。一括法案は、議会が歩み寄れない場合の絆創膏代わりに利用される。過去に成立した法案の数とページ数については以下を参照。Andrew J. Taylor, *Congress: A Performance Appraisal* (Boulder, CO: Westview Press, 2013), 145. 一括法案については以下を参照。Glen S. Krutz, "Tactical Maneuvering on Omnibus Bills in Congress," *American Journal of Political Science* 45, no. 1 (2001): 210–223. 以下も参照。Drew Desilver, "A Productivity Scorecard for the 115th Congress: More Laws Than Before, But Not More Substance," Pew Research Center, January 25, 2019, https://www.pewresearch.org/ fact- tank/2019/01/25/ a- productivity-scorecard-for-115th-congress/.

3. "In Interview, Outgoing House Speaker Ryan Says He Doesn't See Himself Ever Running Again," *Milwaukee Journal Sentinel,* April 11, 2018, https://www.jsonline.com/story/news/2018/04/11/ interview-outgoing- house- speaker- ryan- says- he- doesnt-see-himself-everrunning-again/508830002/.
4. Data from "Public Trust in Government: 1958–2017," Pew Research Center, May 3, 2017, http://www.people- press.org/2015/11/23/public-trust-in-government-1958-2015/.
5. "Congress and the Public," Gallup, November 12, 2019, https://news.gallup.com/poll/1600/congress-public.aspx.
6. 以下参照。Lee Drutman, William Galston, and Tod Lindberg, "Spoiler Alert: Why Americans' Desires for a Third Party Are Unlikely to Come True," Voter Study Group, September 2018, https://www.voterstudygroup.org/publication/spoiler-alert.
7. 政党への所属に関するギャラップ社の世論調査から年間平均を算出。「政治について、今日時点で、あなたは自分を共和党派、民主党派、無党派のいずれと考えますか」との質問に対する回答。https://news.gallup.com/poll/15370/party-affi liation.aspx, accessed August 2018.
8. "Gallup Poll Social Series: Governance, Question 20," Gallup, accessed October 2017, http://news.gallup.com/fi le/poll/219977/170927ThirdParty.pdf. 以下も参照。Lee Drutman, William Galston, and Tod Lindberg, "Spoiler Alert: Why Americans' Desires for a Third Party Are Unlikely to Come True," Voter Study Group, September 2018, https://www.voterstudygroup.org/publication/spoiler-alert.
9. 以下の文献でも同様の点が指摘されている。Will Wilkinson, Brink Lindsey, Steven Teles, and Sam Hammond, "The Center Can Hold: Public Policy for an Age of Extremes," Niskanen Center (2018).
10. Robert Stefan Foa and Yascha Mounk, "The Democratic Disconnect," *Journal of Democracy* (2016); see also Yascha Mounk, *The People vs. Democracy: Why Our Freedom Is in Danger and How to Save It* (Cambridge, MA: Harvard University Press, 2018). Mounk によると、民主主義への支持率低下は、自由民主主義の概念を攻撃するポピュリスト政治家に見て取れる。Mounk は支持率低下の理由として、ソーシャルメディアやアイデンティティ・ポリティクスの悪影響を挙げている。ただ、経済の停滞も一因で、アメリカ人の所得の中央値が1980年代以降、横ばいの状態が続いていることが背景にあるという。こうした景気の低迷を受けて、政治に対する市民の見方が根本的に変わり、着実に進歩を遂げていくという夢が薄れている。この説では文化的な要素ではなく、経済的な要素を重視しているが、以下のような反論もある。Ronald Inglehart and Pippa Norris, "Trump, Brexit, and the Rise of Populism: Economic Have- Nots and Cultural Backlash," working paper RWP16-026, Harvard Kennedy School, Cambridge (2016).
11. 「国別の割当制度を廃止したハート・セラー法は、民主党主導の下院で320対70で可決された。投票した民主党議員262人の202人（77%）が賛成票を投じた。投票した共和党議員127人のうち反対票を投じたのは、わずか10人（8%）だった。つまり、共和党議員の何と92%が民主党議員に合流して、国別の割当制度を廃止したのである」。Tom K. Wong, *The Politics of Immigration* (New York;

機構を掌握していない。議事を司る政党の力が上院のルールで削がれているのだ。たとえば、一般に上院では法案の修正が制限されることはない（つまり修正案提出禁止規則がない）し、修正案は審議中の法案と関係がなくてもよい。以下参照。Steven Smith and Gerald Gamm, "The Dynamics of Party Government in Congress" in Lawrence Dodd and Bruce Oppenheimer, *Congress Reconsidered, 10th Edition.* だからといって、上院の政党が過去50年間、権力の強化を図ってこなかったというわけではない。以下参照。Nathan Monroe, Jason Roberts, and David W. Rhode, *Why Not Parties?;* Steven Smith, *The Senate Syndrome: The Evolution of Procedural Warfare in the Modern US Senate* (Norman, OK: University of Oklahoma Press, 2014).

68. Congress.gov, accessed August 2017.

69. Wyden statement on Senate Floor on Republican tax plan Conference, December 6, 2017, https://www.finance.senate.gov/ wyden- statement- on- senate- fl oor-on-republican-taxplan-conference.

70. Vito J. Racanelli, "Lobbying Index Beats the Market," Barron's, April 27, 2018, https://www.barrons.com/articles/ lobbying-index-beats-the-market-1524863200.

第 3 章

1. イデオロギーの強さは点呼投票で判断。Frances Lee が指摘するように、点呼投票だけではイデオロギーの強さを正しく判断できない可能性がある。大きな理由は2つ。第一に、点呼投票で把握できるのは、下院本会議に送付された法案に対する投票のみだ。本書で示していくように、政党の指導部は過去数十年で立法機構を掌握しており、党の結束を乱し、超党派の支持が集まる法案を組織的にふるい落としている。このため、議会にいるはずの穏健派議員の数が低めに出る傾向がある。第二に、いまは法案の採決が行われても、多くのケースでは法案が成立しない（オバマケアの撤廃と新制度の導入を目指した採決が一例だ）。下院議員は政策を実現するために投票するのではなく、有権者にアピールするために投票しているのである。ただ、こうした「見せかけの採決」で党の結束が強まる傾向があるということは次の点を物語っている。政党は力を持っており、今日の政党の競争には機能不全をもたらす性格があるのだ。以下参照。Frances E. Lee, "The 115th Congress and Challenges of Measuring Party Unity in a Polarized Era" (paper presented at the Dynamics of American Democracy conference, Brown University, November 14–15, 2018).

2. 議会の効率性を調べた多くの調査によると、法律の制定も長期的に見て同じように減少している。ただ、通常こうした調査では、個人や団体を称えるための儀式的な法律も調査対象に含まれている。儀式的な法律は日常生活にほとんど影響を及ぼさない。建物に名前を付ける、「アイスクリームの日」など新しい祝日を設けるといった法律が多い。こうした儀式的な法律は国民の生活に大きな影響を及ぼさないため、本書ではデータから除外した。議会の効率性を調査する際に、儀式的な法律とそれ以外の法律を区別することについては以下の文献を参照した。Jonathan Lewallen, "You Better Find Something to Do: Lawmaking and Agenda Setting in a Centralized Congress," (PhD diss., University of Texas Austin, 2017). 議会の効率性を法律の制定数で判断することについては、議会で可決される各法案の分量が増えているとの批判も出ている。長期的に見て法律のページ数が全体として増えているという指摘だ。ただ、これについては一括法案の増加が主因だと説明できる。一括法案では、複数の問題（往々にしてまったく関係のない問題）を一つの大型法案に組み込んでいる。一括法案は建国当初から存在するが、20世紀に入り急増した。可決しやすいので多用されるのである。「あなたの背中を掻いてあげるから私の背中も掻いてくれ」というたぐいの法案だ。問題Aについてこの条項を支持するので、問題Bについて別の条項を支持してもらうという議員の間の取り決めである。これは効率のよい歩み寄りの形に見えるかもしれないが、そう単純ではない。こうした法案はとてつもなく長く、議員には法案を読む十分な時間が与えられないかだ。第114回議会では、提出された法案・決議案のうち採決にかけられたのは5%だった。以下参照。https://www.govtrack.us/congress/bills/statistics, accessed February 15, 2018. したがって、多数党の指導部は議員に影響力を持つことになる。議員は、地元有権者にとってきわめて重要な、個別のローカルな問題を抱えている。再選を目指す議員は政界の「起業家」とみられたいとも考える。このため、多数党指導部が議員の提出した法案・修正案を本会議に送付するかどうかで再選の行方が決まる。Pearson (2015) では、政党がこの影響力をてこにして、どのように議員から党への忠誠心を引き出しているかを検証している。党に従う議員のみが、誰もが欲しがる立法の機会を手に入れることができる。以下参照。Kathryn Pearson, chapter 4 in *Party Discipline in the U.S. House of Representatives* (Ann Arbor, MI: University of Michigan Press, 2015).

65. 技術的には「委員会審査解除動議」を利用すれば、議事運営委員会を迂回できる。この動議に218人の議員が署名すれば、委員会審査解除動議で定められたルールの下で法案が本会議に送付される。この動議は第4章で論じる「キャノンへの反乱」の一環で1910年に導入され、1960年代の公民権改革の推進で利用された。ただ政党は、議員が結束してこのようなタイプの議事手続き上の投票を行うことを容認しない。委員会審査解除動議が成功を収めることは、非常にまれだ。審査解除のルールは1993年に改定され、委員会審査解除動議の署名者全員の名前が連邦議会議事録で定期的に公表されるようになった。以下参照。Clifford Krauss, "Public Mood Bolsters Effort to End House's Secrecy Rule," *New York Times,* September 13, 1993, https://www.nytimes.com/1993/09/14/us/public- mood- bolsters- effort- to-end-house-s-secrecy-rule.html. Pearsonによると、その後2012年までの間に、多数党の指導部が反対した委員会審査解除動議が218人の署名を確保できた例は3件しかない。注目すべきは、2002年の超党派選挙運動改革法が3件のうちの1件だということだ。以下参照。Pearson, *Party Discipline in the U.S. House of Representatives,* 58. もちろん、委員会審査解除動議を示唆しただけで、多数党の指導部が行動を迫られることもある。最近では、輸出入銀行の免許更新法案や移民改革の採決を強制する法案がそうだ。以下参照。https://www.conginst.org/2015/10/15/thedischarge-petition- bipartisan- effort- might-revive-the-ex-im-bank/; http://time.com/5308755/discharge-petitions-defi nition-purpose-history/. ただ、委員会審査解除動議は党指導部にお灸をすえるという意味合いがあるとみられているため、議員はこの手段の活用に消極的だ。サラ・バインダーは委員会審査解除動議への署名に抵抗したことを振り返ってこう書いている。「多数党の議員は通常、委員会審査解除動議への署名を嫌う。党や委員会のトップの力を削ぐことになるからだ。そうした傾向は、議事手続きに関する議員の投票でもっと一般的に見られる。上院でも下院でも、議事手続きに関する投票では、法案の内容に関する投票よりも、はるかに党派的な姿勢が見られる」。以下参照。"Governing from the Monkey Cage: Discharge Rule Edition," *Washington Post,* October 4, 2013, https://www.washingtonpost.com/news/ monkey- cage/wp/2013/10/04/ governing-from- the-monkeycage-discharge-rule-edition/?utm_term=.4bf3ad318e5b. Sean Theriault によると、議会では1970年代以降、議事手続き上の投票で党に造反する意欲が確実に低下している。これが主因の一つとなって、最終の点呼投票で党派的な姿勢が強まっているという。以下参照。Sean M. Theriault, *Party Polarization in Congress* (2008), 223. 委員会審査解除動議の詳細については以下を参照。https://www.brookings.edu/ wp-content/uploads/2016/06/Jackman_Discharge-Procedure-Immigration-Reform_v17.pdf. Kathryn Pearson and Eric Schickler, "Discharge Petitions, Agenda Control, and the Congressional Committee System, 1929–76," *The Journal of Politics* (Oct, 2009), 1238–1256; Richard Beth, ''The Discharge Rule in the House: Recent Use in Historical Context,'' Congressional Research Service Report for Congress, Report 97–856 (2003).

66. David Hawkings, "Topic for Debate: Time to End Congressional Debates?," *Roll Call,* January 4, 2018, https://www.rollcall.com/news/hawkings/congressional-debates-little-impact.

67. 興味深いことに、上院も下院と同じ程度に二極化しているが、上院の政党は下院の政党ほど立法

(2008), 132. Kathryn Pearson, *Party Discipline in the U.S. House of Representatives* (2015) によると、党の運営委員会は委員長の人選や、強大な権限を持つ権威ある委員会の委員に昇進できる限られた数の議員を選ぶ際に忠誠心を考慮している。また、とくに強い権限を持ち希望者も多い4つの委員会（歳入、エネルギー・商業、議事運営、歳出委員会）の委員は、それ以外の委員会に所属する委員よりも忠誠心が高いことが多い。これは Cox and McCubbins の次の主張を裏づけている。「統計データで明らかだが、忠誠心の高い委員（点呼投票での忠誠度で判断）は昇進する可能性が高い（新人の場合は配属で有利になる可能性が高い）」。 *Legislative Leviathan,* 170.

57. 委員長はもはや独立した主体ではないが、多数党の操り人形とまでは言えないケースが多い。デニス・ハスタートはこの点を率直に認めている。「委員長はリーダーとしての役割を果たす。失敗すれば二度と委員長になれないことを知っているからだ」。以下参照。Cox and McCubbins, *Legislative Leviathan,* 232.

58. Eric Schickler and Kathryn Pearson, "The House Leadership in an Era of Partisan Warfare," in Lawrence Dodd and Bruce Oppenheimer, *Congress Reconsidered, 10th Edition.*

59. J. Lewallen, S. M. Theriault, and B. D. Jones, "Congressional Dysfunction: An Information Processing Perspective," *Regulation & Governance* 10, no. 2 (2016): 179–190.

60. 委員会通過後に調整が行われるケースが増えていることについては、以下にデータがある。Barbara Sinclair, *Unorthodox Lawmaking: New Legislative Processes in the U.S. Congress, 5th Edition* (Thousand Oaks, CA: Sage CQ Press, 2016): 149. See Mark J. Oleszek, " Post- Committee Adjustment in the Contemporary House: The Use of Rules Committee Prints," Jacob Straus and Matthew Glassman, *Party and Procedure in the United States Congress, 2nd Edition* (Lanham, MD: Rowman & Littlefi eld Publishers, 2017), 109.

61. 「1980年代終盤の下院では、主要法案の5本に1本近くが委員会で審議されなかった。1990年代にはこの頻度が平均で10本に約1本に減ったが、その後再び上昇し、2001〜06年には平均で5本に1本、さらに2007〜14年には3本に1本になっている」。以下参照。Sinclair, *Unorthodox Lawmaking, 5th Edition,* 18. Data on the increased frequency at which committees are bypassed can be found in Sinclair, *Unorthodox Lawmaking, 5th Edition,* 151.

62. Sinclair, *Unorthodox Lawmaking, 5th Edition,* 20. 共和党が1995年に下院で多数派になった際も、同じことをしている。ギングリッチ下院議長が作業部会を設置して、選挙公約の「アメリカとの契約」を直ちに実現した。

63. Bill Pascrell Jr., "Why Is Congress So Dumb," *Washington Post,* January 11, 2019, https://www.washingtonpost.com/news/posteverything/wp/2019/01/11/feature/why-is-congress-sodumb/?utm_term=.e1927c724b28. James M. Curry and Frances E. Lee によると、伝統的な「正規の順序」である委員会手続きの枠外で法案がまとめられるケースが増えている。興味深いことに、「正規の順序」が守られなかった場合は法案採決で党派的な行動が見られるという関係は確認できなかった。議員とハイレベルの議会スタッフ24人とのインタビューによると、非正規の手続きは、効率性、秘匿性、柔軟性といった党利の追求以外の目的で利用されているという。以下参照。James M. Curry and Frances E. Lee, "What Is Regular Order Worth? Partisan Lawmaking and Congressional Processes," *Journal of Politics* (2018). これは一般通念や他の実証研究と矛盾する。たとえば、以下を参照。 Laurel Harbridge, *Is Bipartisanship Dead? Policy Agreement and Agenda- Setting in the House of Representatives* (New York; Cambridge: Cambridge University Press, 2015). この重要きわまりない分野については、さらにリサーチが必要だ。

64. もしくは、Bruce Oppenheimer の有名な言葉によれば、議事運営委員会は現在「指導部の武器」となっている。以下参照。"The Rules Committee: New Arm of Leadership in a Decentralized House," *Congress Reconsidered.* 提出される数千本の法案・修正案のうち、議事日程にのせられるのはごくわず

45. Marjorie Hunter, "Seniority System Revised," *New York Times,* January 21, 1971.

46. Kevin R. Kosar and Adam Chan, "A Case for Stronger Congressional Committees," R Street Policy Study No. 66, August 2016, https://www.rstreet.org/wp-content/uploads/2016/08/66.pdf.

47. 委員会の委員長もこうした意図をくみ取り、行動を変えた。以下を参照。Sara Brandes Cook and John R. Hibbing, "Congressional Reform and Party Discipline: The Effects of Changes in the Seniority System on Party Loyalty in the House of Representatives," *British Journal of Political Science* 15 (1985), 207–226; Fiona M. Wright, "The Caucus Reelection Requirement and the Transformation of Committee Chairs," *Legislative Studies Quarterly* 25 (2000), 469–480.

48. Walter Oleszek, "Speakers Reed, Cannon, and Gingrich: Catalysts of Institutional Change," *The Cannon Centenary Conference: The Changing Nature of the Speakership* (Joint Commission on Printing, 2003).

49. Lawrence Dodd and Bruce Oppenheimer, "The House in a Time of Crisis," 29–31; C. Lawrence Evans and Walter J. Oleszek, *Congress Under Fire: Reform Politics and the Republican Majority* (Belmont, CA: Wadsworth, 1997); Eric Shickler, Epilogue in *Disjointed Pluralism: Institutional Innovation and the Development of the U.S. Congress* (Princeton, NJ: Princeton University Press, 2001).

50. Paul Glastris and Haley Sweetland Edwards, "The Big Lobotomy: How Republicans Made Congress Stupid," *Washington Monthly,* June/July/August 2014, https://washingtonmonthly.com/magazine/junejulyaug-2014/the-big-lobotomy/.

51. 議会技術評価局閉鎖の概要は以下を参照。Grant Tudor and Justin Warner, "The Congressional Futures Offices: A Modern Model for Science & Technology Expertise in Congress," Belfer Center for Science & International Affairs (2019), 28–31.

52. Derek Willis, ProPublica, and Paul Kane, "How Congress Stopped Working," *ProPublica,* November 5, 2018, https://www.propublica.org/article/how-congress-stopped-working.

53. Thomas Spulak and George Crawford, "How to Fix Congress in One Step," *Politico,* September 19, 2018, https://www.politico.com/agenda/story/2018/09/19/house-rulescommittee-congress-000699.

54. McKay Coppins, "The Man Who Broke Politics," *Atlantic,* October 17, 2018, https://www.theatlantic.com/magazine/archive/2018/11/newt-gingrich-says-youre-welcome/570832/; Alex Seitz- Wald, "How Newt Gingrich Crippled Congress," *Nation,* January 30, 2012, https://www.thenation.com/article/how-newt-gingrich-crippled-congress/.

55. Ryan Grim and Aida Chávez, "Here's How Much the Democratic Party Charges to Be on Each House Committee," The Intercept, September 3, 2019, https://theintercept.com/2019/09/03/dccc-house-committees-dues/.

56. たとえば、ナンシー・ペロシ下院議長は2007年にエネルギー・商業委員会のジョン・ディンゲル委員長を解任した。ディンゲルが下院議長選で他候補を支持したことやエネルギー法案をめぐる対立が背景だ。以下参照。David W. Rhode, Edward Stiglitz, and Barry Weingast, "Dynamic Theory of Congressional Organization," Stanford working paper, February 17, 2013, https://web.stanford.edu/group/mcnollgast/cgi-bin/wordpress/wp-content/uploads/2013/10/rsw_dynamics_1302171.pdf. 党の規律違反で処分された議員のリストは以下を参照。Matthew Green and Briana Bee, "Keeping the Team Together: Explaining Party Discipline and Dissent in the U.S. Congress," in Jacob Straus and Matthew Glassman, *Party and Procedure in the United States Congress, 2nd Edition* (2017), 48–49. Stiglitz and Weingast によると、党による処分は最近一般的になっているようだ。ただ、処分が公表される事例が近年増えたことが原因である可能性も指摘されている。党への「忠誠心がない」とみなされた議員は完全に無視されるケースのほうが多い。マージ・ルーケマ議員（共和党、ニュージャージー州選出）は党に造反する意向を示したため、金融サービス委員長の座に就けなかった。これを受け「非常に失望」したルーケマは政界を引退した。Sam Theriault, *Party Polarization in Congress*

University Press of Kansas, 2002); John Aldrich and David Rohde, "Congressional Committees in a Partisan Era," in *Congress Reconsidered, 8th Edition,* ed. Lawrence Dodd and Bruce Oppenheimer (Thousand Oaks, CA: CQ Press, 2005); Nathan Monroe, Jason Roberts, and David Rhode, *Why Not Parties? Party Effects in the United States Senate* (Chicago: University of Chicago Press, 2008); Sean M. Theriault, *Party Polarization in Congress* (New York; Cambridge: Cambridge University Press, 2008); Barbara Sinclair, *Party Wars* (Norman, OK: University of Oklahoma Press, 2006); Lawrence Dodd and Bruce Oppenheimer, "The House in a Time of Crisis," in *Congress Reconsidered, 10th Edition,* ed. Dodd and Oppenheimer (2013). ただ、議会における政党の力は長期的に見て劇的には変わっていないという説もある。「カルテル政党論」に関連する説だ。詳細は以下を参照。Gary Cox and Matthew McCubbins, *Legislative Leviathan: Party Government in the House, 2nd Edition* (New York; Cambridge: Cambridge University Press, 2007).

38. 「教科書通りの議会」という用語は以下の文献に基づく。Shepsle, "The Changing Textbook Congress".

39. John H. Aldrich, Brittany N. Perry, and David W. Rhode, "Richard Fenno's Theory of Congressional Committees and the Partisan Polarization of the House," *Congress Reconsidered,* ed. Dodd and Oppenheimer (Washington, DC: CQ Press, 2001).

40. 当時の政党の役割が小さかったことについては、有名な議会研究でこう指摘されている。「政党を分析単位と仮定して理論を構築してもうまくいかない。このため、検証すべき単位は二大政党ではなく、535人の個々の議員となる」。David Mayhew, *The Electoral Connection* (New Haven: Yale University Press, 1974), 27.（邦訳はデイヴィッド・メイヒュー著、岡山裕訳『アメリカ連邦議会：選挙とのつながりで』勁草書房）

41. この時代の議会委員会に関する重要な文献は以下の通り。Richard Fenno, *Congressmen in Committees* (1973). 最近の二極化を踏まえた上でFennoの業績を現代の視点で再評価した文献は以下の通り。John H. Aldrich, Brittany N. Perry, and David W. Rhode, "Richard Fenno's Theory of Congressional Committees and the Partisan Polarization of the House," in *Congress Reconsidered, 10th Edition,* 193–220. 委員会の役割に対する逆の見方としては、委員会制度とは事実上、地元有権者に人気のある政策を可決するための所管を越えた交渉・駆け引きの制度だったと強調する分配理論がある。以下を参照。Barry R. Weingast and William J. Marshall, "The Industrial Organizations of Congress; Or Why Legislatures, Like Firms, Are Not Organized as a Market," *Journal of Political Economy* (1988), 132–163; Barry R. Weingast, Kenneth A. Shepsle, and Christopher Johnsen, "The Political Economy of Benefits and Costs: A Neoclassical Approach to Distributive Politics," *Journal of Political Economy* (1981), 642–664; Christopher R. Berry and Anthony Fowler, "Cardinals or Clerics? Congressional Committees and the Distribution of Pork," *American Journal of Political Science* (2015), 692–708. 委員会制度が果たしていた建設的な役割と委員会の力を再び強化する必要性を論じた最近の文献は以下の通り。Kevin R. Kosar and Adam Chan, "A Case for Stronger Congressional Committees," R Street Institute, 2016.

42. 以下参照。David W. Rohde, *Parties and Leaders in the Post Reform House* (1991); John H. Aldrich, *Why Parties?* (1995); Lawrence Dodd and Bruce Oppenheimer, "The House in a Time of Crisis," *Congress Reconsidered, 10th Edition.*

43. DSG background paper, "The Case for House Democratic Caucus Action against Rep. John Bell Williams and Rep. Albert W Watson" (December 1964). Quoted in Sam Rosenfeld, *The Polarizers* (Chicago: University of Chicago Press, 2018).

44. Shepsle, "The Changing Textbook Congress." その後、議員総会の開催頻度は急増している。以下を参照。Richard Forgette, "Party Caucuses and Coordination: Assessing Caucus Activity and Party Effects," *Legislative Studies Quarterly* (204), 407–430.

remake- the- house- gop- brand-and-his-own/2014/03/23/b1a5e430-af9f-11e3-95e8-39bef8e9a48b_story.html?noredirect=on&utm_term=.aae084ba0938; Jason Zengerle, "Eric Cantor's America," *New York,* September 30, 2011, http://nymag.com/news/politics/eric-cantor-2011-10/#print.

26. Cameron Easley, "America's Most and Least Popular Governors: Q1 2018 Rankings," Morning Consult, April 12, 2018, https://morningconsult.com/2018/04/12/ americas-mostand-least-popular-governors/.

27. Greg Orman, *A Declaration of Independents: How We Can Break the Two- Party Stranglehold and Restore the American Dream* (Austin, TX: Greenleaf Group Book Press, 2016), 61.

28. Lee Drutman, *Breaking the Two- Party Doom Loop: The Case for Multiparty Democracy in America* (New York; Oxford: Oxford University Press, 2020), 31.

29. Russell Berman, "Cruz: Political 'Tsunami' Needed to Win Fight to Defund Obamacare," The Hill, August 25, 2013, https://thehill.com/video/ sunday- shows/318647- cruz-tsunami-neededto-defund-obamacare.

30. 政府機関閉鎖の概要は以下を参照。Walter J. Oleszek, "The Government Shutdown of 2013: A Perspective," in *Party and Procedure in the United States Congress, 2nd Edition,* ed. Jacob Straus and Matthew Glassman (2017).

31. Leigh Ann Caldwell, "Architect of the Brink: Meet the Man behind the Government Shutdown," CNN, updated October 1, 2013, http://www.cnn.com/2013/09/27/politics/housetea-party/index.html.

32. 詳しい経緯は以下を参照。Eric Krupke, "How We Got Here: A Shutdown Timeline," National Public Radio, October 17, 2013, https://www.npr.org/sections/itsallpolitics/2013/10/16/235442199/ how- we-got-here-a-shutdown-timeline.

33. Brad Plumer, "Absolutely Everything You Need to Know about How the Government Shutdown Will Work," *Washington Post,* September 30, 2013, https://www.washingtonpost.com/news/wonk/wp/2013/09/30/ absolutely- everything- you- need- to- know- about- how-thegovernment-shutdown-will-work/?noredirect=on&utm_term=.b2871aafe0a4.

34. Oleszek, "The Government Shutdown of 2013: A Perspective," *Party and Procedure in the United States Congress, 2nd Edition.*

35. ハスタート・ルールの概要は以下を参照。Sarah A. Binder, "Oh 113th Congress Hastert Rule, We Hardly Knew Ye!" Brookings Institution, January 17, 2013, https://www.brookings.edu/blog/ up-front/2013/01/17/ oh- 113 th- congress- hastert-rule-we-hardly-knew-ye/.

36. Shushannah Walshe, "The Costs of the Government Shutdown," ABC News, October 17, 2013, https://abcnews.go.com/blogs/politics/2013/10/ the-costs-of-the-government-shutdown/.

37. 立法機構の変遷の概要は以下を参照。Kenneth Shepsle, "The Changing Textbook Congress," in *Can Government Govern?* ed. John Chubb and Paul Peterson (Washington, DC: Brookings Institution Press, 2010); David W. Rohde, *Parties and Leaders in the Postreform House* (Chicago: University of Chicago Press, 1991); Sam Rosenfeld, chapter 1 in *The Polarizers: Postwar Architects of Our Polarized Era* (Chicago: University of Chicago Press, 2017); Jeffrey Jenkins, "The Evolution of Party Leadership," in *The Oxford Handbook of the American Congress* (2011); Barbara Sinclair, *Unorthodox Lawmaking: New Legislative Processes in the U.S. Congress 5th Edition* (Thousand Oaks, CA: Sage CQ Press, 2016), chapter 6; Steven S. Smith, *Party Infl uence in Congress* (New York; Cambridge: Cambridge University Press, 2007); Steven Smith and Gerald Gamm, "The Dynamics of Party Government In Congress," in *Congress Reconsidered, 10th Edition,* ed. Lawrence Dodd and Bruce Oppenheimer (Thousand Oaks, CA: CQ Press, 2013); Barbara Sinclair, "The Dream Fulfi lled? Party Development in Congress, 1950–2000," in *Responsible Partisanship? The Evolution of American Political Parties Since 1950,* ed. John C. Green and Paul S. Hernson (Lawrence, KS:

into Americans," in *Politics to the Extreme: American Political Institutions in the Twenty-First Century,* ed. Scott A. Frisch and Sean Q. Kelly (New York: Palgrave Macmillan, 2013) 219–226. 以下も参照。Will Bunch, "The Backlash," *New York Times,* September 13, 2010, https://www.nytimes.com/2010/09/13/books/excerpt-backlash.html.

16. Jeff Zeleny, "G.O.P. Leaders Say Delaware Upset Damages Senate Hopes," *New York Times,* September 14, 2010, https://www.nytimes.com/2010/09/15/us/politics/15elect.html.
17. Ed Hornick, "Christine O'Donnell: From 'witchcraft' to Tea Party favorite," CNN, October 13, 2010, http://www.cnn.com/2010/POLITICS/10/13/christine.odonnell.profi le/index.html.
18. "O'Donnell Winning Tea Party, Losing Delaware," Fairleigh Dickinson University's PublicMind, October 28, 2010, http://publicmind.fdu.edu/winsome/fi nal.pdf.
19. Edwards, "How to Turn Democrats and Republicans into Americans," in *Politics to the Extreme,* 219–226.
20. Mickey H. Edwards, "The Case for Transcending Partisanship," *Daedalus* 142, no. 2 (2013): 84–94, https://www.amacad.org/publication/case-transcending-partisanship.
21. "Sore Loser Laws in the 50 States," Ballotpedia, accessed November 2019, https://ballotpedia.org/Sore_loser_laws_in_the_50_states.
22. ワシントン州とカリフォルニア州がそれぞれ2004年、2011年に超党派の予備選を採用したため、それまでの46州から若干減少した。ソアルーザー法のさまざまな形態と各州の採用年は以下を参照。Barry C. Burden, Bradley M. Jones, and Michael S. Kang, "Sore Loser Laws and Congressional Polarization," *Legislative Studies Quarterly* 39, no. 3 (August 2014): 299–325. Burden et al. (2014) の主張とは異なり、本書では超党派の予備選をソアルーザー法の一形態とはみなさない。
23. 以下参照。 Troy K. Schneider, "Can't Win for Losing," *New York Times,* July 16, 2006, http://www.nytimes.com/2006/07/16/opinion/nyregionopinions/16CTschneider.html?mcubz=0.
24. "The Worst Ballot Access Laws in the United States," FairVote, January 13, 2015, https://www.fairvote.org/ the- worst- ballot- access-laws-in-the-united-states.
25. カンターは歩み寄りを重視する政治家とはとても言えないが、あるアナリストが鋭く指摘するように「カンターは自分が下院議長になれば、制御不可能に見える共和党をまとめるだけでなく、民主党と協力する必要があると数年前から考えるようになっていた。ジョン・ベイナー下院議長の宿敵という立場から、(たとえば債務上限問題などで積極的に合意を目指す)融和的な保守派にゆっくりと立ち位置を変えていった。またカンターは、保守的な政策の代替案を明確にすることに共和党内のほぼ誰よりも時間とエネルギーを費やすようになった。(……)自ら主宰した非公式な会議で2013年の政府機関閉鎖を扇動したティーパーティー系の議員を激しく非難し、投票権法の規定の一部復活を支持したほか、幼少時に両親とともに不法入国した移民を法律で保護するため、内容を薄めた形のドリーム法の起草に関与した。だが、カンターは、こうした現実的な姿勢に、地元の筋金入りの保守派が予備選でどんな反応を示すかを軽視していたようだ」。以下参照。David Wasserman, "What We Can Learn From Eric Cantor's Defeat," FiveThirtyEight, June 20, 2014, https://fi vethirtyeight.com/features/ what- we- can-learnfrom-eric-cantors-defeat/. 以下も参照。Robert Costa, Laura Vozzella, and David A. Fahrenthold, "Republican House Party Leader Eric Cantor Succumbs to Tea Party Challenge Eric Bratt," *Washington Post,* June 11, 2014, https://www.washingtonpost.com/local/ virginia- politics/ ericcantor-faces-tea-party-challenge-tuesday/2014/06/10/17da5d20-f092-11e3-bf76-447a5df6411f_story.html?noredirect=on&utm_term=.f17ee81ef6b7. カンターの姿勢の変化については以下も参照。Ryan Lizza, "The House of Pain," *New Yorker,* February 24, 2013, https://www.newyorker.com/magazine/2013/03/04/the-house-of-pain; Robert Costa, "Eric Cantor Attempts to Remake the House GOP Brand, and His Own," *Washington Post,* March 24, 2014, https://www.washingtonpost.com/politics/ eric- cantor- attempts- to-

第2章

1. Samuel F. Toth, *The Political Duopoly: Antitrust Applicability to Political Parties and the Commission on Presidential Debates,* 64 Case W. Res. L. Rev. 239 (2013), https://scholarlycommons.law.case.edu/cgi/viewcontent.cgi?article=1180&context=caselrev.
2. Brennan Center for Justice et al., "Deteriorating Democracy: How the Commission for Presidential Debates Undermines Democracy," August 2004, https://www.opendebates.org/pdfs/REPORT2.pdf.
3. ハーバード大学政治研究所の別の委員会（ニュートン・ミノー委員長）も同様の結論に達した。以下を参照。Commission on Presidential Debates, https://www.debates.org/about-cpd/overview/. ミノーはその後、大統領候補討論会委員会の副委員長となった。以下も参照。Robert E. Hunter, *Electing the President: A Program for Reform* (Center for Strategic and International Studies, Georgetown University, 1986), https://www.fordlibrarymuseum.gov/library/document/0375/1682722repro.pdf.
4. Brennan Center for Justice et al., "Deteriorating Democracy."
5. Hunter, *Electing the President.*
6. Phil Gailey, "Democrats and Republicans Form Panel to Hold Presidential Debates," *New York Times,* February 19, 1987, https://www.nytimes.com/1987/02/19/us/ democrats- andrepublicans-form-panel-to-hold-presidential-debates.html?pagewanted=1.
7. Brennan Center for Justice et al., "Deteriorating Democracy."
8. Toth, *The Political Duopoly* ," 249.
9. George Farah, *No Debate: How the Republican and Democratic Parties Secretly Control the Presidential Debate* (New York: Seven Stories Press, 2004).
10. Brennan Center for Justice et al., "Deteriorating Democracy."
11. "Opinion: Fixing the Presidential Debates," *New York Times,* September 18, 1996, https://www.nytimes.com/1996/09/18/opinion/fi xing-the-presidential-debates.html.
12. "About the CPD," Commission on Presidential Debates, accessed November 2019, https://www.debates.org/about-cpd/.
13. 非営利団体「レベル・ザ・プレイング・フィールド」が起こした訴訟の資料を参照。「申し立ての事実関係に関する提出文書の要点は二つの報告書にまとめられているが、両報告書はCPDの15%ルールが無所属・第三政党候補の排除を意図したものだと主張している。クリフォード・ヤング博士による第一の報告書は、15%の基準に達するには、候補者の名前が人口の60〜80%に認知される必要があると結論づけている。ダグラス・スコーエンによる第二の報告書は、第三政党・無所属候補が60%の認知度を達成するために必要なコストが2億6600万ドル以上（うち1億2000万ドル近くは有料メディアのコンテンツの制作・配信費）と推定しており、非主要政党の候補に合理的に手の届く金額ではないとの結論を下している。また、ヤングもスコーエンも、3候補が争う選挙の世論調査結果は本質的に信頼できず、したがって第三政党・無所属候補の支持率を示す客観的な指標とはならないと結論づけている。両報告書は結論を出すに当たり、第三政党・無所属候補が『政党のハロー効果』(「大政党の候補だから優れた候補だ」とみなされる効果）の恩恵を受けられないという点で不利な立場にあると断言している。民主・共和党候補は、このハロー効果により、知名度にかかわらず、主要政党の候補というだけで最低限の票を獲得できる可能性があるほか、主要政党の予備選に関する報道で知名度が上がるというメリットも得られるとしている」https://www.gpo.gov/fdsys/pkg/FR-2017-03-29/pdf/2017-06150.pdf.
14. "Political Typology Reveals Deep Fissures on the Right and the Left," Pew Research Center, October 24, 2017, https://www. people-press.org/2017/10/24/1-partisanship-andpolitical-engagement/.
15. この格好の実例については以下を参照。Mickey Edwards in "How to Turn Democrats and Republicans

42. 一連の推計値はさまざまな情報源のデータに基づく。連邦選挙への支出については Federal Election Commission, https://beta.fec.gov/data/, accessed March 2017 のほか、Center for Responsive Politics, http://www.opensecrets.org/ outsidespending/fes_summ.php, accessed March 2017 の一部のデータを参照した。ロビー活動のデータは以下を参照した。Center for Responsive Politics, based on data from Senate Office of Public Records, https://www.opensecrets.org/lobby/, accessed March 2017. シンクタンクのリストは以下を参照した。James G. McGann, "2015 Global Go To Think Tank Index Report," TTCSP Global Go To Think Tank Index Reports, February 9, 2016, table 7. シンクタンクの政治的志向については以下の複数の情報源を参照した。James G. McCann, *Think Tanks and Policy Advice in the United States* (Abingdon, UK: Routledge, 2007); FAIR Think Tank Spectrum Study 2012; InsideGov.com. シンクタンクの収入についてはガイドスターと各機関のウェブサイトを参照した。政治番組を通じたメディアの広告収入については、カンター・メディア提供の広告収入データを基に著者が分析した。政治番組の広告収入から（二重計上を防ぐため）政治広告を除外する際には以下のデータを利用した。Political TV Ad Archive, https://politicaladarchive.org/data/, accessed March 2017, Erika Franklin Fowler, Travis N. Ridout, and Michael M. Franz, "Political Advertising in 2016: The Presidential Election as Outlier?" *Journal of Applied Research in Contemporary Politics,* February 22, 2017.
43. おもに政治問題を取り上げる主要テレビ番組で政治をトピックにした回の広告収入。カンター・メディア提供の広告収入データを基に著者が分析した。
44. 被雇用者の総計は、登録ロビイスト、党派的もしくは党派的な偏りのあるシンクタンクの職員、所得が1万5080ドル（連邦最低賃金で働くフルタイムの人の年収）以上の個人の数の推計値を反映している。「大型」コンサルティング契約は2016年の累計所得5万ドル以上と定義。ロビイストの数については Center for Responsive Politics, https://www.opensecrets.org/lobby/, accessed June 2017 を参照。シンクタンクの職員数についてはガイドスターと年次報告書を参照した。運動員の数とコンサルティング契約は以下のデータを基に著者が分析。Federal Election Commission, https://www.fec.gov/data/disbursements, accessed July 2017. 登録ロビイストのみでは2016年に1万1170人。以下を参照。Center for Responsive Politics, Lobbying Database, https://www.opensecrets.org/lobby/, accessed August 2017.
45. たとえば、知事、議員など州の公職者の候補は2018年に22億ドルの選挙献金を集めた。ロビー活動、広告など他のすべての支出を加えれば、州選挙の支出は大きく膨らみ、政治産業の巨大さが明らかになる。州選挙の支出に関する詳細は以下を参照。Geoff Mulvihill, "AP: Political Money in State-Level Campaigns Exceeds $2B," AP NEWS, Associated Press, November 1, 2018, https://www.apnews.com/b3ead0614b664bd89fbe1c8c19c42131.
46. たとえば以下を参照。Tim LaPira, "How Much Lobbying Is There in Washington? It's Double What You Think," Sunlight Foundation, November 25, 2013, and Emma Baccellieri and Soo Rin Kim, "Boehner Joins the Not- Quite- a- Lobbyist Ranks," Center for Responsive Politics, September 21, 2016.
47. 以下を参照。Leadership Now Project, "Democracy Market Analysis 1.0: Highlights, April 2019," https://app.box.com/s/62p88nxqny80x3efgya079fgt6k92q3j.
48. 産業の規模は2016年に「政府」が生み出した付加価値の対国内総生産（GDP）比で測定（連邦政府と州・地方自治体が生み出した付加価値の合計。商務省経済分析局の産業分析では合計されていない）。以下のデータから著者が分析。Bureau of Economic Analysis, GDP- by- Industry data, accessed August 2017. 連邦政府の支出（2016年度）のデータは以下を参照。Congressional Budget Office, "The Budget and Economic Outlook: 2017 to 2027," Budget Data, January 24, 2017, https://www.cbo.gov/publication/52370.

33. Total is for 2017–2018 cycle and includes Advisory Opinion 2014-12 (which allows separate contribution limits for national convention committees). Methodology from R. Sam Garrett, "Increased Campaign Contribution Limits in the FY2015 Omnibus Appropriations Law: Frequently Asked Questions," Congressional Research Service, December 19, 2014, http://op.bna.com.s3.amazonaws.com/der.nsf/r%3FOpen%3Dsbay-9s6pa3. Updated contribution limits from "Contribution Limits for 2015–2016 Federal Elections," Federal Election Commission, accessed March 2017, http://www.fec.gov/info/contriblimitschart1516.pdf.〔ママ〕

34. 1860年以降に結成された新党でもっとも重要なのが進歩党（別名ブル・ムース党、1912〜16年）だ。1912年に共和党の指名獲得を逃したセオドア・ローズベルトが大統領選に出馬するために設立した。13人の下院議員を当選させたが、議員の大半が共和党に戻ったため、解党した。直近の選挙で成功を収めた最後の新党が改革党だ。1992年の大統領選に出馬したロス・ペローが創設した。ペローは大統領選で19％の票を獲得している。改革党は1995〜2000年まで続き、1998年にはジェシー・ベンチュラがミネソタ州知事に選出されるという大きな成果を残した。現在もっとも重要な第三政党はリバタリアン党と緑の党だ。ともに毎年、多数の候補を擁立しているが、議会選や知事選でまだ当選者を出していない。以下を参照。"Bull Moose Party," Encyclopædia Britannica, July 12, 2015, https://www.britannica.com/topic/Bull-Moose-Party; "Progressive (Bull Moose) Party (1912)," in *Guide to U.S. Elections,* 6th ed., vol. 1 (Washington: CQ Press, 2010); Reform Party National Committee, "About," accessed March 2017, http://www.reformparty.org/about/; CQ Voting and Elections Collection, "Third Party Results," CQ Press Electronic Library, accessed March 2017.

35. John Laloggia, "Six Facts About U.S. Political Independents," Pew Research Center, May 5, 2019, https://www.pewresearch.org/ fact- tank/2019/05/15/facts-about-us-political-independents/.

36. Federal Election Commission, "Contribution Limits," accessed February 3, 2020, https://www.fec.gov/help- candidates- and- committees/candidate-taking-receipts/contribution-limits/.

37. たとえば以下を参照。Office of Commissioner Ann M. Ravel, "Dysfunction and Deadlock: The Enforcement Crisis at the Federal Election Commission Reveals the Unlikelihood of Draining the Swamp," Federal Election Commission, February 2017, https://www.fec.gov/resources/aboutfec/commissioners/ravel/statements/ravelreport_feb2017.pdf.

38. Nicholas Confessore and Karen Yourish, "$2 Billion Worth of Free Media for Donald Trump," *New York Times,* March 15, 2016, https://www.nytimes.com/2016/03/16/upshot/measuring- donald- trumps-mammoth-advantage-in-free-media.html.

39. Dwight D. Eisenhower, "Farewell Address, Delivered January 17, 1961," American Rhetoric, Top 100 Speeches, last updated February 18, 2017, https://americanrhetoric.com/speeches/dwightdeisenhowerfarewell.html.

40. たとえば、政治献金を監視する「センター・フォー・レスポンシブ・ポリティクス（CRP）」によると、2015〜16年の大統領選挙期間中の選挙コスト総額は1999〜2000年の選挙期間からインフレ調整後で60％増えた。CRPも指摘しているが、2016年のコスト総額の推計値には、PAC（政治活動委員会）が支出した議会選に関連する間接費も含まれている。コスト総額は「大統領候補、上院・下院議員候補、政党のほか、連邦選挙に影響を及ぼそうとした独立系利益団体の支出全額から成る」。"Cost of Election," The Center for Responsive Politics, https://www.opensecrets.org/overview/cost.php, accessed February 2017.

41. 方法論については以下を参照。Katherine M. Gehl and Michael E. Porter, "Why Competition in the Politics Industry Is Failing America: A Strategy for Reinvigorating Our Democracy" (Boston: Harvard Business School, 2017): Appendix E.

opensecrets.org/lobby/.

31. Ezra Klein, "Corporations Now Spend More Lobbying Congress Than Taxpayers Spend Funding Congress," Vox, updated July 15, 2015, https://www.vox.com/2015/4/20/8455235/congress-lobbying-money-statistic.

32. 政産複合体の直接支出だけを見ても、政治が他の産業に及ぼしている経済的な影響の全容を把握することはできない。研究者はロビー活動に複数の「見返り」があると指摘している。連邦税の節税、企業に有利な規制の施行、企業の不正行為の摘発の先延ばし、割り当てられる連邦資金の増加。筆者はこうした研究結果を6つの大きなカテゴリーに分けて以下のリストに示した。リストは完全なものではないが、こうした研究結果を総合すると、ロビー活動が公共政策に影響を及ぼす、金銭的に効率のよいメカニズムであることがはっきりする。

1. ロビー活動と節税（雇用創出法）

   A. Raquel Alexander, Stephen W. Mazza, and Susan Scholz, "Measuring Rates of Return on Lobbying Expenditures: An Empirical Case Study of Tax Breaks for Multinational Corporations," *Journal of Law and Politics* (2009).

   B. Hui Chen, Katherine Gunny, and Karthik Ramanna, "Return on Political Investment in the American Jobs Creation Act of 2004," working paper 15-050, Harvard Business School, December 2014.

2. ロビー活動と通商政策

   A. Seung- Hyun Lee and Yoon- Suk Baik, "Corporate Lobbying in Antidumping Cases: Looking into the Continued Dumping and Subsidy Offset Act," *Journal of Business Ethics* 96, no. 3 (October 2010).

   B. Patricia Tovar, "Lobbying Costs and Trade Policy," *Journal of International Economics* 83 (2011).

   C. Karam Kang, "Policy Influence and Private Returns from Lobbying in the Energy Sector," *Review of Economic Studies* 83 (2016).

3. ロビー活動と法律上の裁量余地（不正行為の摘発、証券取引委員会の執行活動）

   A. Frank Yu and Xiaoyun Yu, "Corporate Lobbying and Fraud Detection," *Journal of Financial and Quantitative Analysis* 46, no. 6 (2011).

   B. Maria M. Correia, "Political Connections and SEC Enforcement," *Journal of Accounting and Economics* 57 (2014).

4. ロビー活動と不良資産救済プログラム（TARP）のサポート

   A. Benjamin M. Blau, Tyler J. Brough, and Diana W. Thomas, "Corporate Lobbying, Political Connections, and the Bailout of Banks," *Journal of Banking & Finance* 37 (2013).

   B. Ran Duchin and Denis Sosyura, "The Politics of Government Investment," *Journal of Financial Economics* 106 (2012).

5. ロビー活動と公的部門（教育機関、都市）

   A. John M. de Figueiredo and Brian S. Silverman, "Academic Earmarks and Returns to Lobbying," *Journal of Law & Economics* 49, no. 2 (2006).

   B. Rebecca Goldstein and Hye Young You, "Cities as Lobbyists," *American Journal of Political Science* (April 2017).

6. ロビー活動とエネルギー産業

   A. Karam Kang, "Policy Influence and Private Returns from Lobbying in the Energy Sector," *Review of Economic Studies* (2016).

Press (2015).

19. Thomas Jefferson to Edward Carrington, January 16, 1787, in *The Works of Thomas Jefferson,* vol. 5, *Correspondence 1786-1789,* ed. Paul Leicester Ford (New York and London: G. Putnam's Sons, 1904–1905), http://oll-resources.s3.amazonaws.com/titles/802/Jefferson_0054-05_EBk_v6.0.pdf.

20. Author Miller, *(London) Observer,* November 26, 1961.

21. 以下参照。Adam Sheingate, *Building a Business of Politics: The Rise of Political Consulting and the Transformation of American Democracy* (New York; Oxford: Oxford University Press, 2016).

22. 企業経営者出身のデヴィッド・ドッドソンは2018年、ワイオミング州で共和党の上院予備選に現職のジョン・バラッソに対抗する形で出馬したが、二大政党がサプライヤーを掌握している事実を身をもって知った。「私が最高経営責任者（CEO）時代にビジネスで何百万ドルも支払っていた法律事務所を雇おうとしたが、断られた。民主党としか仕事ができないという説明だった。共和党にサービスを提供している法律事務所に連絡を取ったが、現職に対抗する候補とは仕事ができないと言われた。事務所全体が脅威にさらされるという理由だった。組織を立ち上げ予備選で確実に現職に対抗しようとした際も、選挙スタッフの採用やマーケティング会社との契約で、同じことが繰り返し起きた」。以下を参照。David Dodson, "Why Do We Let Political Parties Act Like Monopolies?" *New York Times,* May 20, 2019, https://www.nytimes.com/2019/05/20/opinion/primary-challengers.html.

23. Jonathon Martin, "Republican Campaign Committee Pushes Back Against Conservative Group," New York Times Blog, *New York Times,* November 1, 2013, https://thecaucus.blogs.nytimes.com/2013/11/01/republican- campaign- committee-pushes-back-against-conservativegroup/.

24. Laura Barron- Lopez, Zach Montellaro, Ben White, and David Brown, "New DCCC Chair Bustos Vows to Stay on Offense in 2020," *Politico,* January 6, 2019, https://www.politico.com/story/2019/01/06/dccc-chair-cheri-bustos-2020-1058174.

25. シンクタンクの数は以下のリポートを参照した。James G. McGann, "2015 Global Go To Think Tank Index Report," February 9, 2016, http://repository.upenn.edu/cgi/viewcontent.cgi?article=1009&context=think_tanks. 予算の推定額は、同リポートの表7に掲載されているアメリカのシンクタンクの直近の収入データを基に著者が分析した。同リポートのリストで入手できる収入データは、シンクタンク64社のみで、総額は20億ドルを超える。収入のデータは非政府組織のデータベース「ガイドスター」と年次報告書を参照した。

26. Tevi Troy, "Devaluing the Think Tank," *National Affairs,* Winter 2012, http://www.nationalaffairs.com/publications/detail/devaluing-the-think-tank.

27. アメリカの大手シンクタンクのリストは以下を参照。James G. McGann, "2015 Global Go To Think Tank Index Report," February 9, 2016, http://repository.upenn.edu/cgi/viewcontent.cgi?article=1009&context=think_tanks. 政治的な志向は複数の情報源を参考に特定した。たとえば以下を参照。 James G. McGann, *Think Tanks and Policy Advice in the United States* (Abingdon, UK: Routledge, 2007); Michael Dolny, "FAIR Study: Think Tank Spectrum 2012," July 1, 2013, http://fair.org/extra/fair%E2%80%88study-think-tank-spectrum-2012/; InsideGov, "Research Think Tanks," accessed March 2017, http://think-tanks.insidegov.com/.

28. 以下のデータから著者が分析。 Brookings Institution, "Vital Statistics on Congress," https://www.brookings.edu/ multi- chapter-report/vital-statistics-on-congress/.

29. Lee Drutman and Steven Teles, "Why Congress Relies on Lobbyists Instead of Thinking for Itself," *Atlantic,* March 10, 2015, https://www.theatlantic.com/politics/archive/2015/03/ when- congress- cant-think- for-itself-it-turns-to-lobbyists/387295/.

30. "Lobbying Data Summary," Center for Responsive Politics, accessed July 2017, https://www.

下りのロビイストの数は、多少誇張されている可能性もある。Herschel and LaPira (2017) によると、天下りのロビイストは、その他のロビイストよりも登録して活動していることがはるかに多い。以下参照。Thomas Herschel and Timothy LaPira, “How Many Lobbyists Are in Washington? Shadow Lobbying and the Gray Market for Policy Advocacy,” *Interest Groups & Advocacy* 6, no. 3 (2017): 199–214, doi: 10.1057/s41309-017-0024-y. こうした元政府関係者はロビー活動の成果に大きな影響を及ぼす。Baumgartner et al. (2009) によると、政府以外の変数でロビー活動の成否を体系的に予測できる唯一の変数が「カバード・オフィシャル」(地位の高い政府関係者) の雇用だ。以下参照。Frank Baumgartner et al., *Lobbying and Policy Change: Who Wins, Who Loses, and Why* (Chicago: University of Chicago Press, 2009). 同様に、Lazarus and McKay (2012) によると、元政府関係者をロビイストとして雇っている大学は、そうでない大学より紐付き予算を獲得できる可能性が高い。「学校が天下りのロビイストを雇用すれば、紐付き予算を獲得できる予想確率が2002年で30%近く、2003年で35%近く上昇する」。以下を参照。Jeffrey Lazarus and Amy Melissa McKay, “Consequences of the Revolving Door: Evaluating the Lobbying Success of Former Congressional Members and Staff ” (paper presented at the Midwest Political Science Association Annual Meeting, Chicago, April 2012), doi: 10.2139/ssrn.2141416. このため、Blanes i Vidal et al. (2012) と Bertrand et al. (2011) によると、天下りのロビイストは、他のロビイストよりも収入が多い。以下を参照。Jordi Blanes i Vidal, Mirko Draca, and Christian Fons- Rosen, “Revolving Door Lobbyists,” *American Economic Review* 102, no. 7 (2012): 3731–3748, doi: 10.1257/aer.102.7.3731; Marianne Bertrand, Matilde Bombardini, and Francesco Trebbi, “Is It Whom You Know or What You Know? An Empirical Assessment of the Lobbying Process” (NBER working paper 16765, 2011).

15. Martin Gilens and Benjamin I. Page, “Testing Theories of American Politics: Elites, Interest Groups, and Average Citizens,” *Perspectives on Politics* 12, no. 3 (September 2014), 564–581.

16. Nickerson and Rogers (2014) では、選挙データの分析を通じていかに競争上重要なメリットが得られるかを説明している。「選挙データの分析では (……) 個人レベルでスコアを出せる予測モデルを開発できる。各有権者が一定の政治行動をとる確率、候補や争点を支持する確率、的を絞った働きかけに反応する確率を予測できるのだ。こうしたスコアの利用は、過去数回の選挙期間で激増している」。また「こうした (予測) スコアは有権者への直接の働きかけ (アウトリーチ) のほぼあらゆる側面で対象を絞るために活用されている。個別訪問、ダイレクトメール、電話、電子メール、テレビ広告や、ソーシャルメディアを通じたアウトリーチ (フェイスブックやツイッターなど) のほか、場合によってはウェブサイトの表示でも利用されている」。同著者のモデルによると、反応スコアが高い上位20%の有権者に対し的を絞った説得工作を行うと、的を絞らない場合の3倍の票を獲得できる。David W. Nickerson and Todd Rogers, “Political Campaigns and Big Data,” *Journal of Economic Perspectives* 28, no. 2 (Spring 2014), 51–74.

17. たとえば、メディア大手のコムキャストは年次報告書で「(有線通信部門の) 広告収入は2016年に9.6%増加した。政治広告収入が増えたことが主因だ。2015年の広告収入は前年比で3.8%減少した。政治広告収入の減少が主因だ」と指摘している。以下を参照。” Comcast Corporation, December 31, 2016 Form 10-K (filed February 3, 2017).

18. 有権者の二極化と党派的な報道機関の影響力拡大の関係については以下を参照。Gary C. Jacobson, “Partisan Media and Electoral Polarization in 2012: Evidence from the American National Election Study,” in *American Gridlock: The Sources, Character, and Impact of Political Polarization,* edited by James A. Thurber and Antoine Yoshinaka (New York; Cambridge: Cambridge University Press, 2015), 259–286. メディアの二極化はいまの政治的な問題の原因ではなく症状という側面が強いという対立する見方については以下を参照。Kevin Arceneaux and Martin Johnson, “More a Symptom Thana Cause: Polarization and Partisan News Media in America,” in *American Gridlock,* Cambridge University

and the Policy Ideology of Primary Electorates," *Quarterly Journal of Political Science* 10, no. 4 (2015): 461–487; Gary C. Jacobson, "The Electoral Origins of Polarized Politics: Evidence From the 2010 Cooperative Congressional Election Study," *American Behavioral Scientist* 56, no. 12 (2012): 1612–1630. 政治への関与については以下を参照。John Sides, Chris Tausanovitch, Lynn Vavreck, and Christopher Warshaw, "On the Representativeness of Primary Electorates," working paper, June 2016, http://cwarshaw.scripts.mit.edu/papers/primaries_160617.pdf. ただ、Sides らが予備選に投票する有権者と平均的な有権者のイデオロギーの違いはごくわずかだと分析していることを指摘しておく。

8. 以下のデータから著者が分析。Cook Political Report, "2016 House Election Results by Race Rating," November 8, 2016, http://cookpolitical.com/house/charts/race-ratings/10168; Inside Elections with Nathan L. Gonzales, "House Ratings," November 3, 2016, https://insideelections.com/ratings/house/2016-house-ratings-november-3-2016; Daily Kos, "Election Outlook: 2016 Race Ratings," http://www.dailykos.com/pages/election-outlook/2016-raceratings#house, accessed March 2017. 上院選の推定値はばらつきがあり、3つの推定値の平均を取った。

9. 以下のデータを参照した。Michael P. McDonald, "2016 and 2008 Presidential Nomination Contest Turnout Rates," United States Elections Project, accessed March 2017, http://www.electproject.org/2016P, http://www.electproject.org/2008p.

10. 閉鎖型の予備選に関するルールは州によって大きく異なる。基本的な型は3つだ。(1) 閉鎖型の予備選：登録済みの党員しか投票できない。投票所に行く前に事前に党への所属を宣言する必要がある。(2) 半閉鎖型の予備選：党に所属していない有権者をどう扱うかでさまざまなルールがある。たとえば、一部の州では非党員が投票できるかどうかを政党が決められる。一方、予備選での投票を党への登録とみなす州もある。(3) 党員集会：州もしくは政党が集会を開き、参加者が公開の場で候補者への支持を表明する（挙手、グループ分けなど）。党員集会は開放型と閉鎖型がある。選挙改革を訴える無党派組織「フェアボート」によると、大統領選の予備選で閉鎖型・半閉鎖型の予備選・党員集会を実施している州は2016年5月時点で共和党が29州、民主党が26州。議会選では、共和・民主とも26州で閉鎖型・半閉鎖型の予備選を実施している。以下を参照。"Closed Primary," Annenberg Classroom, accessed March 2017, http://www.annenbergclassroom.org/term/closed-primary; National Conference of State Legislatures, "State Primary Election Types," July 21, 2016, http://www.ncsl.org/research/elections-andcampaigns/primary-types.aspx; D'Angelo Gore, "Caucus vs. Primary," FactCheck.org, April 8, 2008, http://www.factcheck.org/2008/04/caucus-vs-primary/. 各州の予備選のタイプについては以下を参照。"Presidential Primary or Caucus Type by State," FairVote, accessed March 2017, http://www.fairvote.org/primaries#presidential_primary_or_caucus_type_by_state.

11. 以下のデータから著者が分析。"Health," Center for Responsive Politics, accessed March 2017, https://www.opensecrets.org/industries/indus.php?cycle=2016&ind=H.

12. 独立支出に関するルールの概要は以下を参照。"Dark Money Basics," Center for Responsive Politics, accessed August 2017, https://www.opensecrets.org/dark-money/basics.

13. 以下のデータを参照した。"Revolving Door: Former Members of the 114th Congress," The Center for Responsive Politics, accessed December 7, 2017, https://www.opensecrets.org/revolving/departing.php?cong=114.

14. Lee Drutman and Alexander Furnas は契約ロビイスト（特定の一社の専属ロビイストではないロビイスト）のデータをまとめている。2012年に活動していた契約ロビイストの44%は元政府関係者で、この比率は1998年の17.8%から上昇した。以下参照。Lee Drutman and Alexander Furnas, "How Revolving Door Lobbyists Are Taking Over K Street," *Sunlight Foundation,* January 22, 2014, https://sunlightfoundation.com/2014/01/22/ revolvingdoor-lobbyists-take-over-k-street/. ただ、こうした天

挙期間のデータを追加して分析した。(“The 2014 Congressional Primaries in Context,” paper presented September 30, 2014, http://www.cfinst.org/pdf/papers/Boatright_2014_Primaries_in_Context_9-30-14.pdf)

7. Samuel F. Toth, “The Political Duopoly: Antitrust Applicability to Political Parties and the Commission on Presidential Debates,” *Case Western Reserve Law Review* 64, no. 1 (2013).
8. 産業構造の概念の詳細については以下を参照。Michael E. Porter, *Competitive Strategy: Techniques for Analyzing Industries and Competitors* (New York: Free Press, 1980)(邦訳はマイケル・ポーター著、土岐坤・中辻萬治・服部照夫訳『競争の戦略』ダイヤモンド社). Michael E. Porter, “The Five Competitive Forces That Shape Strategy,” *Harvard Business Review,* January 2008.
9. この「選択肢を広げ、発言権を高め、よりよい結果を出す」というフレーズは、メーン州で成功を収めた「優先順位つき投票」運動のスローガン「選択肢を広げ、発言権を高めよう」を基にしたものだ。https://www.morevoice.org/.
10. 以下に鋭い指摘がある。Yascha Mounk, *The People vs. Democracy: Why Our Freedom Is in Danger and How to Save It* (Cambridge, MA: Harvard University Press, 2018).

第 1 章

1. “Washington's Farewell Address 1796,” The Avalon Project, September 19, 1796, http://avalon.law.yale.edu/18th_century/washing.asp.
2. “Founders Online: From Thomas Jefferson to Francis Hopkinson, 13 March 1789,” National Archives and Records Administration, March 13, 1789, https://founders.archives.gov/documents/Jefferson/01-14-02-0402.
3. 強い政党と民主主義の重要性については以下を参照。John H. Aldrich, *Why Parties?: A Second Look* (Chicago: University of Chicago Press, 2011); Frances McCall Rosenbluth and Ian Shapiro, *Responsible Parties: Saving Democracy from Itself* (New Haven: Yale University Press, 2018).
4. 20世紀初頭の経済学者ヨーゼフ・シュンペーターは、この類推を初めて指摘したとされることが多い。政党を企業に、有権者を顧客に、票をカネに、政策を商品にたとえたのである。以下を参照。Joseph Schumpeter, *Capitalism, Socialism, and Democracy* (New York, Harper and Brothers, 1942)(邦訳はヨーゼフ・シュンペーター著、大野一訳『資本主義、社会主義、民主主義』日経BPクラシックス). 近年の文献では以下が優れた要約となっている。Ian Shapiro, *The State of Democratic Theory* (Princeton, Princeton University Press, 2003), 50–77(邦訳はイアン・シャピロ著、中道寿一訳『民主主義理論の現在』慶應義塾大学出版会); Jeffrey Edward Green, *The Eyes of the People: Democracy in an Age of Spectatorship* (New York; Oxford: Oxford University Press, 2010), 171–177.
5. Katherine M. Gehl and Michael E. Porter, “Why Competition in the Politics Industry Is Failing America: A Strategy for Reinvigorating Our Democracy,” Harvard Business School, September 2017, www.hbs.edu/competitiveness/research/Pages/research-details.aspx?rid=84.
6. 賄賂のことではない。文字通りの意味で「支払い」という言葉を使っているわけではない。
7. 「一貫して保守」「一貫してリベラル」を自称する有権者は、「大体においてリベラル」「リベラルの場合も保守の場合もある」「大体において保守」と答えた有権者よりも、はるかに予備選で投票する可能性が高い。予備選で投票する有権者はイデオロギー色が濃いだけでなく、政治に「非常に関心がある」ことが多い。予備選で投票する有権者と平均的な有権者のイデオロギー・党派心の比較については、たとえば以下を参照。Pew Research Center, “Political Polarization in the American Public,” June 10, 2014, accessed August 2017, http://assets.pewresearch.org/wp-content/uploads/sites/5/2014/06/6-12-2014-Political-Polarization-Release.pdf; Seth J. Hill, “Institution of Nomination

原注

はじめに

1. 「学習性の無力感」(learned helplessness　挑戦しても報われないことが続いた結果、挑戦自体をやめてしまうこと)。このアイデアをくれたグレッグ・オーマンに感謝する。

序章

1. David Foster Wallace, "This Is Water," commencement address at Kenyon College, Gambier, OH, May 21, 2005, audio and transcript available on *Farnam Street,* https://fs.blog/2012/04/ david-foster-wallace-this-is-water.
2. 以下のデータから著者が分析。2019 Social Progress Index, https://www.socialprogress.org/assets/downloads/resources/2019/2019- Social-Progress-Index-executive-summary-v2.0.pdf.
3. Mickey Edwards, *The Parties Versus the People: How to Turn Republicans and Democrats into Americans* (New Haven: Yale University Press, 2012).
4. アメリカについて「政産複合体」という用語を使った文献はいくつかある。たとえば以下を参照。Gerald Sussman, *Global Electioneering: Campaign Consulting, Communications, and Corporate Financing* (Lanham, MD: Rowman & Littlefield Publishers, 2005); Gerald Sussman and Lawrence Galizio, "The Global Reproduction of American Politics," *Political Communication* 20, no. 3 (July 2003): 309–328; " Political- Industrial Complex," *Wall Street Journal,* March 28, 1990, A14.
5. Robert G. Boatright は2000年代半ばの右派の「クラブ・フォー・グロース」や左派の「ムーブオン・ドット・オーグ」といったグループの台頭で、"to primary" という動詞が使われるようになったと指摘している。「2004年と2006年の選挙期間中に、新しい用語がアメリカ政治の語彙に加わった。"to primary" という動詞だ。これは対抗馬が現職を追い落とすために予備選に向けた選挙運動を始めるという意味だ。(……) こうした現職は (往々にして) 党派心が不十分だと批判されていた」。以下参照。Robert G. Boatright, *Getting Primaried: The Changing Politics of Congressional Primary Challenges* (Ann Arbor, MI: University of Michigan Press, 2013).
6. "to primary" という動詞が2004年に登場したことからもわかるとおり、その後、イデオロギーを争点に現職に対抗するケースは次第に一般的になり、2014年の選挙ではピークの25件に達した。イデオロギーを争点にした予備選の対抗出馬は、過去10年間 (2006年～2016年) の6回の選挙期間 (78件) のほうが、それに先立つ30年半の18回の選挙期間 (69件) よりも多い。他のタイプの予備選対抗出馬と同じく、イデオロギーを争点とする対抗出馬も成功を収めることはまれだ。イデオロギーを争点とする対抗出馬が「相当な」成功を収めた事例 (予備選での現職の得票率が75%を下回った事例) に限っても、下院選で対立候補が現職を破った例は全体の8%にすぎず、1970年以降でイデオロギーを争点とした予備選対抗出馬が成功を収めたケースは計12件にとどまっている。したがって、エリック・カンター元下院院内総務が敗れた2014年の共和党予備選などは全米で注目を集めたが、これは例外的な事例といえる。ただ、こうした対抗出馬が成功を収めた事例を時系列で検証すると、真相が見えてくる。対抗出馬が成功を収めた計12件のうち、9件は2006年以降に起きている。つまり、イデオロギーを争点とした対抗出馬が成功を収める例はまだまれだが、そうした事例は次第に一般的になってきており、現職はイデオロギー面で対立候補の「裏をかく」必要に迫られる可能性が高い。こうした予備選対抗出馬の増加は、ほぼすべて共和党で起きている。データの出所は Robert G. Boatright。"The 2014 Congressional Primaries in Context" に2016年の選

著 者 略 歴

キャサリン・M・ゲール

Katherine M. Gehl

ハイテク食品製造会社ゲール・フーズの元社長兼CEOで、超党派の政治活動家。2017年、マイケル・ポーターと共著でハーバード・ビジネス・レビュー誌に「A Strategy for Reinvigorating Our Democracy」を発表。Institute for Political Innovation（IPI）を設立し、全米超党派改革者協会（NANR）の名誉共同議長を務める。

マイケル・E・ポーター

Michael E. Porter

ハーバード・ビジネス・スクール教授。市場競争や企業戦略、経済発展、環境、医療など、多くの問題に取り組んできた戦略論の大家。著書に『競争の戦略』、『競争優位の戦略』ほか。2000年、ハーバード・ビジネス・スクールとハーバード大学が共同で、ポーターの研究基盤を提供する戦略・競争力研究所を設立。ハーバード大学の教授として最高の称号であるユニバーシティ・プロフェッサーに任命される。

訳 者 略 歴

大野一

おおの・はじめ

翻訳家。訳書にケインズ『雇用、金利、通貨の一般理論』、シュンペーター『資本主義、社会主義、民主主義 I・II』、シャピロ＆ヴァリアン『情報経済の鉄則』（以上、日経BPクラシックス）、『テクノロジーの世界経済史』（共訳、日経BP）など。

民主主義のファイブ・フォース分析
政治産業にイノベーションを!

2023年10月2日　第1版第1刷発行

著者　キャサリン・M・ゲール
　　　マイケル・E・ポーター
訳者　大野一
発行者　中川ヒロミ
発行　株式会社日経BP
発売　株式会社日経BPマーケティング
〒105-8308　東京都港区虎ノ門4-3-12
https://bookplus.nikkei.com/

装丁　新井大輔
制作　マーリンクレイン
印刷・製本　中央精版印刷

ISBN978-4-296-00115-6

本書に関するお問い合わせ、ご連絡は下記にて承ります。
https://nkbp.jp/booksQA